인지부조화 이론

나남
nanam

한국연구재단 학술명저번역총서
서양편 382

인지부조화 이론

2016년 8월 25일 발행
2016년 8월 25일 1쇄

지은이_ 레온 페스팅거
옮긴이_ 김창대
발행자_ 趙相浩
발행처_ (주) 나남
주소_ 10881 경기도 파주시 회동길 193
전화_ (031) 955-4601 (代)
FAX_ (031) 955-4555
등록_ 제 1-71호 (1979.5.12)
홈페이지_ http://www.nanam.net
전자우편_ post@nanam.net
인쇄인_ 유성근(삼화인쇄주식회사)

ISBN 978-89-300-8845-9
ISBN 978-89-300-8215-0 (세트)

책값은 뒤표지에 있습니다.

'한국연구재단 학술명저번역총서'는 우리 시대 기초학문의 부흥을 위해
한국연구재단과 (주)나남이 공동으로 펼치는 서양명저 번역간행사업입니다.

인지부조화 이론

레온 페스팅거 지음 | 김창대 옮김

나남
nanam

The Theory of Cognitive Dissonance

by Leon Festinger

레온 페스팅거의 인지부조화 이론은 사회심리학이 발전하는 과정에서 매우 중요한 자리를 차지하는 이론이며, 사회심리학을 전공한 사람들에게는 중요하고 또 익숙한 이론이다. 상담심리학을 전공한 옮긴이가 이 이론을 개론 수준을 넘어 가까이 접할 수 있었던 것은 약 25년 전 미국 대학원 유학시절 사회심리학 연구를 가르치는 강좌에서였다. 옮긴이는 그 강좌를 통해 레온 페스팅거나 하이더 등의 고전적 사회심리학 연구와 그들이 했던 연구방법을 접했고, 그 연구들은 옮긴이에게 몇 가지 점에서 중요한 인상을 남겼다.

우선, 상담심리학을 전공하여 프로이트의 정신역동 이론, 로저스의 인간중심 이론, 왓슨이나 스키너의 행동주의 이론에 익숙했던 옮긴이에게 '욕구'나 '추동' 같은 정서적 특성도 아니고, '강화'와 같은 요인도 아닌 '인지부조화'가 사고, 행동, 태도변화를 촉발하는 중요한 기제라는 점이 신선했다. 그 이후부터 '인지부조화'를 경감하기 위해 사람들이 하는 노력이나 부조화를 경감하는 방향으로 사고, 행동, 태도가 변화하는 실제 사례를 일상생활이나 상담과정에서 발견하면서 이 이론의 용도와 적용성이 매우 넓다는 사실을 깨닫기 시작했다.

상담심리학 영역에서는 일반적으로 상담과정에서 내담자가 분노를 표현하면 분노가 가라앉는다는 사실이 받아들여지고 있었고 옮긴이 역시 그러한 신념에서 상담하고 있었다. 하지만 상담 경험이 늘어날수록 항상 그렇지는 않다는 것을 알게 되었다. 즉, 상담에서 내담자가 분노를 표현하면 분노가 가라앉는 경우도 있지만, 반대로 그 분노가 더 커지고 심지어 분노를 정당화하는 노력을 하는 경우도 있는 것 같았다.

이전까지는 그런 현상을 설명할 수 있는 지적 도구를 가지고 있지 않아서 의아해하고만 있던 차에 인지부조화 이론은 좋은 설명체계를 제공했다. 그때 인지부조화 이론은 옮긴이에게 신선하기도 했지만, '(이미 오래전에 제공된 설명체계가 있었는데 알지 못하고 있었으니) 공부를 더 열심히 해야겠다'는 생각도 하게 했다.

뿐만 아니라 페스팅거가 이 책에서 인용한 프로이트의 말을 접했을 때에는 상담에 대한 인지적 관점, 정신역동적 관점, 행동주의적 관점 등 다양한 상담이론의 관점이 서로 내적으로 상호 통합, 연결될 수 있겠다는 생각도 하게 되었다.

> 우리는 관념화할 내용 없이 강한 감정을 느끼는 데 익숙하지 않다. 그렇기 때문에 이런 내용이 없으면 이런저런 이유로 적합하다고 여겨지는 다른 내용을 대용물로 찾는다. … (이 책 275쪽).

즉, 내담자가 정서에 매몰되어 있을 때 그 정서를 처리 또는 정당화하기 위해서 하는 지적, 행동적 노력, 예컨대 사고의 경직화, 투사, 착각, 망상 등 내담자가 보여 주는 여러 역기능적 현상에 대한 가설과 설명체계를 얻을 수 있었다.

이처럼 레온 페스팅거의 인지부조화 이론은 사회심리학의 발전에 중요한 이정표가 된 이론이면서, 학문계열상 거리가 있었던 옮긴이에게 학자로서의 지평과 관점을 크게 확장시키고 사회심리학과 상담심리학을 새롭게 연결하는 데 큰 도움을 준 이론이기도 하다. 따라서 이 책을 번역하며 페스팅거의 생각과 논리의 전개방식을 가까이에서 접할 수 있었던 것은 내게 큰 행운이었다.

번역하는 과정에서 오역을 줄이기 위해 여러 문헌을 찾아보는 등 최대한 노력했지만, 페스팅거가 자신의 깊은 생각을 꼼꼼하고 정밀하게 전달하는 과정에서 발생하는 문장의 복잡성으로 인해 번역이 까다로웠던 부분이 꽤 있었음을 고백한다. 그래도 이 책의 초역을 해주었던 김성봉 선생이 있었기에 이만큼 번역이 가능했다고 생각하며, 미국 유학 중인 그에게 깊이 감사한다. 그의 도움이 없었으면 정말 불가능한 일이었을 것이다. 끝으로 이 책의 번역을 지원해 주신 한국연구재단과 오랜 번역기간을 기다려 주신 나남출판사에도 깊이 감사드린다.

2016년 6월
김창대

지은이
• • •
머리말

　이 머리말은 이 책의 핵심을 이루는 아이디어가 어떻게 생겨났는지에
대한 짧은 역사를 주로 담을 것이다. 이렇게 시간적 순서를 따르는 형식
은 내가 다른 사람들로부터 받았던 중요한 여러 도움에 감사를 표현하고
동시에 처음에 이 책을 쓰도록 동기를 유발했던 목적과 이 책이 어떻게
관련이 있는지를 설명하는 데 가장 좋은 방법이라고 생각한다.

　1951년 늦은 가을, 나는 포드재단(Ford Foundation)의 행동과학 분과
책임자였던 버나드 버렐슨(Bernard Derelson)에게서 '의사소통과 사회
적 영향'의 구체적 영역인 '명제목록 작성'(*propositional inventory*)에 관심
이 있는지에 대한 질문을 받았다. 이 영역은 이론적 수준으로 통합된 적
은 없지만 관련된 연구문헌은 아주 많이 있다. 대중매체의 영향에 대한
연구에서부터 개인 간 의사소통에 대한 연구에 이르기까지 그 범위도 아
주 넓다. 만약 이 분야에서 이미 알려진 많은 사실을 묶을 수 있을 뿐만
아니라, 추가 예측까지 가능케 할 개념적 명제(*conceptual proposition*)를

9

도출할 수 있다면 이는 분명 귀중한 작업이 될 것이다.

이와 같은 이론적 통합을 시도하는 것에 비록 성공한다 할지라도 해당 영역의 모든 내용을 포괄할 수는 없다는 사실을 당시의 모든 사람이 분명히 알고 있었지만, 이 시도는 여전히 지적으로 매력적이며 도전하고 싶은 작업이었다. 몇 가지 유용한 결과를 분명히 가져다 줄 것으로 보이는 한 가지 계획은 '의사소통과 사회적 영향'이라는 일반적 영역 내에서 어느 정도 좁게 정의된 문제부터 시작하여 연구자료를 적절하게 설명할 일단의 가설과 명제들을 구성하려고 시도해 보는 것이다. 만약 이 시도의 결과가 좋으면 또 다른 좁게 정의된 문제를 고찰해 볼 수 있고, 이론은 계속 확장되고 수정되는 것이다. 인정하건대 어쩌면 이론적으로 진전시킬 수 없는 자료를 계속해서 만날 수도 있다. 그 경우 그쪽은 더 이상 길이 없는 막다른 골목임을 신속하게 알아차리고 다른 자료로 옮겨 가기를 희망할 뿐이었다.

포드재단의 행동과학 분과에서 제공한 연구비 덕분에 메이 브로드벡 (May Brodbeck), 돈 마틴데일(Don Martindale), 잭 브렘(Jack Brehm), 그리고 앨빈 보더만(Alvin Boderman) 등과 함께 작업할 수 있었다. 우리는 '소문의 전파'라는 주제를 우리가 함께 작업할 문제로 선정함으로써 이 연구를 시작했다.

소문의 전파에 관한 모든 연구문헌을 찾아 다 읽고, 추측과 억측에서 사실을 골라내는 것과 같은 잡무는 비교적 쉬운 작업이었다. 더 힘든 작업은 이 자료를 통합하여 이 자료를 다루기 시작할 때 필요한 이론적 직감을 만족스러운 방식으로 끌어내는 문제였다. 경험적 연구결과를 좀더 일반적 형태로 다시 표현하는 것은 아주 쉬웠지만, 이와 같은 지적 활동으로 우리 작업이 눈에 띄게 진전되지는 못했다.

연구자들 사이에 약간의 열정을 불러일으킨 첫 번째 직감은 1934년 인도 지진 후에 퍼진 소문과 관련하여 프라사드(Prasad)가 보고한 자료를 이해하려고 노력하는 중에 나왔다. 이 연구에 대해서는 제10장에서 자세히 설명하겠다. 연구자들을 혼란스럽게 한 프라사드가 그의 연구에서 밝힌 사실은 지진이 일어난 후 사람들 사이에 널리 퍼진 소문들 중의 대부분이 아주 가까운 미래에 훨씬 더 큰 재앙이 닥친다고 예언했다는 것이었다. 분명히 무서운 재난이 발생할 것이라는 믿음은 그다지 유쾌한 것이 아니다. 그래서 '불안을 촉발시키는'(anxiety provoking) 소문이 왜 생겨나고 그렇게 널리 퍼졌는지를 질문하게 되었다. 마침내 연구자들은 이 질문에 대한 해답이 될 수 있는 것을 하나 생각했다. 이 해답은 일반적 적용이 가능한 것이었는데, 그것은 훨씬 더 심한 재난이 올 것이라고 예측한 소문들이 어쩌면 '불안을 가중시키는' 것이 아니고 대신 '불안을 정당화하는'(anxiety justifying) 소문이라는 것이다. 즉, 지진으로 인해 사람들은 이미 공포에 떨고 있고, 이 소문은 그들이 두려워하는 어떤 대상을 제공하는 기능을 한 것이다. 어쩌면 이 소문들이 사람들에게 그들이 현재 느끼는 바에 부합하는 정보를 제공한 것이다.

　　이 연구로부터 시작하여 이 아이디어를 설명하고 어느 정도 정형화하기 위해 많은 토론을 한 덕분에 연구자들은 '부조화'라는 개념과 '부조화 감소'에 관한 가설에 도달할 수 있었다. 일단 부조화와 부조화 감소라는 용어로 정형화되자 수많은 함의가 분명해졌다. 이 함의를 따르는 것이 곧 이 연구의 주요 활동이 되었다. 얼마 동안은 '명제목록 작성'이라는 최초의 의미를 추구하는 것과 부조화라는 말의 함의를 탐구하는 작업을 함께 진행했다. 하지만 앞의 작업은 극도로 힘들었고 두 번째 작업은 흥미진진했기 때문에 연구자들은 점점 더 많은 노력을 후자에 쏟았다.

이 이론의 개발이 이 책에 소개된 순서대로 진행되지는 않았다. 책의 내용은 처음에는 상대적으로 간단한 상황을 다루다가 나중으로 가면서 점점 더 복잡한 문제를 다루는 방식으로 짜여 있다. 실제로, 연구자들이 탐구한 인지부조화 이론의 첫 번째 함의는 정보에 대한 자발적 노출과 비자발적 노출에 관한 문제였다. 이 문제를 처음에 다룬 것은 이 문제가 연구자들이 기본적으로 관심을 두는 의사소통의 영역과 관련되기 때문이었다. 이 함의 역시 바로 소문에 관한 연구에서 제안되었다. 만약 사람들이 이미 자신이 반응하는 방식과 일치할 정보를 탐색했다면, 분명히 이 과정은 소문에만 국한되는 것이 아니라 일반적 정보탐색 과정으로까지 확대될 수 있을 것이다. 하지만 이론이 스스로 제안하는 함의는 곧 '의사소통과 사회적 영향'의 범위를 훌쩍 넘어 버렸다. 그렇지만 초기의 계획과 처음에 제안된 내용의 영역에 고집스럽게 집착하기보다는 지금 시점에서 이론으로 발전할 가능성이 높아 보이는 것을 따르는 것이 더 좋은 성과를 이룰 것이라고 느꼈다.

다행히도 부조화 이론을 발전시키기 위해 기존의 연구문헌에 있는 관련자료에만 제한되지 않고 이 이론에서 파생되는 가설들을 검증하기 위해 특별히 고안한 연구를 실시할 수도 있었다. 미네소타대학의 사회관계 연구 실험실에서 제공한 연구비와 도움, 그리고 포드재단의 개인적 연구 보조금으로 연구자들은 직접 자료를 수집할 수 있었다. 이 연구들에 참여하여 도움을 준 사람들은 이 책의 본문에서 해당 연구를 설명할 때 이름이 언급되기 때문에 여기서는 그들의 이름을 밝히지 않겠다.

어떤 측면에서 보면 나는 이 책을 쓰기 전에 4~5년을 더 기다려야만 했다. 그때쯤이면 이 이론과 관련된 훨씬 더 많은 연구들이 발표될 것이고 현재로서 불분명한 많은 것들이 제거될 것이다. 하지만 조금씩 발표되는 연구논문은 이 이론과 이와 관련된 방대한 자료를 밝히기에는 부족하다. 부조화 이론의 중요한 특성 한 가지는 표면적으로는 다른 영역에 속한 자료를 통합하는 능력인데, 만약 이 이론이 한 권의 책으로 출간되지 않으면 이 특성을 많이 잃어버릴 것이다. 또한, 나는 이 이론과 관련된 현재까지의 자료만으로도 충분히 다른 사람과 논의할 수 있다고 생각한다. 그리고 다른 연구자들도 이에 관해 연구할 것이라 희망하기에 이 이론에 대한 확증이 충분하다고 생각한다.

마지막으로, 이 책의 각 장을 쓰고 수정하는 데에 여러 가지로 도움을 준 사람들에게 감사의 말을 전하고 싶다. 특히, 존슨 밀스(Johnson Mills), 로버트 R. 시어스(Robert R. Sears), 어니스트 R. 힐가드(Ernest R. Hilgard), 허버트 맥클로스키(Herbert McClosky), 다니엘 밀러(Daniel Miller), 제임스 콜만(James Coleman), 마틴 립셋(Martin Lipset), 레이먼드 바우어(Raymond Bauer), 잭 브렘(Jack Brehm), 그리고 메이 브로드벡(May Brodbeck) 등에게 감사를 전하고 싶다. 내가 이 책을 저술한 대부분의 기간 동안 이 분들과 함께 행동과학 선진연구센터에서 연구했기 때문에 이 많은 분들의 도움을 받을 수 있었다.

1956년 3월
팔로알토, 캘리포니아
레온 페스팅거

인지부조화 이론

• 차례 •

제1장

인지부조화 이론 개관

우리 인간이 내면의 일관성을 추구한다는 것은 암묵적으로든 명시적으로든 그동안 익히 알려진 사실이다. 예를 들어, 개인의 의견이나 태도는 내적으로 일관성 있는 결합체로 존재하려는 경향이 있다. 하지만 우리는 쉽게 그 예외를 발견하게 된다. 어떤 사람은 흑인들도 백인들과 다름없이 좋은 사람들이라고 생각하면서도 자기 이웃에 흑인이 이사 와서 사는 것은 원하지 않을지도 모른다. 어떤 사람은 어린아이들이 모임에 참석했을 때 조용히 있어야 하고 다른 사람들에게 방해가 되지 않아야 한다고 생각하면서도 자기 아이가 적극적으로 나서서 다른 손님들의 관심을 끄는 것은 자랑스러워한다.

이와 같은 비일관성을 우리가 발견하는 것은 이 같은 사건들 그 자체에 매우 극적인 요소가 있기 때문이기도 하지만, 대부분의 경우 이러한 비일관성이 일관성이라는 배경과 극명하게 대비되어 우리의 관심을 끌기 때문이다. 하지만 여전히 서로 관련된 의견이나 태도 사이에는 일관성이 존재한다는 것이 부인할 수 없는 사실이다. 그리고 지금까지 많은 연구자들이 한 개인의 정치적 태도와 사회적 태도, 그리고 다른 많은 입장들 사이에 있는 일관성에 대해 연구하여 발표했다.

한 개인이 알고 있거나 믿고 있는 것과 실제로 그가 하는 행동 사이에도 이와 같은 종류의 일관성이 존재한다. 대학교육이 필요하다고 믿는 사람은 자녀들에게 대학에 가라고 할 것이고, 어떤 행동을 하면 심하게 혼날 것이라는 사실을 아는 아이는 그 행동을 하지 않으려 하거나 그 일을 하더라도 적어도 들키지는 않으려고 노력할 것이다. 이것은 전혀 놀라운 사실이 아니다. 오히려 우리가 지금까지 당연하게 여긴 규칙과 같은 것이다. 다시 한 번 말하지만, 우리의 관심을 끄는 것은 일관성 있는 행동이라기보다는 그렇지 않은 예외적 행동들이다. 흡연이 몸에 해롭다는 것을 알더라도 계속 담배를 피우는 사람이 있고, 범죄를 저지르면 잡힐 확률이 높고 처벌이 뒤따른다는 것을 알고 있더라도 죄를 짓는 사람들이 많이 있다.

일관성 있게 행동하는 것이 당연하다면, 이와 같은 예외적 행동을 하고자 하는 마음이 그렇게 쉽게 생기는 이유는 무엇일까? 이러한 예외적 행동을 한 본인은 이 행동이 심리적으로 **일관성이 없는 것**(*inconsistencies*)[1] 임을 거의 잘 인식하지 못한다. 보통은 이 행동을 합리화하고, 그 시도는 대체로 성공을 거둔다. 그렇기 때문에 담배를 피우는 것이 건강에 좋지 않다는 것을 알면서도 계속 담배를 피우는 사람은 ① 담배가 피울 만한 가치가 있다고 여기거나, ② 흡연으로 건강에 문제가 생길 가능성이 사람들이 말하는 것만큼 심각하지는 않을 것이라고 생각하기도 한다. 또한, ③

---

1) 〔옮긴이 주〕본문 중 고딕체로 강조 표시한 부분은 원본을 그대로 따른 것이다.

흡연을 포함하여 모든 위험한 상황을 피하면서 살아갈 수는 없다고 생각하거나, 또는 ④ 자신이 흡연을 멈추더라도 흡연만큼 몸에 해롭다고 생각되는 비만이 생길 수도 있다고 생각하기도 한다. 그래서 담배를 계속 피우는 것은 결국 흡연에 대한 자신의 생각과 일치하게 된다.

그러나 사람들이 이와 같은 모순점을 해명하거나 합리화하는 데 항상 성공하는 것은 아니다. 이런저런 이유에서 일관성을 유지하려는 시도가 실패한다. 그렇게 되면 이 모순점은 그냥 계속 유지되고, 모순이 존재하는 상황은 심리적으로 불편함을 야기한다.

지금부터는 기본적 가설을 먼저 다루고 이 가설에 대한 자세한 설명이나 적용은 이 책의 뒷부분에서 차차 다루겠다. 먼저, 나는 앞으로 이 책에서 '비일관성'(inconsistency)이라는 단어 대신 논리학적 의미가 덜한 **부조화**(dissonance)라는 용어를 사용하려고 한다. 또한, 동일하게 '일관성'(consistency)이라는 용어 대신에 중립적 용어인 **조화**(consonance)라는 단어를 사용하겠다. 이 용어들에 대한 좀더 형식적인 정의를 곧 제시하겠지만, 당분간은 앞에서의 논의를 진행하면서 암묵적으로 얻게 된 의미를 숙지하려고 노력하는 것이 좋겠다.

내가 말하고자 하는 기본 가설은 다음과 같다.

⑴ 부조화의 존재는 심리적 불편함을 느끼게 하기 때문에 부조화를 감소시켜 조화를 달성하려는 동기를 유발할 것이다.

⑵ 부조화가 발생하면 그것을 감소시키려 할 뿐만 아니라, 부조화를 증가시킬 가능성이 있는 상황이나 정보를 적극적으로 회피하고자 할 것이다.

부조화와 그것을 감소시키려는 압력에 관한 이론을 더 발전시키기 전에 우선 부조화의 특성, 그리고 부조화가 어떤 종류의 개념인지, 부조화에 관한 이론이 어디로 나아갈 것인지 등의 문제를 명확히 하는 것이 좋을 듯하다. 위에 제시된 두 가설은 이 작업을 하는 데 좋은 출발점이 된다. 여기서 이 두 가설은 구체적으로 부조화에 대해 언급하고 있지만, 사실 이것들은 매우 일반적 가설이다. '부조화'라는 단어 대신 그 자리에 특성이 비슷한 다른 개념들, 예를 들면 '배고픔'이나 '욕구불만', 또는 '불균형' 등의 단어를 넣더라도 완벽하게 그 의미가 통한다.

간략히 말하면, 나는 부조화, 즉 여러 인지내용들 사이에 서로 부합하지 않는 관계가 존재하는 것 자체가 사람에게 동기를 일으키는 요인이라는 것을 제안하고자 한다. 나는 이 책의 전체에서 **인지**(*cognition*) 라는 단어를 주위 환경이나 자기 자신, 또는 자신의 행동에 관한 지식이나 의견 또는 신념이라는 의미로 사용한다. 인지부조화(*cognitive dissonance*) 라는 것은 마치 배고픔이 배고픔의 감소를 지향하는 행동으로 연결되는 것처럼 부조화의 감소를 지향하는 행동을 유발하는 선행조건으로 볼 수 있다. 이것은 심리학자들이 지금까지 다룬 것과는 전혀 다른 종류의 동기화이지만 모두 아는 바와 같이 매우 강력한 동기화 기제이다.

지금부터는 이 책의 내용에 대해 간략히 소개하겠다. 앞으로 이 책에서는 인지부조화가 존재함으로써 뒤따르는 결과와 사람들이 그것을 감소시키려는 노력을 다양한 맥락 속에서 탐구할 것이다. 만약 어떤 사람이 인간의 배고픔 충동에 대한 책을 쓰려고 한다면 그 책의 구성방식이 이 책과 비슷하게 될 것이다. 그 책에는 다리가 긴 어린이용 걸상에 앉은 어린아이에서부터 격식을 차린 만찬에 참석한 성인에 이르기까지 다양한 맥락에서 배고픔을 감소시키려는 시도와 그 결과가 여러 장에 걸쳐 제시될 것이다. 이와 비슷한 방식으로 이 책은 개인적으로 의사결정을 해야 하는 상황에서부터 집단적 인지부조화 현상(*mass phenomena*)에 이르기까지의 다양한 맥락을 다룬다. 부조화의 감소는 인간에게 있는 하나의 기본적 작용이기 때문에, 그 현상을 아주 다양한 맥락에서 관찰할 수 있는 것은 놀라운 일이 아니다.

부조화의 발생과 지속

그러면 부조화는 도대체 왜 그리고 어떻게 발생하는 것일까? 때때로 사람들은 자신이 알고 있는 것과 일치하지 않는 행동을 하거나 자신의 견해에 부합하지 않는 다른 의견을 동시에 지닌 자신을 발견하곤 하는데, 이러한 일이 어떻게 해서 일어나는 것일까? 부조화가 발생할 수 있는 좀 더 일반적인 상황으로 아래에 소개된 두 가지를 논의하는 중에 이 질문에 대한 해답을 한 가지 발견할 수 있을 것이다.

(1) 새로운 사건이 발생하거나 새로운 정보를 알게 되면 행동과 관련한 기존의 지식이나 견해, 또는 인지와 새로운 정보 사이에 적어도 일시적이나마 부조화가 발생한다.

우리는 우리에게 주어지는 정보나 자기 주위에서 발생하는 사건을 완벽하게 통제할 수 없기 때문에 이와 같은 부조화가 쉽게 발생할 수 있다. 예를 들어, 어떤 사람이 날씨가 화창하고 따뜻할 것이라고 완전히 확신하고 소풍 갈 계획을 세운다고 해보자. 그러나 그 사람이 막 출발하려고 하는데 비가 내리기 시작할지도 모른다. 이때 지금 비가 오고 있다는 사실을 아는 것은 날씨가 화창할 것이라는 확신이나 소풍을 가려는 계획과 부조화를 이룬다. 아니면 또 다른 예로, 자동차의 자동변속기가 비효율적이라는 믿음이 있는 사람이 자동변속기를 칭송하는 기사를 우연히 발견했다고 하자. 이때에도 일시적으로나마 부조화가 발생할 것이다.

(2) 부조화는 어떤 사건이나 정보가 새롭고 전혀 예상치 못한 것이 아닌 경우에도, 즉 일상적 조건에서도 분명히 발생한다.

완전히 까맣거나 완전히 흰 사물이 매우 드물듯이 모든 것이 분명하고 의견이나 행동이 상충하지 않는 상황이란 거의 없다. 그래서 공화당을 지지하는 미국 중서부의 한 농부가 농작물 가격지원 방안에 관한 공화당의 입장에는 반대할 수도 있다. 그리고 어떤 사람이 새 차를 살 때 경제성 면에서 선호하는 차와 디자인 면에서 선호하는 차가 다를 수 있다. 또한 어떤 사람이 자신의 돈을 투자할 방법에 대해 고민하면서도 동시에 자신의 투자결과는 통제할 수 없는 전반적 경제상황에 달려 있다는 것을 이미 알고 있을지도 모른다. 어떤 견해를 피력하거나 의사결정이 필요할 때, 자신이 취한 행동에 대한 인지와 어떤 다른 행동을 요구하는 견해나 지식 사이에는 어떤 종류든지 거의 필연적으로 부조화가 발생한다.

　또한, 부조화의 발생을 거의 피할 수 없는 상황의 종류는 매우 다양하다. 그러나 일단 발생한 부조화가 어떤 경우에 계속 지속되는지에 대해서는 앞으로 우리가 더 조사할 필요가 있다. 즉, 어떤 조건에서 부조화가 단순히 일시적 현상이 아니라 지속적 현상이 되는가? 만약 위에서 말한 가설이 옳다면, 부조화가 발생하자마자 우리는 그것을 감소시키려는 압력을 받게 된다. 이 질문에 답하기 위해서는 우선 어떤 경우에 부조화가 감소하는지를 간단히 살펴볼 필요가 있다.

　이 문제에 대해서는 제1장의 뒷부분에서 정식으로 논의할 것이다. 여기서는 흡연이 건강에 나쁘다는 사실을 배우고도 습관적으로 담배를 피우는 사람의 예를 통해 부조화가 어떻게 감소하는지를 간략히 살펴보자. 이 흡연자는 어쩌면 흡연이 건강에 해롭다는 사실을 신문이나 잡지에서 읽었거나 혹은 친구나 의사에게 들었을지 모른다. 이 지식은 분명 자신이 계속 담배를 피운다는 사실에 대한 인식과 부조화를 이룬다. 만약 이 부조화를 감소시키려는 압력이 존재한다는 가설이 옳다면 이 흡연자는 어떤 행동을 취할까?

　(1) 이 흡연자는 간단하게 자신의 행동을 바꿈으로써 자신의 행동에 대한 자신의 인지상태를 바꿀지 모른다. 즉, 그는 담배를 끊을 수 있다. 만약 그가 더 이상 담배를 피우지 않는다면, 자신의 행동에 대한 그의 인지는 흡연이 건강에 해롭다는 지식과 조화를 이룰 것이다.

　(2) 이 흡연자는 흡연의 영향에 대한 자신의 '지식'을 바꿀 수도 있다. 이 말은 좀 이상하게 들릴 수도 있지만, 이 가설이 옳을 경우 꼭 발생하는 상황을 잘 보여 준다. 그는 그냥 흡연이 해롭지 않다고 믿고 끝내려 하거나 흡연의 부정적 측면을 무시하게 할 수 있는 긍정적 효과에 관한 '지식'을 많이 모으려 할 수도 있다. 어떤 방법으로든 자신의 지식을 바꿀 수 있다면 이 흡연자는 자신이 하는 행동과 지식 사이의 부조화를 감소시키거나 어쩌면 완전히 없앨 수도 있다.

　위의 설명에서 보면 행동을 변화시키려 하든, 지식을 변화시키려 하든, 부조화를 변화시키는 것이 분명 쉽지는 않을 것 같다. 그렇게 하는 데에 어려움이 있는 것이 분명해 보인다. 그리고 이처럼 변화에 어려움이 있는 이유는 정확하게 말하면 한 번 발생한 부조화가 없어지지 않고 계속 유지되기 때문이다.

　위의 예에서 이 흡연자가 실제로 부조화를 감소시키거나 제거할 수 있을지는 누구도 확신할 수 없다. 가상의 이 흡연자가 담배를 끊는 과정이 너무 고통스러워서 그것을 견뎌 낼 수 없다고 생각할지도 모른다. 아니면 흡연이 해롭지 않다는 입장을 지지해 줄 사실이나 타인의 의견을 찾으려고 노력하지만, 그러한 노력이 실패로 돌아갈 수도 있다. 그래서 그는 담배는 담배대로 피우고 흡연이 해롭다는 지식은 유지하는 상태로 머무를지도 모른다. 하지만 만약 상황이 이러하다면 이 사람은 부조화를 감소시키려는 노력을 멈추지 않을 것이다.

사실, 인지의 어떤 영역에서는 중요한 부조화가 관습적으로 존재한다. 이런 상황은 이 인지영역에 관련되는 둘 또는 그 이상의 기존 신념이나 가치관이 서로 모순될 때 발생한다. 즉, 이러한 상황에서는 그 어떤 의견이나 행동도 기존의 신념 중에서 적어도 어느 하나와는 불일치할 수밖에 없다.

머달(Myrdal, 41)[2]은 자신의 책에서 이러한 상황이 흑인에 대한 태도나 행동과 잘 연결된다고 밝혔다. 일반 인류 전체, 흑인 전체, 흑인 중 특정 집단 등에 관한 의견이나 가치관이 각각 동시에 존재하는 현상에 대해 논의하면서 머달은 다음과 같이 말했다.

> 가치판단에서의 모순점이 공공연히 드러나는 개인이나 집단은 이 모순점을 극복하는 방안을 찾고자 할 때 어떤 한 가지의 필요를 느끼게 될 것이다. … 위계적인 도덕적 가치평가 안에서 논리적 일관성이 필요하다는 것을 느끼는 것은 그것이 최근에 강조된다는 점을 고려할 때 다소 새로운 현

---

2) 〔옮긴이 주〕구너 머달(Gunnar Myrdal; 1898~1987)은 스웨덴 출신 경제학자이며 정치가이다. 이 책에서 소개된 그의 대표 저서 《미국의 딜레마》(An American Dilemma: The Negro Problem and Modern Democracy)에서 소개하는 미국의 딜레마는 책의 부제에서 밝힌 것처럼 흑인 문제와 현대 민주주의이다. 이 연구가 발표된 1944년쯤의 미국은 남북전쟁 이후 두 세대 이상이 지났지만 여전히 전체 인구의 10%에 해당하는 흑인에 대해서는 인권이 추구하는 이상을 시도하지 못하고 있었다.

상이다. 이전 세대에는 교통수단은 더 느렸고, 대화는 덜 지적이었으며 토론은 덜 공식적이었을 뿐만 아니라 서로 간의 가치충돌도 잘 드러나지 않았다(1029~1030쪽).

나는 부조화를 공개적으로 드러내는 것의 중요성에 대해서는 머달과 의견이 다르지만, 왜 이 영역에 강한 부조화가 존재하는지에 대해 제시한 몇 가지 이유는 훌륭한 설명이었다고 생각한다.

지금까지 소개된 내용은 완전히 새로운 것이 아니고, 이미 비슷한 내용이 많이 제안되었다. 지금 여기서 나와 가장 비슷한 표현을 사용한 두 학자를 언급하는 것도 의미가 있을 것 같다. 먼저, 하이더(Heider, 25)는 아직 발표하지 않은 그의 글3)에서 사람들 사이와 감정들 사이의 관계에 대해 논의했다. 그는 다음과 같이 말했다.

> 앞서의 논의를 요약하면, 균형 잡히고 조화로운 상태는 서로 잘 들어맞는 둘 또는 그 이상의 관계를 포함하는 특징이 있다고 말할 수 있겠다. 만약 균형 잡힌 상태가 없다면 균형 잡힌 상태를 추구하는 추동이 발생할 것이다. 그렇게 되면 관련된 감정을 바꾸려는 의도가 생기거나 어떤 행위나 인지적 재조직화를 통해 단위관계가 바뀔 것이다. 만약 변화가 일어날 수 없으면, 불균형 상태는 긴장을 발생시키고 사람들은 불균형 상태보다는 균형 상태를 선호하게 될 것이다(3부).

---

3) 〔옮긴이 주〕하이더(Fritz Heider; 1896~1988)는 이 글〔출판 시 제목도 동일하게 《대인관계의 심리학》(*The Psychology of Interpersonal Relations*) 이었다〕을 페스팅거가 이 책을 출판한 해와 같은 해인 1957년에 출판했지만, 페스팅거가 이 책의 원고를 마친 해는 1956년이었기 때문에 그때까지는 아직 미출판 문서였다.

만약 '균형 잡힌'(balanced) 이라는 단어 대신 '조화로운'(consonant) 을 쓰고 '불균형'(imbalance) 대신 '부조화'를 쓰면, 위에 있는 하이더의 글이 지금까지 우리가 다룬 것과 동일한 과정을 보여 준다고 할 수 있다.

오스굿과 탄넨바움(Osgood and Tannenbaum, 43) 도 최근에 발표한 논문에서 의견과 태도의 변화에 대해 비슷한 주장을 했다. 그들은 이를 '정합성의 원리'(principle of congruity) 라고 불렀는데, 이에 대해 논의하면서 그들은 다음과 같은 말을 했다.

"가치평가의 변화는 항상 기존의 참조틀과의 정합성이 증가하는 방향으로 이루어진다."

이들의 연구에서 다루는 특수한 형태의 '부정합성'(incongruity) , 즉 인지부조화는 자기가 긍정적으로(또는 부정적으로) 평가하는 어느 개인 또는 정보의 출처가 자신이 부정적으로(또는 긍정적으로) 평가하는 의견을 지지한다는 사실을 알았을 때 발생한다.

오스굿과 탄넨바움은 계속하여 이와 같은 상황에서는 개인은 부조화를 감소시키는 방향으로 이 의견에 대한 가치평가를 바꾸거나 또는 정보의 출처에 대한 가치평가를 바꾸는 경향이 뚜렷하다는 것을 보여 준다. 그래서 만약 이전에 정보의 출처는 긍정적으로 평가하고 의견은 부정적으로 평가했다면, 그 사람은 출처에 대해서는 덜 긍정적으로, 의견에 대해서는 더 긍정적으로 반응할 것이다. 또한, 연구자들이 제시한 자료에 의하면 위의 두 가지 결과 중 어느 결과가 도출될지는 정보의 출처에 대한 평가와 문제에 대한 평가 중에서 당초 어느 것이 그 사람의 인지에 더 확실히 뿌리박고 있었는지에 따라 달라진다. 만약 이 정보의 출처에 대한 태도가 어느 한쪽으로 분명하면 의견이 변할 가능성이 더 높아지고, 반면에 의견이 분명하면 정보의 출처에 대한 태도가 변할 가능성이 더 높아질 것이다.

실제로 부조화가 발생하기 전에 정보의 출처에 대한 태도나 의견에 대한 태도를 먼저 조심스럽게 측정하고, 각각의 상태가 어떻게 변하는지를 측정함으로써 이 연구자들은 꽤 정확하게 가치평가 변화의 방향을 예측할 수 있었고, 경우에 따라서는 그 크기까지 측정할 수 있었다.

여기서 기억해야 할 중요한 사항은 인지내용 사이에 조화로운 관계는 산출하고, 부조화는 회피하거나 감소시키도록 하는 압력이 존재한다는 사실이다. 비록 우리가 앞에서 언급한 오스굿이나 탄넨바움처럼 구체적이고 명확하게 이 문제를 다룬 사람은 많지 않지만 다른 연구자들도 이 문제를 인지하고 있었다. 이 책에서 우리는 부조화 이론을 정교하면서도 일반적으로 적용될 수 있는 형태로 만들고, 다양한 맥락에서 이 이론의 적용가능성을 살피며, 이 이론에 관련된 자료를 제공하고자 한다.

부조화와 조화의 정의

　이 장의 나머지 부분의 대부분은 인지부조화 이론에 대한 좀더 딱딱한 설명을 하는 데 할애될 것이다. 나는 가능한 한 정확하고 명확한 용어로 이 이론을 설명하려고 노력할 것이다. 그러나 이 이론을 구성하는 아이디어들이 아직 완전히 정확한 틀을 갖추지 않았기 때문에 약간의 모호함은 피할 수 없을 것 같다.

　'부조화'와 '조화'라는 용어는 함께 짝을 이루는 '인지요소들'(*elements*) 사이에 존재하는 관계에 대한 설명이다. 그러므로 이 관계를 규정하기에 앞서 인지요소들 자체에 대한 정의를 정확히 내릴 필요가 있다.

　인지요소들이라 함은 지금까지 인지라고 부른 것, 즉 한 개인이 자신, 자신의 행동, 그리고 주위 환경에 대해 알고 있는 것들을 가리킨다.

　만약 지식(*knowledge*)이라는 단어의 복수형을 만들 수 있다면, 이 인지요소들을 '지식들'(*knowledges*)이라고도 할 수 있겠다. 이 인지요소들 중에서 어떤 것은 자기 자신에 대한 지식을 나타낸다. 즉, 자신이 행동하는 것, 느끼는 것, 원하거나 갈망하는 것, 그리고 자기 존재 자체 등과 같은 것이 될 것이다. 이 지식의 다른 요소는 자신이 살고 있는 세계에 관한 것일 수도 있다. 무엇이 어디에 있는지, 무엇이 무엇으로 연결되는지, 사물이 무엇을 좋아하고 싫어하는지, 또는 무엇이 중요하고 중요하지 않은지 등이 지식에 포함될 수 있다.

　이 '지식'이라는 단어는 원래 이 단어가 지칭하지 않던 것, 예를 들면 '의견'(*opinions*)과 같은 것도 포함하여 사용되었다. 사람들은 자기가 옳게 여기지 않는 것을 자신의 의견으로 삼지 않으므로 심리적으로 보았을 때 그것은 '지식'과 다르지 않다. 이것은 신념이나 가치관 또는 태도에도 동일하게 적용되며, 현재 우리의 논의의 맥락에서 볼 때 '지식들'과 비슷한 기능을 한다. 하지만 이 말은 이 용어들 사이에 중요한 차이가 없다는 것은 아니다. 그러한 차이점 중 몇몇에 대해서는 나중에 다룰 것이다. 그러나 여기서 규정한 정의에 따르면 이것들 모두가 '인지를 구성하는 요소들'(elements of cognition)이며 조화 또는 부조화 관계는 서로 짝을 이루는 이 요소들 사이에서 규정될 수 있다.

정의와 관한 질문이 몇 가지 더 있다. 예를 들면, 하나의 '인지요소'(element of cognition)가 언제 **하나의** 요소(one element)로 구성되고 언제 여러 개의 요소들(a group of elements)로 구성되는가? "미니애폴리스의 겨울은 매우 춥다"와 같은 지식은 하나의 요소라고 볼 수 있는가? 아니면 더 작은 단위의 지식으로 구성된 인지요소들의 묶음(a cluster of elements)으로 보아야 할 것인가?가 그것이다.

이와 같은 질문들은 현재로서는 대답하기 어려운 것들이다. 사실 대답할 필요가 없는 질문일 수도 있다. 자료를 제시하면서 논의하는 이후의 장들에서 보겠지만, 이 질문에 대답하지 않는다고 해서 측정과 관련한 문제가 생기는 것은 아니다. 4)

---

4) 〔옮긴이 주〕 페스팅거는 사회심리학에 최초로 객관적 측정도구를 도입한 학자로 평가받는다. 이 책에는 그의 이러한 학문적 특성이 반영되어 이론과 함께 수많은 경험적 자료가 제시된다. 그의 경험적 자료는 주로 측정도구의 제작과 측정, 그 결과의 분석으로 이루어지므로 측정상의 문제는 그에게 중요한 문제였고, 이를 염두에 두고 설명하고 있다.

이 요소들과 관련된 또 다른 중요한 질문은 이 요소들이 어떻게 형성되고, 그 내용을 결정하는 것이 무엇인가 하는 것이다. 현 시점에서 우리는 이 요소들의 내용을 결정하는 가장 중요한 단일 요소인 **실재**(*reality*)의 중요성을 강조하고자 한다.

이 인지요소들은 실재에 민감하게 반응한다. 대체로 이 요소들은 실재를 있는 그대로 반영하거나 또는 실재에 대한 지도를 그린다. 여기서의 실재는 물리적 또는 사회적, 혹은 심리적인 것일 수 있는데, 어느 경우든 인지는 그것의 지도를 그린다. 물론 이것은 놀라운 일이 아니다. 만약 유기체의 인지가 실재를 상당한 수준으로 그대로 옮겨 놓은 지도와 같지 않았다면 유기체는 살아남지 못했을 것이다. 사실, 누군가가 '실재로부터 떨어져 지낸다면' 그것은 매우 특별한 일이 될 것이다.

달리 말해서 인지의 요소들은 대부분 개인이 실제로 행동하고 느끼는 것이거나 또는 환경 속에 실제로 존재하는 것이다. 의견, 신념, 그리고 가치관 등의 경우에 실재는 다른 사람들이 생각하거나 행동하는 것이 된다. 또한, 자신이 경험한 것이나 다른 사람이 말해 준 것도 실재라고 할 수 있겠다.

현재의 논의로 볼 때, 그리고 적어도 우리가 관찰할 수 있는 한도 내에서는 사람들이 실재에서 명백하게 벗어나는 인지를 자주 한다는 주장은 옳지 않은 것 같다. 결과적으로 현재까지의 논의에서 핵심사항은 **실재는 한 개인에게 영향을 미치는데, 개인이 실재와 부합되는 적절한 인지요소를 받아들이게 하는 방향으로 압력을 행사한다**는 것이다.

이 말이 기존의 인지요소들이 **항상** 실재와 일치한다는 뜻은 아니다. 사실, 부조화 이론의 중요성 하나가 이 이론을 통해 우리의 인지요소 중에 실재와 부합하지 않는 것이 있다는 것을 이해하게 된다는 것이다. 하지만 이 또한 만약 인지요소가 특정한 실재와 부합하지 않는다면 특정한 압력이 존재해야 한다는 것을 의미하지는 않는다. 그러므로 우리는 이 압력을 어느 정도 분명하게 관찰할 수 있어야 한다. 인지요소와 실재 사이에 존재하는 이와 같은 가설적 관계는 부조화를 측정하는 데 중요하다. 이 부분에 대해서는 자료를 분석할 때 다시 논의할 것이다.

이제 우리는 요소들 사이에 존재하는 관계에 대해 논의할 수 있게 되었다. 요소들 사이의 관계에는 크게 3가지가 있는데, 무관한 관계(irrele-vance), 부조화관계(dissonance), 그리고 조화관계(consonance) 등이 그것이다. 앞으로 각 유형의 관계에 대해 차례대로 논의할 것이다.

무관한 관계

두 요소가 각각 서로에 대해 단순히 어떤 관련도 없을 수 있다. 즉, 하나의 인지요소가 다른 요소에 대해 어떤 것도 내포하지 않는다면 이 요소들은 서로 무관하다고 할 수 있다. 예를 들어, 어떤 사람이 선박우편으로 미국 뉴욕에서 프랑스 파리로 편지를 부치면 경우에 따라서 2주 정도 걸린다는 사실과 미국 아이오와 주의 기후는 건조하고 더워서 옥수수 재배에 적합하다는 사실을 동시에 알고 있다고 가정해 보자.

이 두 인지요소는 서로 어떤 관계도 없으며 이 요소들의 관계를 무관한 관계(irrelevant relation)라고 말할 수 있다. 물론 이와 같은 무관한 관계에 대해서는 이런 종류의 관계가 있다는 것을 확인하는 것 외에 달리 말할 것이 많지 않다. 우리는 인지요소들 중에서도 부조화관계나 조화로운 관계가 있을 것 같은 그러한 인지요소들에 주로 관심이 있다.

하지만 많은 경우에 두 인지요소가 서로 무관한 관계인지를 선험적으로 결정하는 것은 문제가 된다. 이 문제에 관련된 어떤 개인의 다른 인지요소를 참조하지 않고는 이를 결정할 수 없는 경우가 종종 있다. 때로 다른 사람의 경우에는 서로 무관했던 인지요소들이 특정인의 경우 그의 행동 때문에 유관하게 되는 경우도 있다. 위에서 예로 들었던 무관한 인지요소들의 경우도 이에 해당한다. 만약 파리에 살고 있는 어떤 사람이 미국의 옥수수 재배현황에 대해 조사하고 있다면, 그는 아이오와의 기후에 관한 정보를 얻고 싶어 하겠지만 그 정보를 수집하는 데 선박우편을 이용하려 하지는 않을 것이다.

인지요소들 사이에 관계가 유관할 경우에 존재하는 부조화 및 조화의 관계를 계속해서 정의하고 논의하기에 앞서 특정 인지요소들은 특수한 성질을 갖고 있다는 것을 다시 한 번 강조하는 것이 좋을 듯싶다. 이와 같은 특수한 인지요소들은 주로 행동과 관련된 것이다. '행동에 관한'(be-havioral) 인지요소는 서로 무관한 두 인지요소 중 하나와 관계를 맺음으로써 이 무관한 요소들을 서로 유관한 관계가 되게 하기도 한다.

유관한 관계 : 부조화와 조화의 관계

앞선 논의를 통해서 이미 부조화의 의미에 대해 직관적 수준이지만 약간의 이해를 하게 되었다. 이런저런 이유로 두 인지요소가 서로 부합하지 않는다면 이 두 요소는 부조화관계에 있다고 할 수 있다. 이 요소들은 일관성이 결여되거나 서로 모순될지도 모른다. 어쩌면 문화나 집단의 기준에 부합하지 않을 수도 있다. 지금부터는 좀더 형식적인 개념정의를 시도해 보는 것이 좋을 듯하다.

한 사람의 인지 속에 존재하며 서로 관련된 두 개의 인지요소에 대해 생각해 보자. 부조화를 정의할 때 우리는 현재 관심의 대상이 되는 두 인지요소만 다루고 이 두 요소와 관련되는 다른 모든 인지요소들은 논의에서 제외할 것이다. 즉, **두 요소만을 고려하였을 때, 한 요소의 상반되는 내용이 다른 한 요소에서 도출되면 이 두 요소는 부조화의 관계에 있다고 말한다**. 조금 더 형식적으로 진술하면, x의 부정($not\text{-}x$)이 y로부터 도출되면 x와 y는 부조화의 관계이다.

그래서 예를 들어 만약 어떤 사람이 자기 주위에 친구들만 있다는 것을 알고 있으면서도 두려움을 느낀다면 이 두 인지요소는 부조화관계에 있다고 할 수 있다. 아니면, 또 다른 예로 만약 어떤 사람이 이미 빚이 있으면서도 새 차를 구입했다면 이 두 인지요소는 서로 부조화를 이룰 것이다. 부조화는 개인이 이미 학습한 것이나 기대하게 된 것 때문에 생길 수 있고, 또는 그가 생각하기에 적절하다거나 자연스럽다고 판단한 것 때문에 생기기도 한다. 물론 이외에 수많은 다른 이유 때문에도 발생한다.

동기나 희망하는 결과도 두 인지요소가 부조화관계인지의 여부를 판단하는 데 중요한 요인이 될 수 있다. 예를 들면, 어떤 사람은 카드 게임을 할 때 자기와 게임하는 다른 사람들이 모두 전문적 도박사들이라는 사실을 알고 있으면서도 계속해서 게임하고 돈을 잃기도 한다. 자기와 게임하는 사람들이 모두 전문적이 도박사들이라는 지식은 그의 행동, 즉 게임을 계속하는 것과 부조화를 이룰 것이다. 하지만 이 관계가 부조화를 이룬다고 말할 때, 우리는 분명 게임하는 이 사람이 이기기를 원한다고 가정하고 있다. 만약 이 사람이 어떤 이상한 이유로 돈을 잃으려 한다면 이 관계는 조화로운 관계가 될 것이다.

앞서 부조화관계를 정의할 때 '도출되는'(follow from) 이라는 표현을 사용했다. 이 표현의 의미는 다양한 맥락 속에서 다르게 이해되기도 하는데, 이와 같은 다양한 맥락 속에서의 부조화관계를 살펴보면 부조화관계를 이해하는 데 도움이 될 것이다.

(1) 인지부조화는 논리적 모순 때문에 발생할 수 있다.

만약 어떤 사람이 인류가 가까운 미래에 달에 가게 될 것이라고 믿는 동시에 우리 인간이 지구 대기권을 벗어날 수 있도록 하는 장치를 만들 수는 없을 것이라고 믿고 있다면 이 두 인지요소는 서로 부조화를 이룬다. 한 요소의 상반되는 주장이 동일인의 사고과정 속에 있는 논리적 근거에 기반을 두고 다른 한 요소로부터 도출되는 것이다.

(2) 인지부조화는 문화적 관습 때문에 발생할 수 있다.

만약 어떤 사람이 격식을 차린 저녁식사에 참석해서 닭 뼈가 잘 집히지 않는다고 손을 사용한다면 자신의 행동에 대한 인식은 격식을 차린 만찬에서의 예절에 대한 지식과 부조화를 이룬다. 이 부조화는 단지 문화가 무엇이 조화되고 무엇이 그렇지 않은지를 결정하기 때문에 발생한 것이다. 만약 다른 어떤 문화에서라면 이 두 조건이 전혀 부조화를 이루지 않을 수도 있다.

(3) 인지부조화는 어떤 구체적 의견이 그 정의를 살펴보았을 때 더 일반적 의견에 포함되기 때문에 발생할 수 있다.

그래서 만약 어떤 사람이 민주당원이면서 선거에서는 공화당 후보를 더 선호한다면 이 두 의견과 대응하는 두 인지요소는 서로 부조화를 이룰 것이다. 왜냐하면, "민주당원이다"라는 말은 그 개념의 일부로서 민주당 후보를 더 선호한다는 것을 포함하기 때문이다.

(4) 인지부조화는 과거의 경험 때문에 발생할 수 있다.

만약 어떤 사람이 비를 맞으며 서 있는데도 비에 젖고 있다는 증거를 전혀 찾을 수 없다면, 이 두 조건은 서로 부조화를 이룰 수 있다. 왜냐하면 과거의 경험에 비추어 보았을 때 비를 맞고 서 있는 것으로부터 비에 젖는다는 결론이 자연스럽게 도출되기 때문이다. 만약 비를 맞아 본 경험이 전혀 없는 사람이 있다고 하면, 이 두 조건은 서로 부조화를 이루지 않을지도 모른다.

이상의 예들은 "도출되다"라는 표현의 구체적 의미와 함께, 부조화에 대한 개념적 정의가 두 인지요소가 조화를 이루는지 부조화를 이루는지 여부를 판단하는 데 경험적으로 어떻게 활용되는지 충분히 잘 설명한 것으로 보인다. 물론 앞에서 설명한 조건들 중에 몇몇의 경우에는 분명히 우리가 논의한 두 인지요소와 조화를 이루는 다른 인지요소도 많이 있다. 하지만 논의의 대상이 되는 두 요소를 제외한 다른 요소들을 무시했을 때, 만약 어느 하나가 다른 하나의 요소로부터 도출되지 않거나 그것을 기대하기 어렵다면 이 두 요소는 부조화의 관계에 있는 것이다.

우리가 부조화를 정의하고 논의하는 동안에 조화의 관계나 무관한 관계도 암묵적으로 정의되었다. 한 쌍의 인지요소에서 만약 어느 하나가 다른 것으로부터 도출된다면 그 둘 사이의 관계는 조화의 관계이다. 만약 어느 하나의 요소가 다른 요소로부터 도출되지 않을 뿐 아니라 그 요소와 상반되는 내용도 다른 요소로부터 도출되지 않을 경우 이 두 요소는 서로 무관한 관계이다.

부조화와 조화에 대한 개념정의는 몇 가지 심각한 측정상의 어려움을 드러낸다. 만약 부조화 이론이 경험적 자료에 대해 타당성을 가지려면 부조화와 조화를 명확히 구분할 수 있어야 한다. 하지만 인지요소를 모두 나열하는 것은 분명 불가능하고, 혹 그것이 가능하다고 하더라도 사례에 따라서는 그 요소 간의 관계가 셋 중에서 어떤 종류인지 선험적으로 구분하는 것은 어렵거나 불가능할 수도 있다. 하지만 많은 경우에는 분명하고 쉽게 부조화관계를 선험적으로 판정할 수 있다(또한, 두 인지요소가 어떤 문화에 사는 사람에게는 부조화관계를 이루지만, 다른 문화에 사는 사람에게는 그렇지 않음을 기억하라. 그리고 어떤 경험체계를 가진 사람에게는 부조화관계를 이루지만 다른 경험체계를 가진 사람에게는 그렇지 않다는 것도 기억하라). 말할 것도 없이, 이와 같은 측정의 문제들은 경험적 자료를 제시하고 논의하는 장과 절에서 더 자세히 다룰 필요가 있다.

부조화의 크기

물론 부조화관계의 크기가 모두 동일한 것은 아니다. 부조화 수준(*degree of dissonance*)을 구분하고 주어진 부조화관계의 강도가 어느 정도인지를 결정하는 요인이 무엇인지 자세히 살펴볼 필요가 있다. 먼저, 두 요소 사이의 부조화의 크기를 결정하는 몇몇 결정인자에 대해 간략히 논의하겠다. 그 후에, 두 묶음의 인지요소들 사이에 존재하는 부조화의 총량에 대해서 살펴볼 것이다.

부조화의 크기를 결정하는 한 가지 분명한 결정인자는 부조화관계에 있는 인지요소들의 특성이다. 만약 두 요소가 서로 부조화를 이룬다면, 이때의 부조화의 크기는 해당 요소들의 중요성에 비례하는 함수가 될 것이다. 인지요소의 중요성이 크면 클수록 또는 그 인지요소를 더 가치 있게 여기면 여길수록 이 둘 사이의 부조화의 크기는 더 커질 것이다.

예를 들면, 만약 어떤 사람이 구걸하는 거지가 사실은 그렇게 궁핍하지 않다는 것을 알고 있었지만 그에게 10센트를 주었다면, 이 두 요소 사이에 존재하는 부조화 강도는 꽤 약하다. 왜냐하면 이 두 요소는 어느 것도 그렇게 중요하지 않고, 이 사람에게도 크게 중요한 영향을 미치지 않기 때문이다. 예를 들어, 만약 중요한 시험을 앞둔 어떤 학생이 지금 자기가 가진 정보의 양이 이 시험을 치르기에는 충분하지 않을지도 모른다는 사실을 알면서도 시험을 위해 공부하지 않는다면, 이 경우에는 앞의 예보다는 훨씬 더 큰 부조화가 야기될 것이다. 이 경우에 서로 부조화를 이루는 인지요소들이 그 개인에게 더 중요하며, 따라서 부조화의 크기도 더 커지는 것이다.

어쩌면 인지요소들 사이에서 부조화가 전혀 없는 경우는 거의 없을 것이라고 가정하는 것이 안전할 것이다. '행동에 관한' 인지요소인 인간의 행동이나 느낌은 거의 모두 적어도 하나 이상의 인지요소와 부조화를 이룰 가능성이 높다. 누군가가 일요일 오후에 산책한다는 것을 아는 것과 같은 아주 사소한 인지조차도 어떤 요소와 부조화를 이룰 가능성이 높다. 어떤 사람이 산책을 나서긴 했지만 동시에 그는 어쩌면 자신의 집 주위에 주의해야 할 것이 있다거나 비가 올 가능성이 있다거나 하는 것 등의 사실을 알고 있을지도 모른다. 요약하면, 일반적으로 어떤 주어진 인지요소와 관련된 다른 인지요소가 너무 많이 있어서 어느 정도의 부조화는 일상적으로 존재하는 것이다.

지금부터는 특정 요소 하나를 중심으로 그것과 관련된 부조화와 조화의 모든 맥락을 살펴볼 것이다. 개념정의를 위해 잠정적으로 현재 논의하려는 요소와 관련되는 모든 요소의 중요성이 동일하다고 가정할 때, 어떤 개인에게서 이 특정 요소와 나머지 인지요소들 사이에 생성되는 부조화의 총량은 이 요소와 관련되는 요소 중에서 이것과 부조화를 이루는 요소들이 차지하는 비율이 어느 정도인지에 달려 있다.

그래서 만약 어떤 행동 인지요소와 관련된 인지요소의 대부분이 이 행동요소와 조화를 이룬다면, 이 행동요소와의 부조화는 아주 경미할 것이다. 만약 행동요소와 조화를 이루는 요소의 수에 비해 부조화를 이루는 요소의 수가 크면, 부조화의 총량도 상당한 크기가 될 것이다. 물론 총부조화의 크기는 개인의 관심요소와 조화 또는 부조화의 관계에 있는 관련된 요소들의 중요도나 가치에도 영향을 받는다.

물론 위에서 설명한 것은 개별 요소 사이의 부조화뿐만 아니라 두 개의 인지요소 묶음 사이에 존재하는 부조화의 크기를 다루는 데에도 쉽게 확장될 수 있다. 이 부조화의 크기는 두 인지묶음 속에 있는 요소들 사이에 존재하는 부조화관계가 차지하는 비율뿐만 아니라 당연히 이 요소들의 중요성으로도 결정된다.

부조화의 크기는 부조화를 감소시키는 압력을 결정하는 중요한 변인이기 때문에, 그리고 경험적 연구자료(data)에 대해 논의하는 부분[5]에서 반복하여 다시 부조화의 크기를 다룰 것이므로 이쯤에서 부조화의 크기에 대한 우리의 논의를 요약하여 정리하면 좋을 듯싶다.

(1) 만약 두 인지요소가 서로 관련되어 있다면, 이 둘 사이의 관계는

---

5) 〔옮긴이 주〕 페스팅거는 제2장 이후부터 이론(theory)과 이 이론을 뒷받침하는 경험적 연구결과물(data)을 한 장씩 교대로 배치하여 기술한다.

부조화 혹은 조화의 관계다.

⑵ 부조화(또는 조화)의 크기는 해당 요소의 중요도나 가치가 증가함에 따라 같이 증가한다.

⑶ 두 묶음의 인지요소들 사이에 존재하는 부조화의 총량은 서로 부조화를 이루는 두 인지요소 묶음 사이에 존재하는 모든 유관한 관계의 가중비율(*weighted proportion*)의 함수이다. '가중비율'이라는 말이 사용된 이유는 각각의 유관한 관계에 개입된 각 요소의 중요성에 따라 가중치가 주어지기 때문이다.

부조화 줄이기

부조화가 생기면 이 부조화를 감소시키거나 제거하려는 압력이 발생한다. 부조화를 감소시키려는 압력의 강도는 부조화의 크기에 비례하는 함수이다. 다시 말하면, 부조화는 추동(drive)이나 욕구(need) 또는 긴장상태(tension) 등과 동일한 방식으로 작동한다.

예를 들어 배고픔을 느꼈을 때 그 느낌이 배고픔을 줄이는 행동으로 연결되는 것과 마찬가지로, 부조화의 발생은 부조화를 감소시키려는 행동을 이끌어 낸다. 또한, 추동에 의한 행동과 유사하게 부조화가 크면 클수록 부조화를 감소시키려는 행동의 강도도 커지고 부조화를 증가시키는 상황을 회피하려는 경향도 더 커진다.

어떻게 부조화를 감소시키려는 압력이 모습을 드러내는지를 좀더 자세히 살펴보기 위해서는 기존에 있던, 부조화가 감소하거나 제거되는 여러 가지 방식들을 살펴볼 필요가 있다. 일반적으로 두 요소 사이에 부조화가 존재하면 두 요소 중 하나를 변화시킴으로써 이 부조화를 제거할 수 있다. 여기서 중요한 점은 어떻게 이 변화를 일으키느냐 하는 것이다. 해당 두 인지요소가 어떤 유형인지 그리고 전체 인지 맥락이 무엇인지에 따라서 이러한 변화가 생길 수 있는 방법은 아주 다양해질 수 있다.

행동적 인지요소 바꾸기

현재 논의의 대상이 되는 부조화가 주위 환경에 관한 특정 지식에 대응하는 인지요소(환경적 요소)와 어떤 행동적 인지요소 사이에 발생한 것이라면, 이 부조화는 환경적 요소에 부합하도록 행동적 인지요소를 수정함으로써 제거될 수 있다. 이렇게 부조화를 제거하는 가장 쉽고 간단한 방법은 이 행동적 요소가 표상하는 행위나 감정을 수정하는 것이다. 인지가 '실재'에 민감하게 잘 반응한다고 볼 때, 이 유기체의 행동이 바뀌면, 이 행동과 관련되는 하나 또는 여러 개의 인지요인들도 같은 방식으로 변할 것이다. 사람들은 부조화를 감소시키거나 제거하기 위해 이 방법을 자주 사용한다.

우리의 행동이나 느낌은 새로운 정보에 맞게 자주 수정된다. 만약 어떤 사람이 소풍을 떠났다가 비가 쏟아지기 시작하는 것을 알게 되면 그는 곧바로 방향을 바꾸어 집으로 돌아올 것이다. 그리고 많은 흡연자들은 흡연이 건강에 나쁘다는 것을 알게 되면 담배를 끊을 것이다.

하지만 개인의 행동이나 느낌을 바꾸는 것으로 항상 부조화를 제거하거나 또는 실질적으로 감소시킬 수 있는 것은 아니다. 행동을 수정하는 것이 너무 어려울 수 있고, 행동의 변화를 통해 부조화를 제거하는 과정에서 발생하는 변화로 인해 전혀 새로운 부조화가 야기될 수도 있다. 이러한 문제점에 대해서는 아래에서 더 자세히 논의하겠다.

환경적 인지요소 수정하기

행동을 바꿈으로써 행동적 인지요소를 바꾸는 것이 가능한 것처럼 때로는 상황을 변화시킴으로써 **환경적** 인지요소를 바꾸는 것도 가능하다. 물론, 환경을 바꾸는 것은 환경을 충분히 통제할 수 있어야 하기 때문에 행동을 바꾸는 것보다 훨씬 더 어렵다. 그래서 이러한 방법이 사용되는 경우는 매우 드물다.

부조화를 감소시키기 위해 환경 자체를 바꾸는 것은 물리적 환경보다는 사회적 환경일 경우에 발생할 가능성이 더 높다. 이것을 극적으로 설명하기 위해서 나는 다소 우스꽝스러운 예를 하나 들어 보겠다.

어떤 사람이 자기 집 거실에서 왔다갔다 하고 있다고 상상해 보자. 그리고 이 사람이 이유는 잘 모르겠지만 어느 지점에 다다르면 껑충 뛰어서 지나간다고 해보자. 그런데 이 사람이 어느 특정한 지점을 뛰어넘는다는 것에 대한 인지요소는 이 지점이 거실의 다른 곳과 비교했을 때 높이도 다르지 않고 특별히 더 약하지도 않고 어떤 점에서도 특별하지 않다는 지식과 분명히 부조화를 이룰 것이다.

만약 어느 날 저녁 그의 아내가 외출한 사이에 자기가 뛰어넘는 지점에 구멍을 낸다면, 그는 이 부조화를 완전히 제거하는 것이다. 바닥에 구멍이 있음을 아는 것은 그가 구멍이 있는 지점을 뛰어넘는다는 지식과 조화를 이룰 것이다. 짧게 말하면, 그는 실제로 환경을 바꿈으로써 인지요소를 변화시켰고, 이로 인해 부조화가 제거된 것이다.

환경을 충분히 통제할 수 있을 때면 언제나 이 방법을 사용하여 부조화를 감소시킬 수 있다. 예를 들어, 어떤 사람이 습관적으로 주위 사람들에게 적대적으로 대한다면 결국 이 사람 주위에는 적대감을 일으키는 사람들만 있을 것이다. 이렇게 되면 이 사람이 지닌 타인에 대한 인식은 자신의 적대적 행동에 대응하는 인식과 조화를 이루게 된다. 하지만 환경을 마음대로 조작할 수 있는 가능성은 아주 제한되어 있으며 대부분의 경우에는 다른 방법을 사용하여 인지요소를 바꾸려고 할 것이다.

만약 실재에 민감하게 반응하는 어떤 인지요소를 그 실재를 바꾸지 않고도 변화시키려고 한다면 실제 상황을 무시하거나 거스르는 방법을 사용해야 한다. 이 방법은 정신병으로 여겨질 정도로 극단적인 경우가 아니라면 거의 불가능하다. 만약 어떤 사람이 비를 맞고 서서 계속 비에 젖고 있다면, 아무리 강한 심리적 압력을 통해 비가 오는 사실을 잊으려 하더라도 분명히 그 사실을 잊을 수는 없을 것이다.

또 다른 경우로, 인식의 실재는 그대로 유지되긴 하겠지만 그것에 대한 인지요소를 바꾸는 것은 상대적으로 쉽다. 예를 들면, 어떤 정치인의 행동이나 정치 상황이 바뀌지 않더라도 사람들은 그 정치인에 대한 자신의 의견을 바꿀 수 있을 것이다. 보통 이러한 상황이 발생하기 위해서는 자신의 새로운 의견과 일치하거나 지지해 주는 다른 사람을 찾을 수 있어야 한다.

일반적으로 인식을 바꾸기 위해 타인의 지지나 동의를 얻어 사회적 실재를 형성하는 방법은 인식 변화의 압력에 직면하였을 때 많이 사용하는 방법 중의 하나이다. 이처럼 사회적 지지가 필요한 상황에서는 부조화의 발생과 그에 따른 인지요소 변화의 압력이 다양한 사회적 처리과정(*social processes*)을 이끌어 낸다는 것을 우리는 쉽게 알 수 있다. 이 내용은 부조화를 감소하려는 압력의 사회적 발현을 다루는 제 8장, 9장, 그리고 10장에서 자세히 다룰 것이다.

새로운 인지요소 추가하기

부조화를 완전히 제거하기 위해서는 인지요소 중 어떤 것이 바뀌어야 한다는 것은 분명하다. 이러한 시도가 항상 성공할 수 있는 것이 아니라는 것도 분명하다. 그러나 부조화를 완전히 제거하는 것은 불가능하더라도 새로운 인지요소를 추가함으로써 부조화의 총량을 감소시키는 것은 가능하다.

예를 들면, 흡연의 영향과 담배를 계속 피우는 행동에 대한 인식 사이에 부조화가 있다면 담배를 피운다는 사실과 조화를 이루는 새로운 인지요소를 추가함으로써 부조화의 총량을 줄일 수 있다. 부조화가 생기면 개인은 부조화의 총량을 감소시키는 새로운 정보를 적극적으로 찾을 것으로 기대된다. 동시에 그는 기존의 부조화를 증가시킬지 모르는 새로운 정보는 회피하려고 할 것이다. 그래서 흡연 예의 경우, 이 흡연자는 흡연이 건강에 해롭다고 주장하는 연구에 비판적 입장의 자료를 적극적으로 찾아 읽을 것이다. 동시에 그는 이 연구에 동조하는 글은 읽지 않으려고 할 것이다(만약 어쩔 수 없이 흡연의 유해성을 주장하는 글을 접해야 한다면 그는 그 글을 매우 비판적으로 읽을 것이다).

실제로는 부조화를 감소시킬 새로운 정보를 추가하는 방법은 매우 다양하다. 예를 들어, 흡연자의 경우 그는 자동차 사고와 그 사망률에 대한 정보를 모두 수집할 수 있다. 그러고 나서, 흡연으로 인한 위험이 자동차를 운전하는 것에 비해 무시할 만한 것이라는 정보를 인식에 추가하고, 이로 인해 부조화는 약간 감소할 수 있을 것이다. 여기서 부조화의 총량은 기존의 부조화의 **중요도**(*importance*)를 감소시킴으로써 줄어들었다.

지금까지의 논의에서는 조화로운 관계와 비교하였을 때 부조화가 차지하는 비율을 줄여서 특정 요소와 빚어진 부조화의 총량을 감소시키는 방법의 가능성에 주목했다. 이와 함께, 부조화관계에 있는 두 요소를 어떤 측면에서 '중재하는'(*reconciles*) 새로운 인지요소를 추가하는 방법도 사용할 수 있다.

이 방법을 설명하는 스피로(Spiro)의 글에 나온 예를 하나 들어 보겠다. 스피로(51)는 자신의 글에서 문자를 사용하지 않는 사회인 이팔룩섬 (Ifaluk)[6]의 신념체계의 특정한 측면들에 대해 설명한다. 현재 우리의 목적과 관련이 되는 부분은 다음과 같다.

(1) 이 문화에는 인간은 **선하다**(*good*)는 강한 신념이 있다. 이 신념은 인간이 선해야 한다는 것뿐만 아니라 실제로 **선하다**는 것이다.

(2) 이런저런 이유에서 이 사회의 어린아이들은 특별히 강한 공격성과 적대감, 그리고 파괴적 행동을 밖으로 표출하는 시기를 거친다.

인간 본성에 대한 그들의 신념과 이 문화 속에 있는 아이들의 행동에 대한 지식이 서로 부조화를 이룰 것은 분명해 보인다. 지금까지 이들은 여러 가지 방법으로 이 부조화를 감소시킬 수 있었을 것이다. 그들은 인간의 본성에 대한 자신들의 신념을 바꾸거나 인간은 성인이 되었을 때만 완전히 선하다는 식으로 기존의 신념을 약간 수정했을 수도 있다. 아니면 무엇이 '선하고' 무엇이 그렇지 않은지에 대한 생각을 바꾸어 어린아이 시기에 나타난 외현적 공격성도 선한 것으로 여길 수 있다고 생각할지도 모른다.

하지만 실제로 이팔룩 주민들이 사용한 부조화를 감소시키는 방법은 다른 것이었다. 이들은 제3의 신념을 추가하여 두 요소를 '중재'(*reconciliation*) 함으로써 부조화를 효과적으로 감소시키는 방법을 활용했다. 구체적으로 설명하면, 그들은 인간 속에 들어가서 그로 하여금 나쁜 행동을 하게 만드는 악령의 존재를 믿었던 것이다.

---

6) 〔옮긴이 주〕 이팔룩은 태평양 미크로네시아의 캐롤린 제도에 있는 인구가 약 400명 정도 되는 작은 섬이다.

이와 같은 제3의 신념이 도입된 결과, 아이들의 공격적 행동에 대한 지식은 더 이상 인간이 선하다는 신념과 부조화를 이루지 않게 되었다. 공격적으로 행동한 것은 아이들이 아니라 악령이었던 것이다. 심리학적으로 볼 때, 이것은 그러한 신념이 하나의 문화수준에서 형성되어 있을 때 개인이 취할 수 있는 부조화 감소 방법으로서 아주 충분한 해결책이다. 만약 그것이 불충분한 해결책이었다면, 그렇게 성공적으로 널리 받아들여지지 않았을 것이다.

　계속 진행하기에 앞서, 여기서 다시 한 번 강조할 것은 부조화를 감소시키려는 압력이 있다거나 이를 위해 적극적으로 행동한다고 해서 부조화가 줄어드는 것을 보장하지는 않는다는 것이다. 어떤 경우에는 인지요소를 바꾸는 데 필요한 사회적 지원을 얻지 못할 수도 있고, 또는 부조화의 총량을 감소시킬 새로운 인지요소를 발견하지 못할 수도 있다. 사실, 부조화를 감소시키려고 노력하는 과정 중에 오히려 부조화가 증가할 수도 있다는 것도 감안할 필요가 있다. 이것은 부조화를 줄이려고 시도하는 중에 무엇을 만나느냐에 달려 있을 것이다.

　지금까지 논의에서 알아두어야 할 중요한 사항은 부조화가 발생하면 이 부조화를 감소시키려는 **여러 가지 시도들**을 관찰할 수 있다는 것이다. 그리고 만약 이러한 시도가 실패했을 경우, 이 부조화가 충분히 인식할 만하고 이 상태에 대한 불편함을 분명히 느낄 수 있는 것이라면 우리는 심리적으로 불편한 증세가 나타나는 것을 분명히 관찰할 수 있을 것이다.

부조화 감소에 대한 저항

만약 하나 혹은 그 이상의 인지요소를 바꿈으로써 부조화를 줄이거나 제거하려고 한다면 이 인지요소들이 변화에 어떻게 저항하는지를 한 번 살펴볼 필요가 있다. 이 인지요소들 중 얼마가 변하는지 혹은 변하지 않는지, 그리고 혹시 변한다면 어느 것이 변하는지 하는 것은 부분적으로 변화에 대한 이 요소들의 저항의 크기로 결정될 것이다.

물론 관련된 다양한 인지요소들이 변화에 전혀 저항하지 않는다면, 계속 유지되는 부조화는 전혀 없고 모두 없어질 것이 분명하다. 만약 인지요소가 변화에 저항하지 않는다면, 일시적으로는 부조화가 존재하겠지만 결국에는 곧 제거될 것이다. 그러면 인지요소의 변화를 가로막는 주요 요인이 무엇인지 살펴보자.

고쳐야 할 인지요소가 행동적 인지요소인지 환경적 인지요소인지에 따라 부조화의 감소에서 다른 문제가 야기됐던 것처럼, 변화에 저항하는 주요 요인도 인지요소의 종류에 따라 달라진다.

행동적 인지요소의 변화에 대한 저항

어떤 유형의 인지요소에서 발생하는 변화인지에 상관없이 변화에 저항하는 요인 중에서 가장 우선적인 요인은 이 요소의 실재에 대한 반응의 민감도이다. 만약 누군가가 잔디가 푸르다는 것을 보았다면 그것이 그렇지 않다고 생각하기는 매우 어렵다. 만약 어떤 사람이 거리를 걷고 있다면 이 행동에 대응하는 요소를 인식하는 것을 막기는 어렵다. 실재에 대한 반응도가 이와 같이 강하고 때로는 압도적이라면 행동적 인지요소를 바꾸는 문제는 이 요소에 대응하는 행동을 바꾸는 문제로 바뀌어 버린다. 결과적으로 이 개인이 계속해서 실재와 접촉을 유지한다고 할 때, 인지요소의 변화에 대한 저항은 그 요소가 반영된 행동을 바꾸는 것에 대한 저항과 동일하게 된다.

분명히 많은 행동들은 변화에 거의 또는 전혀 저항하지 않는다. 인간은 자신의 행동과 느낌 중에 많은 것을 상황변화에 맞게 끊임없이 수정한다. 만약 출근할 때 평소에 운전해 가던 길이 공사 중이라면 큰 어려움 없이 평소의 행동을 바꾸어 새로운 길을 통해 출근할 수 있을 것이다.

그러면 사람들은 어떤 경우에 자신의 행동을 바꾸는 것을 어렵게 여기는가?

⑴ 이 변화가 고통스럽게 느껴지거나 손실을 야기할 수도 있다.

예를 들어, 어떤 사람은 어떤 집을 사기 위해 많은 돈을 지불했을 수도 있다. 만약 이제 와서 이 사람이 다른 집에 살고 싶다거나 다른 지역에 살고 싶어서 그의 행동을 바꾸고자 한다면, 그는 이사하는 불편과 그 집을 팔 때 생길 수 있는 금전적 손실을 감내해야 한다. 담배를 끊으려는 사람의 경우 흡연행동을 바꾸기 위해서는 금연에 따른 불편함이나 고통을 참아야 한다. 분명히 이와 같은 상황에서는 변화에 대한 어떤 저항이 존재할 것이다. 이 변화에 대한 저항의 크기는 변화로 인해 야기되고 개인이 감내해야 하는 고통이나 손실의 정도에 따라 결정될 것이다.

⑵ 현재 행동이 다른 측면에서 만족스러울 수 있다.

예를 들어, 어떤 사람은 음식 맛이 별로인데도 한 식당에서 계속 점심식사를 할 수도 있는데, 이는 친구들이 항상 그 식당에서 식사한 경우 가능한 일이다. 또는 자기 자녀에게 매우 엄격하고 권위적인 아버지의 경우, 그가 비록 다양한 이유에서 자신의 행동을 바꾸려고 하더라도 누군가를 좌지우지할 수 있는 데서 오는 만족감을 쉽게 포기하지 못할 수 있다. 이와 같은 경우에 변화에 대한 저항은 현재 행동으로부터 얻는 만족감과 비례하는 함수가 될 것이다.

(3) 행동의 변화가 단순히 불가능한 경우도 있다.

자기가 정말 원하기만 한다면 어떤 행동이든 바꿀 수 있을 것이라고 생각하는 것은 착각일지도 모른다. 행동을 바꾸지 못하는 이유는 아주 다양할 것이다. 어떤 행동, 특히 정서적 반응과 같은 것은 인간의 통제를 받지 않기도 한다.

예를 들어, 어떤 사람은 두려움을 너무 심하게 느껴서 아무 행동도 할 수 없게 되기도 한다. 새로운 행동이 그저 자신이 평소 익숙한 행동 목록에 포함되어 있지 않기 때문에 행동을 바꾸지 못할 수도 있다. 위에서 언급한 엄격한 아버지의 경우, 그의 행동방식을 바꿀 수 없는 것은 단순히 그가 아이들을 다루는 다른 방법을 모르기 때문일 수도 있다. 예를 들어, 자신의 집을 판 어떤 사람이 그 집을 도로 찾기를 원할 경우, 만약 새 주인이 그 집을 다시 팔고 싶어 하지 않는다면 그가 할 수 있는 일은 아무것도 없다. 집을 판 행동은 한 번 완료되고 나면 되돌릴 수 없다.

그러나 단순히 행동 변화가 일어날 수 없는 그런 상황에서는 해당 인지요소의 변화에 대한 저항이 무한하다고 말하는 것은 옳지 않다. 물론, 인지요소의 변화에 대한 저항의 강도는 실재에 부응하려는 압력보다 더 클 수는 없다.

환경적 인지요소의 변화에 대한 저항

행동적 인지요소와 관련해서 다시 한 번 밝히지만, 변화에 대한 저항의 주요 근원은 이 요소들이 실재에 얼마나 민감하게 반응하느냐 하는 것이다. 결과적으로 이는 행동적 요소의 경우에 인지요인의 변화에 대한 저항과 실재의 변화, 즉 행동 자체의 변화에 대한 저항을 하나로 묶었다. 하지만 환경적 요소의 경우에는 그 상황이 다소 다르다. 특정 인지요소에 대응하는 실재가 분명하고 명확하게 존재할 때에는 그에 대한 인지가 변할 가능성은 거의 없다. 예를 들어, 만약 어떤 사람이 매일 보았던 어떤 건물의 위치에 대한 인식을 바꾸려고 한다면, 그것은 정말 어려운 일이 될 것이다.

하지만 실제로는 인지요소에 대응하는 실재가 전혀 분명하지도 명확하지도 않은 경우가 많다. 또한, 그 실재가 기본적으로 사회적인 것일 때, 즉 타인과의 동의에 의해 형성된 것일 때에는 새로운 인식을 지지하는 사람을 찾는 작업의 난이도에 따라 변화에 대한 저항의 수준이 결정될 것이다.

인지요소의 변화에 대한 저항을 야기하는 또 다른 요인이 있다. 이것은 행동적 인지요소와 환경적 인지요소의 변화 모두에 적용되는 것이다. 하지만 이것은 행동적 요소보다는 환경적 요소의 변화에 더 중요한 저항요인이 되기 때문에 지금까지 이것에 대한 논의를 미루어 왔다.

변화에 대한 저항을 야기하는 또 다른 요인은 하나의 인지요소가 수많은 다른 인지요소들과 관계를 맺고 있다는 사실이다. 이 인지요소가 많은 다른 요소들과 어느 정도로 조화를 이루고 있고, 그것을 바꾸었을 때 그중에서 어느 정도의 관계가 부조화로 대체될 것인가에 따라 이 요소의 변화에 대한 저항 강도가 결정될 것이다.

위의 논의를 통해 변화에 대한 저항을 모두 다 분석하거나 개념적으로 다른 요인들을 모두 나열한 것은 아니다. 오히려 이것은 개념적 차원에서보다는 조작적 차원에서 차이점을 구별하는 데 도움을 주고자 하는 논의이다. 어떤 부조화이든지 그리고 그와 관련된 요소의 변화에 대한 어떤 저항이든지, 한 요소를 바꾸어 부조화를 제거하려는 시도에서 중요한 요인은 변화에 대한 저항의 총량이다. 이때 저항을 일으키는 요인은 비물질적인 것이다.

부조화의 최대치

두 요소 사이에 존재할 수 있는 부조화의 최대치는 이 두 요소 중에서 저항력이 더 작은 요소를 변경할 때 발생하는 저항의 총량과 같다. 부조화의 크기는 이 값을 초과할 수 없는데, 그 이유는 부조화의 크기가 최대가 되는 이 시점에서 두 요소 중 저항력이 작은 요소가 변하면서 부조화가 제거되기 때문이다.

이 말이 부조화의 크기가 자주 최대치에 근접함을 뜻하는 것은 아니다. 관련된 두 인지요소의 변화에 대한 저항 강도보다는 작지만 어느 정도 강한 부조화가 있을 때, 이 부조화는 전체 인지체계에 새로운 인지요소를 추가함으로써 그 크기를 줄일 수 있다. 변화에 매우 강한 저항이 있을 때에도 이런 식으로 이 체제 속에 있는 전체 부조화 수준은 다소 낮은 수준으로 유지될 수 있다.

예를 들어, 어떤 사람이 자기가 타고 다닐 고급차를 사기 위해 아주 많은 돈을 썼다고 해보자. 그리고 이 사람이 그 차를 구입한 후 차에 뭔가 이상이 생긴 것을 발견하고 이것을 수리하는 데 돈이 아주 많이 든다는 것을 알았다고 해보자. 게다가 그는 이 차를 유지하는 데에도 다른 차보다 훨씬 돈이 많이 들고, 그의 친구들도 이 차의 디자인이 좋지 않다고 생각한다는 것을 알게 되었다. 만약 부조화가 충분히 커져, 즉 이 요소들 중에서 변화에 대한 저항 강도가 낮은 요소, 아마도 이 상황에서는 행동적 요소가 야기하는 저항만큼 커지면 이 사람은 자동차를 팔고 이 행동에 따른 불편함이나 경제적 손실 등의 불이익을 겪을 것이다. 따라서 이때의 부조화 수준은 개인이 자신의 행동을 바꿀 때, 여기서는 차를 팔 때 생기는 저항을 넘을 수 없다.

그럼 이제, 새 차를 산 사람의 예를 통해 부조화의 크기가 상당한 수준은 되지만 부조화의 최대 수준보다는 낮은 상황, 즉 두 요소 중에서 변화에 대한 저항 강도가 더 작은 쪽보다 부조화의 크기가 작은 상황에 대해 생각해 보자. 이 사람은 인지요소들 중에서는 아무것도 바꾸지 않으면서 자신이 차를 소유하는 것과 조화를 이루는 새로운 인지요소를 계속 추가함으로써 전체 부조화의 크기를 낮게 유지할 수 있다.

즉, 그는 이제 자동차의 출력과 승차감이 경제성이나 외관보다 더 중요하다고 생각하기 시작한다. 그는 또한 예전보다 더 속도를 내어 운전하면서 자동차가 빨리 달릴 수 있는 것이 중요한 사항이라고 확신하기 시작한다. 그는 이와 같은 인지요소를 통해 현재의 부조화를 무시하는 데 성공할지도 모른다.

하지만 기존의 인지에 조화를 이루는 새로운 인지 정보를 추가하려는 그의 시도가 성공을 거두지 못하고, 경제적 상황 때문에 차를 팔 수도 없는 상황이 발생할 수 있다. 이 상황에서도 또한 앞과는 다른 종류이지만 새로운 인지요소를 어느 정도 추가함으로써 부조화의 크기를 줄일 수 있다. 스스로 자신에게 또는 친구들에게 차를 산 것이 잘못된 결정이었다거나 만약 다시 차를 산다면 다른 차를 살 것이라고 고백할 수도 있다. 이처럼 자신의 행동과 자기 자신을 심리적으로 분리시키는 절차를 통해 부조화를 실질적으로 줄일 수 있다. 하지만 때때로 이러한 행동에 대한 저항이 상당히 강할 수 있다. 이와 같은 상황에서의 부조화의 최대치는 자신의 행동이 잘못되었다거나 바보 같았다는 것을 인정하는 것에 대한 저항의 크기로 결정된다.

부조화 회피하기

지금까지의 논의는 부조화를 감소시키거나 제거하려는 경향과 부조화 감소 목표를 달성하는 것과 관련되는 문제에 초점을 맞추었다. 그런데 어떤 경우에는 부조화의 증가를 회피하거나 부조화가 발생하는 것을 회피하려는 강력하고도 중요한 경향이 관찰된다. 지금부터는 우리의 관심을 돌려 회피 경향이 일어나는 상황과 그러한 경향들이 어떠한 모습으로 나타나는지에 대해 살펴보고자 한다.

물론 부조화의 증가를 회피하려는 것은 부조화가 존재할 때에만 가능하다. 이와 같은 회피는 부조화를 감소시키고자 하는 과정 중에 기존의 요소를 대체할 수 있는 새로운 인지요소를 찾을 때에나, 새로운 인지요소가 추가될 때에 특히 중요하다. 기존의 정보를 대체하든 새로운 정보를 추가하든 두 경우 모두에서, 지지하는 자료를 찾거나 새로운 정보를 찾는 작업은 분명 매우 선택적인 방식으로 이루어질 것이다.

사람들은 자신에게 필요하다고 생각하는 새로운 인지요소에 대해 동일한 의견을 가진 사람과는 논의를 시작하려고 하지만, 자신이 바꾸고 싶어 하는 요소를 지지하는 사람과 의견을 나누는 것은 피하려고 할 것이다. 사람들은 또한 조화로운 상태를 증가시키는 새로운 요소를 추가할 것으로 기대되는 정보의 출처는 살펴보려고 하겠지만, 부조화를 증가시키는 정보의 출처는 분명 피하려고 할 것이다.

만약 부조화가 거의 또는 전혀 없다면 위에서처럼 지지하는 사람이나 정보의 출처를 선별적으로 채택하지는 않을 것이다. 사실, 부조화가 없다면 지지하는 사람이나 새로운 정보를 찾으려는 동기가 상대적으로 부족할 것이다. 일반적으로는 이것이 사실이지만 여기에 중요한 예외가 있다. 이는 과거 경험에 의한 두려움이 부조화가 발생하는 것을 막는 경우이다. 이것이 사실이라면, 사람들은 현재 부조화가 거의 또는 전혀 없을 때에도 새로운 정보와 관련하여 아주 신중하게 행동할 것이다.

또한, 부조화에 대한 두려움은 실제로 행동하는 것을 주저하게 할 수 있다. 행동에는 일단 한 번 실행하고 나면 바꾸기 어려운 것들도 많이 있다. 그래서 부조화가 일단 발생하면 그 강도가 계속해서 높아질 가능성도 있다. 부조화에 대한 두려움은 행동을 취하는 것을 주저하게 할지 모른다. 결정과 행동이 무한히 연기될 수 없는 경우라면, 어떤 행동을 취하였을 때 그 행동에 대한 인지적 부정이 뒤따를 수 있다. 그렇기 때문에, 예를 들어 새 차를 사고 나서 그에 따른 부조화를 두려워하는 사람은 차를 산 후, 즉시 자기가 잘못했다고 시인하는 말을 하게 된다. 이 정도로 강하게 부조화를 두려워하는 것은 드물지만 전혀 없는 일은 아니다.

부조화를 두려워하는 것과 관련된 성격 차이와 부조화 감소의 효율성은 분명히 이와 같은 부조화 회피 행동의 발생여부를 결정짓는 데 중요한 요인이다. 이런 종류의 사전 자기보호 행동이 언제 누구에게 일어나느냐 하는 것을 따로 밝혀내는 것이 실제적 문제가 될 것이다.

요약

지금까지 설명한 인지부조화 이론의 핵심은 다소 간단하며, 다음과 같이 정리할 수 있다.

(1) 인지요소들 사이에는 부조화 또는 '불일치'(*nonfitting*) 관계가 있을 수 있다.

(2) 부조화의 존재는 이 부조화를 감소시키고 부조화의 증가를 막으려는 압력을 발생시킨다.

(3) 이러한 압력의 작동과정에는 행동의 변화, 인식의 변화, 그리고 새로운 의견 추가 등의 절차가 포함된다.

이 이론의 핵심내용은 간단하지만 상당히 광범위한 시사점과 적용가능성이 있어서 표면적으로는 상이해 보이는 다양한 상황에 적용할 수 있다. 이 책의 남은 부분에서는 이 이론의 시사점을 구체적으로 하나하나 살펴보고, 이와 관련된 경험적 연구자료를 탐구할 것이다.

제2장

의사결정의 결과: 이론

심리학자들은 그동안 의사결정 과정에 그렇게 많은 관심을 기울여 왔음에도 불구하고 의사결정이 일어났을 때 발생하는 문제들만 이따금씩 알아냈을 뿐이다. 의사결정으로 인해 발생하는 중요한 결과 중 하나가 부조화의 발생이다. 이 문제에 자세히 들어가기 전에, 먼저 의사결정 후 과정(*post-decision process*)과 관련된 문제를 논의한 연구들을 살펴보자.

상호배타적이지만 둘 다 매력적인 선택지 중에서 하나를 선택하는 문제를 다루면서, 아담스(Adams, 1)는 다음과 같이 말했다.

> 하나를 선택했다고 해서 다 해결된 것은 아니다. '갈등 해소'(*conflict resolution*)라는 추가적 처리과정이 없으면 선택하지 않은 선택지에 대한 욕구가 충족되지 않아서 여전히 긴장이 존재한다(554쪽).

달리 말하면, 아담스는 의사결정이 이루어지고 나서라도 대안으로 제시된 어떤 것을 거절함에 따라 발생하는 불편한 마음을 해소하기 위해 뭔가를 해야 한다고 지적한다. 그는 또한 의사결정에 개입된 선택지들에 대한 '재구성'(restructuring) 또는 '재평가'(revaluation) 작업이 필요하다고 제안한다.

아담스는 또한, 이 작업이 항상 쉬운 것은 아니고 항상 가능한 것은 더더욱 아니라는 것, 그리고 이와 같은 인지적 불편함 또는 부조화가 발생하여 계속 누적될 수 있다는 점을 파악하고 다음과 같이 말했다.

> 하지만 다행인 것은 갈등이 발생하면 이것이 계속 축적되어 중요한 사항에 대해 다소 극단적이고 무분별하며 무비판적인 재평가를 실시하기까지 내버려 두지 않고, 재평가와 재구성 또는 통찰력이 발생한다는 것이다(555쪽).

아담스는 '갈등 해소'와 '갈등 축적'에 대해 논의할 때, '부조화 감소'와 '부조화 축적'을 언급한다. 여기서 사용된 '갈등'(conflict)이라는 단어의 사용범위 안에 '부조화'도 포함되는 것으로 보인다. 나는 나중에 '갈등'이라는 단어의 좀더 제한된 용례를 제시할 것이다.

일단 의사결정이 한번 이루어지고 나면 이 결정을 안정화시키는 일련의 과정이 일어난다는 사실이 밝혀졌다. 특히 커트 르윈(Kurt Lewin, 36)이 이러한 사실을 밝혔는데, 예를 들어 집단 의사결정의 효과성에 대한 실험의 결과를 논의하면서 다음과 같이 주장했다. 7)

> 우리는 현재 이 실험을 통해 토론 후 집단의 의사결정을 다루고 있다. 의사

---

7) 〔옮긴이 주〕커트 르윈이 소개한 이 연구는 제2차 세계대전 중 식습관 변화에 관한 연구 프로그램의 한 부분이다. 이에 대한 자세한 내용은 제3장에 소개된다.

결정을 하는 일 자체는 겨우 1~2분밖에 걸리지 않는다(즉, "다음 주에 누가 콩팥, 췌장, 염통을 요리하겠어요?"라고 물어서 손들게 하면 바로 결정할 수 있다). 하지만 이 의사결정 행위는 두 선택지, 즉 요리할 것인가 아닌가 하는 것 중에서 어느 하나에 우월성을 부여하여 그것을 받아들이고 다른 하나는 버리는 매우 중요한 과정으로 보아야 한다. 이 과정은 다양한 형태와 방향의 동기를 행동으로 동결시키는 효과가 있다(465쪽).

그리고 다른 글에서도 르윈(35)은 이와 비슷한 문제에 대해서 다음과 같이 주장한다.

이것이 부분적으로는 모순되어 보이는 사실, 즉 의사결정과 같은 겨우 몇 분밖에 걸리지 않는 과정이 추후 수개월 동안의 행동에 영향을 미칠 수 있다는 사실을 설명하는 것처럼 보인다. 의사결정은 동기를 행동에 연결시키는 동시에 '동결시키는' 효과가 있는 듯하다. 이 동결효과는 부분적으로는 개인이 '자신의 결정을 고수하려는' 경향 때문에 발생한다. … (233쪽).

이른바 의사결정의 '동결효과'(freezing effect)는 실제로 그 결정과 일치하는 인지요소를 형성하고 부조화 요소를 제거하는 과정의 결과로 발생한다. 이 의사결정의 최종 결과는 어떤 결정을 내리고 그에 수반되는 행동을 취하면서 이전까지는 거의 동일하게 매력적이었던 선택지들이 더 이상 그렇게 느껴지지 않도록 자신의 인지를 바꾸기 시작하는 것이 될 것이다. 그래서 선택된 것은 그전보다 훨씬 더 매력적인 것으로, 선택되지 않은 것은 그전보다 덜 매력적인 것으로 보이기 시작할 것이다. 이 과정의 결과는 의사결정을 안정시키거나 '동결시키는' 것이다.

부조화를 발생시키는 의사결정

어떤 결정의 결과로 부조화가 발생하는 이유와 시기를 이해하기 위해 여러 유형의 의사결정 상황 중에서, 우선 두 개의 매력적인 선택지 사이에서 하나를 선택해야 하는 경우를 분석해 보자. 이 상황에 대한 논의는 쉽게 일반화하여 다른 유형의 의사결정 상황에 적용할 수 있다. 어떤 사람이 두 개의 선택지 중에서 하나를 선택해야 하는 상황을 가정해 보자. 이때 각 선택지는 모두 이 사람에게 매력적이다. 이 사람은 어느 하나를 선택하기 전에 먼저 각 선택지의 특징을 살펴볼 것이다. 말하자면 이 둘을 비교하는 것이다.

예를 들면, 좋은 조건의 두 직장 중에 하나를 선택해야 할 수도 있다. 그는 어느 하나를 선택하기 전에 각 직장에서 제시하는 조건에 대해 자세히 알려고 할 것이다. 선택자의 입장에서 보면 특정 조건 하나만 고려할 경우 직장 A를 선택하게 만드는 요소도 많이 있을 것이고, 동시에 직장 B를 선택하게 만드는 요소도 수없이 많을 것이다.

결국 마음의 결정을 내려 두 가지 선택지 중에서 하나를 선택하고, 다른 하나는 버리게 된다. 그러면 이제 이 행동과 관련된 인지요소와 의사결정 과정에서 축적된 인지요소들 사이의 관계를 자세히 살펴보자. 이 사람이 A라는 직장을 선택하고, B라는 직장을 버렸다고 해보자. 따로 떼어 놓고 고려했을 때 이 사람이 A를 선택하도록 만든 모든 인지요소는 이제 그가 선택한 이 행동에 해당하는 인지요소와 조화를 이룬다. 하지만 동시에 따로 떼어 놓고 고려할 경우 B를 선택하게 할 수 있는 다른 인지요소도 많이 존재하고, 이 모든 인지요소들은 결국 그가 택한 행동과 관련된 인지와 부조화를 이룬다.

부조화의 발생은 앞 장에 제시된 정의에 따라 이루어진다. 그래서 부조화는 의사결정이라는 간단한 행동 하나의 결과가 될 것이다. 따라서 우리는 어떤 의사결정이 이루어진 후에 부조화를 감소시키려는 압력이 표출될 것이라 예상할 수 있다.

의사결정에 수반되는 부조화의 크기를 결정하는 구체적 요인과 부조화를 감소시키려는 압력이 어떻게 발생하는지에 대한 자세한 논의에 앞서, 다른 종류의 의사결정을 포함하기 위해 현재의 분석을 조금 확장하는 논의를 간략하게나마 할 필요가 있다.

이미 르윈(34)과 호블랜드와 시어스(Hovland and Sears, 27)는 의사결정과 갈등상황을 분석하였는데, 이 연구들은 훌륭한 분석으로 인정받고 있다. 나는 여기서 그들의 분석을 모두 소개하지 않고 우리의 목적에 부합하는 부분만을 간단히 요약하겠다.

(1) 완전히 부정적인 선택지 중에서 선택하기

이것은 이론적으로는 가능한 조건이지만 어쩌면 거의 일어나지 않을지도 모른다. 두 선택지가 모두 부정적일 때에는 외적 요인이 둘 중에 하나를 선택하도록 강요하지 않는다면 선택지가 두 개 주어졌다고 해서 의사결정이 필요한 것은 아니다. 만약 이 경우에 의사결정이 일어난다면 의사결정이 일어난 후에 발생한 부조화와 관련해서 똑같은 결과가 발생할 것이다. 어느 하나의 선택지를 선호하는 인지요소도 있을 것이고, 다른 한 선택지를 선호하는 인지요소도 있을 것이다. 그래서 어느 것을 선택하든 이 선택 행동과 부조화를 이루는 인지요소가 무수히 많이 존재할 것이다.

(2) 긍정적 측면과 부정적 측면이 동시에 있는
두 개의 선택지 중에서 선택하기

이와 같은 상황이 어쩌면 우리가 가장 흔히 겪는 의사결정 유형일 것이다. 앞서의 논의로 본다면 여기서도 분명 의사결정을 할 때 부조화가 발생할 것이다. 선택되지 않은 선택지의 긍정적 측면에 관한 인지요소와 선택된 선택지의 부정적 측면에 관한 인지요소가 있게 마련인데, 이 인지요소들은 특정한 선택지를 선택했다는 사실에 대한 인지와 부조화를 이룰 것이다.

(3) 3개 이상의 선택지가 있는 경우

가장 흔한 경우는 아니라 하더라도 분명 많은 경우 3가지 이상의 선택지 중에서 어느 하나를 결정하게 된다. 우선 다양한 가능성이 있을 수 있는데, 즉 의사결정 당사자가 여러 개의 절충안과 새로운 방식의 행동을 만들어 낼 수도 있다. 이와 같은 복잡성의 증가는 의사결정 과정의 분석을 어렵게 하지만, 다행히 의사결정 후에 뒤따르는 부조화에 대한 분석을 크게 더 복잡하게 만들지는 않는다. 다시 말하면, **따로 떼어 놓고 보았을 때에는 다른 선택을 하게 했을 모든 인지요소는 의사결정의 결과로 선택된 행동에 관련된 인지요소와 부조화를 이룬다.**

지금까지 부조화가 의사결정의 거의 불가피한 결과라고 일반화하는 것을 제안했고, 이제부터는 부조화의 크기에 영향을 미치는 요인을 검토하고자 한다.

의사결정에 수반되는 부조화의 크기

부조화가 얼마나 강하냐 하는 것은 제 1장에서 언급한 일반적 결정인자(determinants)에 달려 있다. 현재 우리의 과제는 의사결정 후 상황에 존재하는 이 결정인자들의 구체적 특성을 하나하나 나열하는 것이다.

의사결정의 **중요성**(importance)이 의사결정이 종료된 후에 존재하는 부조화의 크기에 영향을 줄 것이다. 다른 조건이 동일할 경우, 그 결정이 중요하면 중요할수록 그에 따른 부조화의 크기는 더 커질 것이다. 그래서 어느 자동차를 사느냐 하는 결정은 어느 브랜드의 비누를 사느냐 하는 결정보다 더 큰 부조화를 발생시킬 것이고, 어느 직업을 선택하느냐 하는 결정이 영화를 볼 것인가 아니면 콘서트를 갈 것인가 하는 결정보다 훨씬 더 큰 부조화를 일으킬 것이다.

그 결정의 중요성은 부조화의 크기를 결정하는 일반적 결정인자이기 때문에 앞으로 계속해서 이 중요성이라는 변인을 언급할 것이다. 이제 의사결정 후 상황에만 국한되는 몇몇 사항에 대한 논의로 옮겨가자.

의사결정 후 부조화(postdecision dissonance)의 크기를 결정짓는 또 다른 요인에는 **선택되지 않은 선택지의 상대적 매력도**(relative attractiveness of the unchosen alternative)가 있다. 물론 이 요인은 우리가 선택 후 상황과 부조화가 발생하는 이유를 분석하는 데서 바로 발생한다. 의사결정을 한 후에 다른 결정을 하게 했을 요소만 따로 넣고 계속 생각할 경우 부조화가 발생한다. 이 요소들에는 선택되지 않은 선택지의 매력적 특성과 선택된 선택지의 만족스럽지 않은 특성이 있다. 결과적으로, 선택된 것에 대한 선택되지 않은 것의 상대적 매력도가 크면 클수록 선택 행동과 관련하여 부조화를 이루는 인지요소들의 비율은 더 커지게 될 것이다.

〈그림 2-1〉은 선택 행동의 중요도와 선택된 선택지의 매력도를 고정시켰을 때 예상되는 의사결정 후 부조화의 크기와 선택되지 않은 선택지의 상대적 매력도 사이의 관계를 보여 준다. 선택되지 않은 선택지의 매력도의 크기에 상관없이, 의사결정의 중요도가 더 커질수록 또는 선택된 선택지의 매력도가 더 커질수록 그에 따른 부조화의 크기도 더 커질 것이다. 선택되지 않은 선택지의 상대적 매력도가 감소함에 따라 부조화의 크기도 감소한다. 다시 언급하겠지만, 부조화를 줄이려는 압력은 부조화의 크기에 직접적 영향을 받는다. 계속해서 이와 같은 상황에서 부조화를 줄이려는 압력이 어떻게 드러나는지에 초점을 맞춰 논의하겠다.

하지만 우선, 몇 가지 명확히 해야 할 점이 있다. 〈그림 2-1〉은 그 관계들이 선형적이라는 것을 말하려는 것은 분명 아니다. 물론, 이 요인들 사이의 관계가 어떤 모습을 보일지는 부조화와 중요도, 그리고 상대적 매력도를 측정하는 척도의 특성에 따라 달라진다. 현재로서는 명확한 척도가 없기 때문에 그 관계가 어떤 모습일지에 대해 말하는 것은 의미가 없다. 지금 말할 수 있고, 이 그래프들이 전달하고자 하는 것은 다만 점증하는 함수관계라는 것이다.

갈등과 부조화가 미치는 영향이 전혀 다르기 때문에 논의를 계속 진행하기 전에 이 둘의 차이에 대해서도 말하는 것이 좋겠다. 개인은 의사결정을 하기 전에 갈등상황에 놓인다. 일단 결정이 내려지면 더 이상은 갈등상황이 아니다. 결정을 이미 내렸기 때문에 그 갈등을 해소한 셈이다.

이제는 더 이상 두 개 혹은 그보다 더 많은 방향으로 동시에 내몰리지 않는다. 다만 지금부터는 부조화가 존재하게 된다. 그리고 부조화를 감

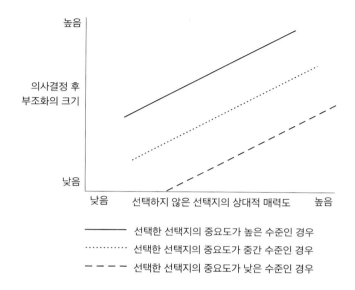

〈그림 2-1〉 선택되지 않은 선택지의 특성에 따른 선택 후 부조화 함수

의사결정 후
부조화의 크기

높음

낮음

낮음 　선택하지 않은 선택지의 상대적 매력도 　높음

―――― 선택한 선택지의 중요도가 높은 수준인 경우
············ 선택한 선택지의 중요도가 중간 수준인 경우
― ― ― ― 선택한 선택지의 중요도가 낮은 수준인 경우

소시키려는 압력은 그 개인을 동시에 두 방향으로 내몰지 않는다.

이 둘을 구분하기 위해서는 두 용어의 구체적 용례를 살펴볼 필요가 있다. '갈등'이라는 말은 불행히도 많은 사람들에 의해 너무 넓게 사용되었다. 예를 들면, 스막(Smock, 50)이 최근에 이 단어의 매우 심각한 애매성에 대해 쓴 글에 다음과 같은 부분이 있다.

> 부정합(incongruity)이란 그 정의상 개인의 '기대'(expectancies)와 갈등하는 요소들로 이루어진 자극의 구성을 지칭하는 것으로, 여기서 개인의 기대와 갈등한다는 말은 그 개인이 그런 자극의 구성을 '실제 생활'(real-life) 상황에서 맞닥뜨리는 일이 거의 혹은 전혀 없다는 의미다(354쪽, 이 발췌문의 강조는 지은이가 표시).

이 문장을 선택한 이유는 이 글이 '갈등'이라는 단어가 사용된 의미를 구체화하려고 시도한 것이기 때문이다. 의견 사이의 갈등이나 가치 사이의 갈등에 대해 말할 때, 그것이 무엇을 의미하는지를 아는 것만도 어려울 때가 종종 있다. 스막이 갈등이라는 단어를 사용할 때는 이 단어와 부조화 사이의 구분이 거의 없을지도 모른다. 하지만 그것의 의미는 개인에게 작용하는 힘에 대한 반항을 뜻하는 단어의 용법과는 분명히 다르다.

이 차이를 분명히 하기 위해 결정 전후의 상황을 한 번 살펴보자. 두 군데의 직장에서 입사제의를 받은 사람이 있다고 가정해 보자. A라는 직장의 좋은 점들과 B라는 직장의 나쁜 점들과 관련된 모든 인지요소들(이것을 인지묶음 A라고 하자)이 그로 하여금 A라는 직장을 선택하게 유도한다. 인지묶음 B, 즉 직장 B의 긍정적 특성과 직장 A의 부정적 특성과 관련된 모든 인지요소들은 그가 직장 B를 선택하게 한다. 직장 A와 직장 B가 서로 양립할 수 없는 관계이기 때문에 그는 이 둘을 동시에 가질 수 없다. 즉, 그는 갈등에 빠진 것이다.

그러나 이 갈등이 어디에 놓여 있는지에 대해서는 좀더 구체화할 필요가 있다. 이 갈등은 인지묶음 A와 인지묶음 B 사이에 있는 것이 아니다. 즉, 직장 A가 좋다는 것을 아는 것과 직장 B도 좋다는 것을 아는 것 자체는 서로 갈등관계가 아니다. 인지적 차원에서 보면 멋지게 그려 놓은 세계에 이것이 간단히 더해질 수 있다. 어느 하나를 좋아하는 동시에 다른 것을 좋아하는 것 사이에는 대립되는 것이 없다. 갈등이 일어나는 이유는 두 종류의 행동 중에서 어느 하나를 선택해야 하기 때문이다. 이는 동시에 정반대 방향으로 떠밀리는 것과 같다.

조만간 이 사람은 마음의 결심을 하고 직장 A를 선택한다. 이제 그는 더 이상 정반대 방향으로 떠밀리지 않아도 된다. 그는 주어진 대안 중 한

가지를 선택했고, 이에 따라 더 이상 그는 갈등상태에 있지 않다. 하지만
이제부터 인지묶음 B는 이 사람이 움직이려고 하는 방향에 대한 지식과
부조화를 이룬다. 이 부조화는 인지적 차원에서 존재하는 것이다. A와 B
두 인지묶음들 사이에는 여전히 어떠한 필연적 관계도 없다. 그러나 인
지묶음 A가 현재의 결정과 조화를 이루는 반면, 인지묶음 B는 부조화를
이룬다. 이 사람은 지금 한 방향으로 움직이며 인지부조화를 줄이려는
시도를 한다.

  의사결정 후 부조화의 크기를 결정하는 세 번째 요인은 그 결정에 관련
된 대안들 사이의 **인지중첩도**(the degree of cognitive overlap)라고 이름 붙일
수 있겠다. 어느 한 선택지에 대응하는 인지묶음 속의 요소들이 다른 선
택지에 대응하는 인지묶음 속의 요소들과 많이 일치할수록 중첩도는 높
아진다.

  우리가 흔히 두 사물이 '비슷하다'(similar) 라고 할 때 일반적으로 인지
중첩도가 높다는 의미가 막연히 들어가 있다. 반면에 '질적으로 다르다'
(qualitatively different) 는 말은 일반적으로 인지중첩도가 낮다는 뜻이다.
어느 한 선택지의 인지묶음에 해당하는 인지요소들이 다른 인지묶음의
인지요소와 하나도 동일한 것이 없다면 이 두 선택지의 인지요소 사이에
는 중첩되는 것이 없는 것이다.

  그러면 어떻게 인지중첩도가 인지부조화의 크기에 영향을 미치는가?
두 선택지 사이에 인지중첩도가 크면 클수록, 즉 이 둘 사이에 질적 차이
가 적을수록 선택이 이루어진 후 발생하는 부조화의 크기는 더 작아진다.
이것은 부조화가 왜 생기는지 그 이유를 생각해 보면 알 수 있다. 기억나
겠지만 부조화는 선택된 행동과 관련된 인지요소와 선택되지 않은 선택

지의 긍정적 특성과 선택된 선택지의 부정적 특성에 관한 인지요소 사이에 존재한다.

그러나 선택되었건 선택되지 않았건, 이 두 선택지 모두에 있는 매력적 특성들과 완전히 일치하는 인지요소들만을 묶어서 한번 살펴보자. 분명히 이 요소들은 선택된 행동에 관한 인지와는 부조화를 이루지 않는다. 이 요소들을 따로 놓고 살펴보았을 때, 이 인지요소들은 버려진 선택지와 연결되는 것과 마찬가지로 그만큼 설득력 있게 선택된 행동과 연결된다. 두 선택지의 동일한 부정적 측면에 관한 인지요소의 경우에도 이와 완전히 동일한 현상이 생긴다. 그러므로 만약 인지중첩도가 완전하다면, 즉 하나의 선택지와 관련된 인지묶음의 모든 요소가 동일하게 다른 선택지의 인지묶음에 존재한다면 단순히 의사결정의 결과로서 부조화가 발생하지는 않을 것이다.

예를 들어, 어떤 사람이 5달러와 4.99달러 사이에서 선택하라는 요구를 받았다면 그는 주저 없이 첫 번째 선택지를 택할 것이다. 비록 선택되지 않은 선택지의 매력도가 선택된 선택지 못지않게 높지만, 이 의사결정의 결과로 부조화가 발생하지는 않을 것이다. 이 선택지들이 지니는 매력도의 절대적 크기와 무관하게 의사결정 후에 부조화는 발생하지 않을 것이다. 여기에는 완벽한 인지중첩도가 있기 때문이다.

선택되지 않은 선택지의 매력적 특성에 관한 모든 인지요소는 선택된 선택지의 매력적 특성에 관한 인지묶음의 인지요소들과 동일하다. 이와 유사하게 책 두 권 중에서 하나를 선택함으로써 발생하는 부조화가 책과 콘서트 입장권 사이에 선택함으로 발생하는 부조화보다 더 적을 것이다. 이는 의심의 여지없이 전자의 인지중첩도가 후자보다 더 크기 때문이다.

부조화 감소 압력의 표출

　이미 앞서 여러 번 말한 것처럼, 부조화가 존재하면 이를 감소시키려는 압력이 발생할 것이다. 그러므로 이제 의사결정 후 부조화를 감소시키는 방법을 살펴보자. 부조화 감소에는 크게 3가지의 방법이 있다. 즉, ① 의사결정을 바꾸거나 취소하기, ② 선택과 관련된 선택지들의 매력도 변경하기, 그리고 ③ 선택과 관련된 선택지들 간의 인지적 중첩 형성하기 등의 방법이다. 이 세 가지 방법을 차례로 다루겠다.

의사결정을 바꾸거나 취소하기

　지금 우리가 분석하려는 것은 어떤 결정을 한 직후이면서 그 결정의 결과나 그에 따른 행위와 관련된 새로운 경험이 발생하기 직전의 상황임을 주지해야 한다. 또한, 이 시점에서의 부조화는 그다지 심각한 수준이 아님을 알아 두자. 사실, 한 개인이 가장 매력적인 것을 선택했다면 각 부조화관계의 중요도를 고려하여 가중치를 부여해서 얻은 부조화관계의 총량은 조화관계의 총량을 넘지 않을 것이다. 결과적으로 (그 당시 결정을 번복할 수 있다고 가정하고) 결정을 번복하는 것은 부조화를 감소시키는 적절한 방법이 아니다. 왜냐하면 이는 단순히 이 결정에 수반하는 행동에 대한 인지와 어느 인지요소가 조화를 이루고, 어느 것이 부조화를 이루게 할지만 바꾸는 것이기 때문이다. 사람들은 조화를 이룬 관계 때문에 얻는 편안함보다 부조화로 인한 문제를 더 신경 쓰기 때문에 때때로 자신의 결정을 번복하고자 하는 유혹을 느끼기 마련이다. 하지만 결정을 번복한다고 해서 부조화를 줄일 수 있는 것은 아니다. 실제로는 대부분의 경우 결정의 번복이 부조화를 증가시키기 때문에 이러한 일이 잘 일어나지는 않는다.

어떤 정보나 경험이 추가적으로 제공된 후에는 부조화가 증가하여 그 전의 결정을 번복하고 싶은 마음이 생길 수 있다. 사실, 인지요소 중 절반 이상이 기존의 결정에 관한 인지와 부조화를 이루는 등 현재의 부조화가 아주 심각할 경우에만 결정을 번복하는 것이 부조화를 극복하는 적절한 방법이 될 수 있다. 이 부분에 대해서는 뒤에 나오는 장들에서 다룰 것이다.

그런데 심리적으로 그 결정을 취소하는 방법은 부조화를 줄이거나 심지어 부조화를 완전히 없앨 수도 있다. 이 방법으로 자신이 잘못된 선택을 했다는 것을 인정하거나 자신이 할 수 있는 일 중에서는 다른 선택이 정말 없었다고 주장할 수 있다. 그래서 방금 새로운 일을 하기로 결정한 어떤 사람이 바로 잘못된 결정이라고 느끼고 만약 다시 할 수 있다면 다른 선택을 했을 것이라고 생각하기도 한다. 또는 상황이나 직장상사가 강요해서 다른 선택을 할 수 없었다고 자신을 설득할 수도 있다.

이와 같은 방법들은 부조화를 해소하는 일반적 유형이 아닐지도 모른다. 요컨대 이 방법은 결정을 다시 할 필요가 없거나 할 수 없음에도 다시 갈등상황, 즉 의사결정의 상황으로 돌아가거나 또는 책임을 지지 않아도 되는 상황에 자신을 두는 것이다. 마지막의 두 요인은 이런 형태의 부조화를 제거하는 일이 드문 이유의 대부분을 설명한다.

선택지에 대한 인지 바꾸기

이 방법은 의사결정 후 부조화를 줄이는 방법 중에서 가장 직접적이고 어쩌면 가장 흔한 방법이다. 우선 부조화가 발생하는 것은 선택되지 않은 선택지의 매력적 특성과 선택된 선택지의 부정적 특성에 대한 인지요소들 때문이다. 그래서 이 인지요소들 중에 몇몇을 제거하거나 선택된 선택지의 행동에 대한 지식과 조화를 이루는 새로운 요소를 추가함으로써 부조화를 현저하게 감소시킬 수 있다. 이 방법은 선택된 행동과 조화를 이루는 인지요소가 차지하는 비율을 증가시켜 전체 부조화의 양을 감소시킴으로써 그 자체의 효과를 발휘한다.

이 방법으로 부조화를 감소시키는 데 성공할 것이냐 아니냐는 부분적으로는 그 개인의 지적 민첩성에, 부분적으로는 이 지적 변화를 지지해 줄 자원을 구할 수 있느냐에 달려 있다. 그는 어쩌면 지금 선택한 선택지의 좋은 점의 중요성을 확대할 수 있고, 그전에 생각지 못했던 새로운 장점을 생각해 낼 수 있을지 모른다. 또한, 자신이 내린 결정을 지지하는 새로운 정보를 발견하거나 자신의 행동과 일치하는 다른 정보를 구할 수 있을지 모른다. 이 과정을 잘 보여 주는 가상의 예를 하나 들어 보자.

어떤 사람이 콘서트를 가는 것과 저녁식사 초대에 응하는 것 사이에서 하나를 선택해야 한다고 해보자. 이 두 사건은 모두 그에게 매력적인 것이다. 좀더 나아가 이 사람이 식사 초대에 응하기로 하고, 콘서트에 가는 것은 포기한다고 해보자. 지금부터 그는 콘서트와 관련해서 생각할 수 있는 모든 나쁜 점들을 생각하려 할지도 모른다. 콘서트에서 연주될 곡은 이미 그에게 익숙한 작품이어서 콘서트에 가는 것의 장점을 줄일 수도 있다. 아니면 이번에 연주될 작품에 대해 전혀 아는 게 없는데 연주회에서 처음 들는 작품이 연주될 경우 별로 감흥이 없었던 경험을 떠올릴 수 있다. 심지어는 우연한 일이지만 지난번 연주회에 대해 매우 비판적으로 쓴 비평문을 다시 읽는 것도 가능하다. 이와 유사한 방식으로 이 사람은 좋은 친구들과 함께 시간을 보내는 일의 좋은 점들을 생각하려고 할 수도 있다.

물론 부조화를 감소시키려는 시도가 성공하지 못할 수도 있다. 연주회 프로그램이 완벽해서 작품과 관련하여 만든 핑계가 쓸모없게 될지도 모른다. 비판적 글이었다는 기억으로 그 연주회에 대한 평론을 다시 읽었는데 도리어 자신이 좋게 생각했던 부분을 다시 생각하게 될 수도 있다. 그리고 저녁식사 모임에 가서는 그 연주회에 가고 싶어 하는 누군가와 대화하게 될 수도 있다. 이러한 시도가 효과를 발휘할지는 부분적으로 그것을 뒷받침할 것을 얻느냐 못 얻느냐에 달려 있다.

인지적 중첩 형성하기

기억나겠지만 어떤 결정의 과정에 개입된 서로 다른 선택지에 관한 인지요소들이 서로 비슷하면 비슷할수록 부조화는 더 작아지게 된다. 그러므로 인지적 중첩(cognitive overlap)을 형성하거나 만들면 의사결정 후 부조화를 줄일 수 있다. 이러한 방식으로 부조화를 줄이는 것은 앞에서 인용된 아담스(1)의 글에서도 강조되어 있다. 예를 들면, 공놀이와 서커스 공연을 보는 것 사이에서 하나를 선택한 어느 소년에 대해 논의하면서, 아담스는 다음과 같이 말했다.

… 소년은 이 상황을 재구성한다(또한, 그래서 다양한 감정도 개입시키고). 그리고 그는 서로 갈등하는 완료 가치들(consummatory values)을 어느 하

나의 특정한 가치를 달성하기 위한 대안적 도구나 방법으로도 볼 수 있다는 통찰을 경험하게 된다. … 그래서 이 소년은 처음으로 공놀이와 서커스 모두 레크리에이션 방법의 하나라는 것을 깨달을 수도 있다. … (554쪽).

달리 말하면, 인지적 중첩을 형성하는 한 가지 방법은 각 선택지와 관련된 인지요소를 뽑아내어 동일한 최종 결과를 유도하는 맥락 속에 넣는 것이다. 이렇게 되면, 몇몇 인지들은 넓은 맥락에서 일치하게 되고 부조화는 줄어든다.

또한, 좀더 직접적인 방법으로 인지적 중첩을 형성할 수 있다. 앞서 제시한 저녁식사 초대에 응한 사람의 예로 잠시 돌아가 보자. 그는 이 결정을 하고서 자신을 초대한 친구가 좋은 레코드를 소장했다는 것을 기억해 낼지도 모른다. 사실 이미 그 친구에게 몇 곡을 들려 달라고 했을 수도 있다. 그가 반대로 연주회에 가기로 결심했다면, 그는 연주회에서도 친구들을 많이 만날 것이고 연주회가 끝난 후 분명 함께 사교 모임을 가질 것이라고 생각할지도 모른다. 바꾸어 말해서 인지적 중첩은 선택하지 않은 선택지의 긍정적 요소와 동일한 요소를 선택한 선택지에서 발견하거나 아니면 그 요소를 새로 만듦으로써 형성할 수 있다.

전체 문제의 중요도를 낮춤으로써 부조화를 감소시키는 방법에 대한 자세한 논의는 생략되었지만, 이러한 방법도 있다는 것은 기억해 둘 필요가 있다. 직감에 의한 것이지만 의사결정 후 부조화를 감소시키려는 압력이 이렇게는 잘 나타나지 않는 것 같다.

요 약

부조화는 어떤 의사결정에 필연적으로 뒤따르는 결과인 것처럼 보인다. 이 결정 후 부조화의 크기가 다음과 같은 요인들의 영향을 받는다고 가설을 설정했다.

⑴ 의사결정의 중요도.
⑵ 선택된 것에 대한 선택되지 않은 선택지의 상대적 매력도.
⑶ 선택지들에 관한 인지요소들 간의 중첩도.

의사결정이 일어난 후 부조화가 일단 발생하면 이를 감소시키려는 압력이 드러나는데, 이는 선택된 선택지의 상대적 매력도를 증가시키거나, 선택되지 않은 선택지의 상대적 매력도를 감소시키거나, 인지적 중첩을 형성하거나, 또는 심리적으로 그 결정을 철회하려는 시도 등으로 나타난다.
이 이론을 검증하는 방법상의 문제는 의사결정 후의 부조화에 관련된 자료를 살펴보는 제 3장에서 다룰 것이다.

제3장

의사결정의 결과 : 경험적 연구자료

　　이 장에서는 의사결정에 수반되는 처리과정에 관심을 둘 것이다. 이에 따라 이 장은 의사결정이 일어난 후에 하는 행동을 관찰할 수 있는 상황에 대해 다룰 것이다. 제 2장에서 논의된 함의들을 입증하기 위해서는 이론적으로 예측되는 의사결정 전후의 개인행동의 차이를 실제로 보여 줄 필요가 있다. 만약 인지과정 자체에서 그 증거를 관찰할 수 없다면, 적어도 인지의 변화는 측정할 수 있어야 한다. 그러나 이 모든 것들만으로는 여전히 불충분하다. 의사결정 후에 발생하는 부조화에 종속된 영향의 크기는 이론적으로 부조화의 크기에 영향을 주는 변수들, 즉 의사결정의 중요도, 선택되지 않은 선택지의 상대적 매력도, 그리고 인지중첩도 등의 변화에 따라 달라진다는 것을 보여 주는 것도 필요하다. 그러면 이러한 질문들에 관련된 연구자료를 살펴보자.

광고 읽기에 관한 연구자료

의사결정 후 부조화를 감소시키기 위한 압력이 표출되는 방식의 하나는 자신이 선택한 행동과 조화를 이루리라고 기대되는 인지요소를 제공하는 정보를 찾는 것이다. 때문에 광고 읽기에 관한 자료를 활용할 수 있을 것이다. 이것을 좀더 면밀히 조사해 보자.

이 논의를 위해서 광고의 목표나 광고주가 사람들의 주의를 끌기 위해 다양하게 사용하는 독창적 방법 등을 고려하지 않으면 모든 사람들은 경험을 통하여 모든 광고에서 통용되는 공통적 요소를 적어도 하나 발견하게 되는데, 이는 광고는 항상 광고하는 그 상품을 자랑한다는 것이다. 광고는 왜 이 상품이 좋은지 일반적으로 또는 구체적으로 말해 줄 수 있고, 이 상품이 어떻게 다른 경쟁 상품들보다 더 좋은지 설명할 수도 있을 것이다. 그러면 분명 광고물은 광고된 상품을 구매한 행동과 조화를 이루는 인지의 잠재적 정보원(source)이다. 이는 부조화를 감소시키려는 사람들에게 필요한 하나의 정보원이 될 수 있을 것이다.

최근에 어떤 상품을 구매한 사람들은 대개 일련의 의사결정 과정을 거치고 난 후에 선택했을 것이다. 최근 새 차를 구입한 사람은 주변의 자동차 매장을 둘러보고 다양한 자동차 모델을 조사하고 난 후 최종적으로 특정 브랜드의 차를 구매하기로 결정했다. 정장을 사러 가는 사람도 이와 마찬가지의 과정을 거친 후 결정할 것이다. 그 사람은 충분히 매장을 둘러보기 전에는 옷을 사려고 하지 않을 것이다. 식품매장에 가는 주부도 수프를 사기 전에 아마도 매장에 진열된 다양한 브랜드의 캔수프를 살펴볼 것이다.

그렇기 때문에 최근에 어떤 상품을 구매한 사람을 최근에 의사결정을 마친 사람으로 간주할 수 있을 것이다. 이론에 근거하면 그러한 사람은 그가 한 결정과 부조화를 이루는 인지요소들을 갖고 있다고 예상할 수 있고, 부조화를 감소시키기 위한 압력의 발생을 관찰할 수 있으리라 기대할 수 있다. 상품에 대한 광고를 읽는 것은 구매행동에 대한 인지와 조화를 이루는 정보를 제공할 것이고, 그래서 그 부조화를 감소시킬 것이다. 아마도 경쟁상품의 광고를 읽는 것은 그 부조화를 증가시킬 것이다.

만약 이 이론이 정확하다면 최근에 어떤 상품을 구매한 사람은 그 구매가 중요한 것이었을 경우에 자신이 구매한 상품을 생산한 회사의 광고는 읽고 경쟁회사의 광고를 읽는 것은 피해야 한다.

부조화 이론의 이러한 함의들을 검증하기 위해서 엘리히, 구트만, 숀하크, 그리고 밀스(Ehrlich, Guttman, Schonbach, and Mills, 13)는 하나의 연구를 계획하고 실행했는데, 이 연구에서는 새 차를 구입한 사람들을 대상으로 그들이 구매 직후에 자동차 광고를 읽는 행동에 대해 인터뷰했다. 구체적으로 연구자들은 다음과 같이 밝혔다.

예를 들면, 새 자동차의 구입은 대개 한 개인에게 꽤 중요한 결정이다. 새 차 주인이 차를 구입한 직후에는 상당한 크기의 부조화가 분명히 존재한다. 즉, 구매하지 않은 차가 가진 모든 '좋은' 특징들과 그가 현재 구매한 자동차의 '나쁜' 특징들이 그가 현재 그 차를 소유한 상태와 부조화를 이룬다. 또한, 그는 분명 이러한 부조화를 감소시키려 할 것이다(98쪽).

분명 이러한 의사결정 후 부조화를 감소시키려는 시도는 다양한 방식으로 전개될 것이다. 그들의 연구는 그러한 가능성 중 한 가지만을 다룬다. 즉, 선택된 행동에 대한 인지와 부합하는 더 많은 인지요소들을 획득하고, 그 선택된 행동과 부조화를 이룰 수 있는 인지요소들을 획득하는 것은 피함으로써 부조화를 감소시키는 것이다. 그 연구자들은 자동차 광고는 광고하는 자동차를 칭송하는 자료만 갖고 있기 때문에 다음의 결과를 예측할 수 있다고 말했다.

(1) 새 자동차를 가진 사람은 다른 차의 광고보다 그들이 최근 구입한 자동차에 관한 광고를 더 많이 읽으려고 할 것이다.

(2) 새 자동차를 가진 사람은 그들이 구입하려고 고려했으나, 구입하지 않은 자동차들에 관한 광고를 읽지 않으려 할 것이다.

(3) 비교적 오래된 자동차를 가진 사람은 그들의 부조화가 크게 감소되었거나 또는 최소한 안정을 유지하게 되었기 때문에 광고를 읽는 데 거의 차별을 두지 않는 것으로 나타나야 한다. 게다가 최신형 자동차의 모든 매력을 강조하는 새 자동차 광고는 2년 된 차가 있는 사람에게 아직 있을 수 있는 부조화를 거의 감소시키기 않을 것이다.

이 연구의 절차는 다음과 같다. 미니애폴리스 지역에 거주하는 65명의 성인 남자들을 인터뷰했는데, 이들은 모두 새 자동차를 구입한 지 4주에서 6주 정도 지난 사람들이었다. 그리고 새 차를 구입한 사람들과 비교하기 위해 인근에 거주하고 3년 이상 된 차를 소유한 성인 남자 60명을 인터뷰했다. 각각의 인터뷰 응답자들과는 전화를 통해 인터뷰 시간을 정했다. 응답자에게는 이 인터뷰가 신문과 잡지 구독에 관한 설문의 한 부분이 될 것이고, 응답자가 어떤 잡지나 신문을 정기구독하는지 질문할 것이라고 설명했다.

<표 3-1> 자동차 소유자 및 구매자의 신문의 자동차 광고읽기 행동분석

광고 내용	해당 광고를 본 비율 평균		해당 광고를 읽은 비율 평균	
	신차 소유자	기존차 소유자	신차 소유자	기존차 소유자
구입한 자동차	70	66	65	41
구매 고려 자동차	66	-	40	-
기타 자동차	46	-	34	-
구매 고려 및 기타 자동차	48	41	35	30

　면접자는 피면접자를 방문할 때, 그가 정기구독한다는 잡지의 최근 4주치를 가지고 갔다. 최근 4주를 연구기간으로 정했기 때문에 이 잡지는 모두 새 차를 구입한 후에 발행되었을 것이다. 물론, 4주의 시간 규정은 오래된 자동차의 소유자들에게도 동일하게 적용되었다. 면접자는 또한 응답자가 읽은 미네아폴리스 신문들 중에서 최근 7일치를 가지고 갔다.

　인터뷰는 주로 응답자에게 위에서 언급한 신문과 잡지들에 나타난 여러 자동차 광고를 각각 보여 주고, 응답자가 그 광고를 본 적이 있는지 없는지를 묻는 식으로 진행되었다. 그리고 만약 그 응답자가 그 광고를 본 적이 있다면, 그가 그 광고를 다 읽었는지, 광고의 일부분만을 읽었는지를 질문하였다. 인터뷰의 마지막 부분에는 응답자에게 그가 실제로 자신의 차를 구입하기 전에 진지하게 고려하였던 차들의 이름이 무엇인지를 질문하였다.

　이 연구의 결과는 <표 3-1>에 응답자들이 본 적이 있다고 한 광고의 비율의 평균과 그들이 알아본 광고 중에서 읽은 것의 비율의 평균으로 표시되어 있다.

　먼저, 새 자동차 소유자들의 자료를 살펴보자. 그들은 분명 최근 구입한 차와 관계된 광고를 본 적이 있는지를 알아차린 비율이 높았다(70%).

또한, 그들은 특별히 높은 비율로 '자기가 구입한 차'에 관한 광고를 자세히 읽은 것도 분명했다. 평균적으로 새 자동차의 소유자들은 그가 본 최근에 구입한 자동차와 관련된 광고의 65%를 읽었다. 다른 차들에 관한 광고는 그 비율이 각각 46%와 34%이다.

분명히 지금까지는 부조화 이론으로부터 나온 하나의 예측과 일치한다. 의사결정 후에 부조화가 있으면, 새 자동차 소유자들은 최근 구입한 차에 대한 광고물을 읽음으로써 그들의 부조화를 감소시키려고 한다.

그런데 이 이론은 그들이 구입하려고 고려하였으나 구입하지 않은 차에 관한 광고를 읽는 것에 관해서도 말할 것이 있다. 부조화 이론에 따라 우리는 이러한 자료들이 부조화를 증가시킬 수 있으므로 그들이 이러한 광고 읽기를 피할 것이라고 예상할 수 있다. 그러나 연구결과는 이러한 예측을 빗나갔다. '구입을 고려했던 차'에 대한 광고가 '자기가 구입한 차'에 대한 광고보다 덜 읽힌 것은 사실이지만, 그 광고는 '기타 자동차들' 광고만큼 (또는 약간 더 많이) 읽혔다. 그러므로 우리는 응답자들이 '구입을 고려했던 차' 광고를 읽지 않으려 했다고 말하기는 어렵다.

이론이 예상과 일치하는 않는 것은 최근에 새 자동차를 구입한 사람들이 여전히 자동차 광고에 다소 민감하고, 광고를 읽는 것에 익숙해졌다는 사실을 알게 되면 이해할 수 있다. 의사결정을 하는 과정 중에 그들은 확실히 자신이 구입을 고려하던 모든 자동차의 광고를 주목하고 읽었다. 이러한 민감성은 계속 유지되었고, 그들은 여전히 구입을 고려하던 차에 대한 광고를 본 적이 있다고 했다. 새 차를 구입한 사람들은 '구입을 고려했던 차'에 대한 광고를 거의 '구입한 차'에 대한 광고만큼 신문에서 본 적이 있다고 보고했다. 그러나 그들은 이전만큼 그 광고를 읽지는 않았다. 아마 최근까지는 매우 주의해서 읽었던 이러한 광고들을 읽지 않으려고 피하는 시도가 있었을 것 같다.

결국, 부조화의 존재는 광고를 읽는 것과 같은 행동을 유발하는 많은 결정인자 중 단지 하나의 요소에 불과하다. 때때로 부조화 감소 압력보다 이 같은 다른 요인들이 더 큰 영향을 미친다는 것은 놀라운 일이 아니다.

새 자동차 소유자들의 자동차 광고에 대한 민감성은 오래된 자동차 소유자들보다 더 높았다. 새 자동차 소유자들은 모든 유형의 자동차 광고를 오래된 자동차 소유자들보다 더 많이 주목하고 읽었다. 그러나 이 두 그룹 사이의 큰 차이점은 자동차 광고를 읽은 빈도수에 있다. 예상한 대로, 새 자동차의 소유자들은 '자신의 차'의 광고를 오래된 자동차 소유자보다 훨씬 더 많이 읽었다(41%에 비교해 더 많은 65%). 오래된 자동차를 가진 사람의 경우에는 대부분 차를 구입하기 전에 구입을 고려하였던 다른 자동차에 대해 언급하지 않았기 때문에 구입을 고려했던 차와 다른 차들의 자료가 별도로 제시되지 않았다.

시간이 흐르는 동안 오래된 자동차 소유자들을 그들이 진지하게 다른 차를 구입하려고 고려했다는 사실을 잊어버리거나 부인하는 경향이 있다는 것은 흥미로운 사실이다.

이론적으로 흥미로운 이 연구에서 또 하나의 부수적 결과가 나타났다. 새 자동차의 소유자들에게 그들이 차를 사기 전에 어떤 차들을 진지하게 고려했는지 질문했을 때, 몇 명은 구입한 차와 더불어 두 개 이상의 자동차 이름을 말하였다. 다른 사람들은 단 하나의 이름만 말하였고, 또 소수의 사람들은 그들은 어떤 다른 차도 심각하게 고려하지 않았다고 이야기했다. 이러한 차이가 선택된 차를 구매함으로써 생겨날 수 있는 부조화의 크기에 어떤 함의를 가지는가? 선택되지 않은 선택지들의 매력적 특징에 관한 인지요소들은 이미 선택한 행동과 부조화를 이루기 때문에 의사결정에 연관된 선택지가 많을수록(다른 요인들이 동일하다면), 그 결정에 따른 부조화는 더 커질 것이다.

　그래서 이와 같은 이론에 기반을 둘 때, 새 자동차를 구입하기 전에 그들이 구매를 고려했지만 실제로는 선택하지 않았던 자동차를 두 개 이상 말한 사람들은 그 결정에 따른 부조화가 더 클 것이라고 예상해 볼 수 있다. 그러므로 이러한 부조화를 감소시키는 방향의 행동이 많아지는 것을 관찰할 수 있어야 한다. 비록 그 차이가 매우 크게 구별되어 나타나지는 않지만 이러한 현상이 있는 것이 밝혀졌다.

　'자신의 차'(실제로 구매한 차)에 대한 광고를 읽은 비율이 '구매를 고려했던 차' 광고를 읽은 비율과 '다른 자동차들'의 광고를 읽은 비율을 합한 값을 어느 정도 초과하는지를 계산했을 때, 많은 자동차를 선택지로 고려한 사람들의 경우에는 36%, 하나의 자동차 또는 선택지가 없는 사람들의 경우에는 26%이다. 하지만 이 정도의 차이는 통계적으로 유의미한 정도는 아니다.

의사결정에서의 확신에 관한 실험

지금 논의할 의사결정 후 부조화를 감소시키려는 압력의 또 다른 효과는 부조화 감소 과정의 최종 결과물이다. 이를 위해서 특정한 의사결정 후에 즉시 나타나는 부조화의 크기에 관한 자료가 필요할 것이고, 현재 남아 있거나 유지되는 부조화의 크기에 관한 자료 또한 필요할 것이다. 만약 부조화를 감소시키기 위한 압력이 존재한다면, 압력을 감소시키는 방향으로 진행되는 그 사람의 노력이 성공하는 만큼 지속되는 부조화의 크기가 처음에 발생한 부조화의 크기보다 줄어야만 한다.

물론, 그러한 자료를 얻기 전에 해결해야 하는 측정 관련 문제가 몇 가지 있다. 선택한 행동에 부합하는 각각의 인지요소들과 이와 관련된 다른 모든 인지요소들 사이에 존재하는 부조화 또는 조화를 모두 측정하는 것은 분명 불가능하다. 그런 까닭에 우리는 현재 존재하는 부조화의 전체 크기를 반영할 수 있는 어떤 종합적 측정법을 찾아야만 한다.

우리는 우리가 실시한 실험의 결과를 간략히 보여 줄 텐데, 이 실험에서 사용된 실제 측정법은 피험자가 자신이 내린 결정이 옳은 것이었다고 어느 정도 확신하는지를 평가한 것이다. 이러한 측정법은 부조화가 클수록, 즉 선택되지 않은 선택지의 매력적 특징에 부합하는 인지요소들의 수가 클수록, 피험자가 표현하는 확신의 수준은 낮아질 것이라는 가정하에 활용되었다. 만약 이것이 사실이라면 의사결정에 대한 확신의 증가는 부조화의 감소를 반영할 것이라고 예상할 수 있다.

자료를 수집하기 전에 해결해야 하는 연구설계에서의 또 다른 문제점이 있다. 부조화 감소 과정이 시작되기 전과 시작된 직후는 시간적으로 매우 가까운데 이 연속적인 두 시점의 확신을 어떻게 측정할 수 있을까 하는 문제이다. 그리고 첫 번째 측정이 부조화 감소 과정 전에 이루어졌다고 어떻게 확신할 수 있는가?

이 문제는 피험자는 인식하지 못하지만 서로 밀접하게 연결된 한 쌍의 의사결정 과제를 제시함으로써 해결되었다. 이 두 의사결정 중에 하나는 최종적이고 확정적인 것이었고, 다른 하나는 그저 일시적 추측이었다. 그러면 일시적 추측에 대한 확신을 최종 의사결정을 했을 경우에 발생할 부조화의 크기를 나타내는 것으로 볼 수 있을 것이다. 만약 이론이 정확하다면, 최종 결정 후에 표현되는 확신은 일시적 의사결정과 관련된 확신보다 커야만 한다. 이 자료를 수집하기 위해서 사용된 구체적 연구절차는 아래에 설명했다.

인덱스카드 한 장에 숫자 10개를 적어 하나의 숫자 세트를 만들었다. 그리고 이러한 숫자 세트를 모두 7개 준비하였다. 각 카드에는 −50에서 +50 사이의 숫자 10개가 적혀 있었는데 이 숫자 세트들 중에서 두 개는 서로 짝지어진 것이어서 이 세트들에 속한 10개 숫자들의 평균은 0에서 4점만큼 떨어진 값이었다. 즉, 한 숫자 세트의 평균은 +4였고, 다른 숫자 세트의 평균은 −4였다. 실제로는 이 두 개의 세트에 있는 숫자는 같은 것이었는데 부호만 반대로 되어 있었다.

모든 숫자 세트에서 사용된 실제 숫자들은 매우 근소한 차이만 있게 해서 피험자들은 그 두 세트가 짝이라는 것을 인식하지 못하도록 했다. 이 두 세트는 연구에 매우 중요했다. 다른 5개의 숫자 세트는 평균의 범위가 0에서부터 2~7만큼 떨어진 값이었다. 이 숫자 세트들 중 하나는 연습용으로 사용되었고, 나머지 4개의 숫자 세트는 다음과 같이 사용되었다.

피험자가 실험실에 들어왔을 때 연구자는 사람들이 어떻게 부분적인 정보에 기반을 두고 의사결정을 하는지에 관한 연구에 참여하는 것이라고 설명하였다.

피험자들은 250개의 숫자 그룹에서 각각의 숫자 세트를 무작위로 뽑는데 이 숫자들은 인덱스카드에 인쇄되어 있다는 설명을 들었다. 피험자에게 주어진 과제는 각 세트의 숫자들을 조사한 것을 토대로 이 숫자들이 무작위 뽑힌 250개 숫자 그룹 전체의 평균이 양수일 것인지 음수일 것인지에 대해 최선의 결정을 하는 것이었다.

또한, 피험자들은 결정을 물어보기 전에 어떤 경우에는 숫자 샘플을 10개만 볼 것이고 다른 경우에는 20개의 숫자들을 볼 것이라는 설명을 들었다(A, B, D, F의 숫자 세트, 즉 첫 번째, 두 번째, 네 번째, 여섯 번째 숫자 세트를 위해서는 처음에 말한 250개의 숫자 세트에서 뽑은 것 같은 숫자 세트를 하나씩 더 준비하였다. 이렇게 한 이유는 나중에 짧게 설명하겠다).

피험자는 결정을 내린 후에 자신의 결정이 정확하다는 것을 얼마나 확신하는지에 대해 말했다. 0에서 100까지의 척도를 사용했는데 0은 그 결정이 그냥 추측한 것을 뜻하고, 100은 자신의 결정이 옳다고 완전히 그리고 절대적으로 확신한다는 것을 뜻한다.

처음에 주어진 두 개의 숫자 세트 A와 B 각각에 대해, 실험자는 다음과 같이 말해 준다.

"이 숫자 세트에는 큰 숫자 그룹에서 무작위로 뽑은 20개의 숫자 샘플이 있습니다. 20개의 숫자를 모두 본 후에, 이 숫자를 뽑은 원래의 그룹의 평균이 양수인지 음수인지를 결정하면 됩니다. 하지만 20개의 숫자를 한꺼번에 보거나 한 번에 10개씩만 보는 것에는 차이가 있을 수 있습니다. 그래서 나는 당신에게 이 숫자들을 한 번에 10개씩 보여 줄 것입니다. 처음에 첫 번째 10개의 숫자가 적힌 카드를 보여 주고, 그것을 보고 나면 그 카드는 치우고 두 번째 숫자 카드를 보여 줄 것입니다. 당신은 첫 번째 카드를 매우 주의 깊게 보아야 합니다. 결정을 내릴 때 20개의 숫자 모두를 근거해서 결정해야 하는데, 그때 첫 번째 카드를 보고 알게 된 사실을 기억하고 있어야 하기 때문입니다."

피험자가 20개의 숫자들을 본 후에 최종 결정을 하는 이 숫자 세트(A 세트와 B 세트) 조건에서는, 피험자가 첫 번째 카드를 받고 두 번째 카드 세트를 받기 위해 처음 것을 돌려줄 때 연구자가 "지금까지의 숫자 평균은 어떻다고 생각합니까?"라고 묻고, 이어서 "당신은 현재로서 어느 정도 확신하고 있습니까?"라고 질문한다.

그 후에 계속해서 피험자에게 두 번째 카드가 주어지고, 20개 숫자 모두에 근거한 자신의 최종 결정과 그 결정에 대한 확신의 정도를 물었다.

순서상 세 번째와 다섯 번째로 사용된 숫자 세트 C와 E의 경우, 연구자는 피험자에게 단 한 개의 카드만 보여 주고 다음과 같이 설명했다.

"이 세트에는 단지 10개의 숫자 샘플만 있습니다. 이 세트에 있는 10개의 숫자만을 근거로 이 10개의 숫자를 무작위로 뽑아낸 더 큰 숫자 그룹의 평균이 양수인지 음수인지 결정해야 합니다."

이 실험에서 중요한 짝지어진 두 숫자 세트, D와 F는 실험 순서상 네 번째와 여섯 번째에 사용되었다. 피험자 중 절반의 사람에게는 숫자 세트 D를 10개의 숫자 샘플로 제시하여 첫 번째 카드만을 본 후에 최종 결정을 하게 했고, 숫자 세트 F는 20개의 숫자 중에 처음 10개의 숫자 샘플로, 즉 10개의 숫자만 제시하여 이 첫 카드를 보고 잠정적 결론을 내리게 했다.

피험자 중 나머지 절반의 사람들에게는 이 실험을 반대로 했는데, 세트 D에는 잠정적 결정을 내리게 하고, 세트 F에는 최종 결정을 내리게 하였다. 물론, 두 번째 10개의 숫자는 피험자가 20개의 숫자 전체를 근거로 최종 결정을 내리도록 강조하여 첫 번째 10개의 숫자를 보고 내린 결정이 잠정적인 것이 되도록 하기 위해 고안한 것이다. 그러나 우리가 관심이 있는 자료는 피험자가 첫 번째 10개 숫자를 보고 응답한 것이었다.

초기 숫자 세트들과 관련된 경험에 의해 발생할 수도 있을 영향을 통제하기 위해 피험자의 절반에게는 첫 번째 카드에 근거하여 내린 결론을 강하게 뒷받침하는 두 번째 카드가 주어졌다. 나머지 절반의 피험자들은 첫 번째 카드에 근거해 내린 결론에 크게 반대되는 두 번째 카드를 받았다. 전체 137명의 피험자들의 자료가 수집되었다.

앞으로 제시될 자료는 짝지어진 두 숫자 세트, D와 F 조건에서 첫 번째 카드만 본 후에 밝힌 결정에 대한 확신만을 다룬다. 각 피험자는 두 번 진술했다. 이 중 하나는 최종 의사결정이 아직 남아 있을 때 잠정적으로 이루어진 결정에 대한 확신이었고, 다른 하나는 최종 의사결정에 대한 확신의 표현이었다. 두 숫자 세트에서 피험자가 얻는 정보는 두 카드가 서로 정교하게 짝지어졌기 때문에 거의 동일한 것이었다. 자극을 제시한 순서 또한 균형이 잡혀 있었으므로 최종 의사결정의 반은 일시적 결정 전에, 나머지 절반은 그 이후에 이루어졌다. 그러므로 이 두 결정에 대한 확신의 차이점은 결국 하나는 최종 결정이고 다른 하나는 잠정적 결정이라는 사실에 기인한다고 할 수 있다.

또한, 합리적으로 추론해 볼 때, 그 카드가 20개 숫자의 샘플의 한 부분이었을 때 피험자는 이후 최종 의사결정을 하기 위해서 첫 번째 10개의 숫자를 기억해야만 하기 때문에 두 경우 모두 동일한 시간 동안 카드에 집중했다는 것도 분명하다.

만약 자신의 잠정적 판단에 대한 확신이 그가 그 순간에 하고자 하는 결정을 지지하지 않는 정보들의 상대적 양을 측정하는 대략적이지만 적

<표 3-2> 최종 결정과 잠정 결정의 정확성에 대한 확신 비교

	피험자 수		
	최종 결정에 대한 확신이 더 큰 경우	두 경우에 대한 확신이 비슷한 경우	잠정 결정에 대한 확신이 더 큰 경우
지지 조건	37	10	20
상반 조건	33	15	22
합계	70	25	42

절한 척도라면(확신수준이 낮으면 낮을수록 상반되는 정보의 양은 더 커진다), 또한 이것은 최종 결정이 났을 때 발생하게 될 부조화의 양을 측정하는 척도로 간주될 수 있다. 만약 정말로 의사결정에 뒤따라 발생하는 부조화를 감소시키기 위한 압력이 있다면, 최종 결정을 했을 때 자신의 결정에 대한 확신의 수준이 잠정적 결정을 했을 때의 확신보다 더 크리라고 예상해 볼 수 있다.

<표 3-2>는 이 실험에서 얻은 자료를 최종 결정에 대한 피험자들의 확신과 잠정적 결정에 대한 확신을 비교해서 최종 결정에 대한 확신이 더 큰 사람의 수, 두 경우에 대한 확신이 동일한 사람의 수, 최종 결정에 대한 확신이 더 적은 사람의 수로 나타낸 것이다. 이 자료는 피험자들의 잠정적 결정을 지지하는 '두 번째 카드'가 주어진 조건과 피험자들의 결정과 상반되는 '두 번째 카드'가 주어진 조건을 나누어 그 결과를 제시한다.

전체적으로 볼 때, 70명의 피험자들이 잠정적 결정보다 최종 결정에서 더 높은 확신을 보였다. 42명의 피험자들은 그 반대의 경향을 보였다. <표 3-2>에서 보면 동일한 정보(10개의 숫자들)에 근거해서 결정할 경우, 잠정적 결정에 대한 확신보다 최종적 결정에 더 높은 확신을 보이는 경향이 뚜렷함을 알 수 있다. 게다가, 첫 번째 카드에 근거해서 잠정적 결정을 내린 후에 제시되는 두 번째 카드가 앞의 결정을 뒷받침하느냐[8]

아니면 오히려 상반되는 정보를 주느냐[9] 하는 것은 최종 결정에 대한 확신에 실질적 영향을 미치지 않았다.

위 결과에 대한 다른 해석을 찾는 사람의 경우, 최종 결정에 관한 확신과 잠정 결정에 대한 확신 간의 차이가 잠정적 판단을 더 두드러져 보이게 하는 실험방식 때문이 아닌가 하고 생각해 볼 수도 있겠다. 이 논리를 따른다면 아마도 두 번째 카드가 첫 번째 카드를 통해 얻은 인상과 언제나 상반되는 조건에서는 두 번째 카드에 대한 잠정적 결정에 대한 확신은 감소하고, 이에 따라 최종 확신은 더 높게 나타날 것이라 예측할 것이다.

이와 같은 설명은 지지 조건에서보다 상반 조건에서 최종 확신이 더 높은 실험결과가 더 강하게 나타날 것임을 의미한다. 하지만 이 자료에는 그러한 차이점은 전혀 나타나지 않는다. 만약 무언가 있다면, 그 영향은 지지 조건에서보다는 상반 조건에서 다소 약한 것처럼 보인다. 두 조건을 묶어서 본다면, 최종 확신이 더 높은 피험자의 비율은 최종 확신이 더 낮은 피험자의 비율보다 1% 신뢰수준에서 유의미하게 더 컸다.

한편, 이 실험에서 의사결정 후 부조화의 영향이 작았다는 점도 강조되어야만 한다. 70명의 피험자는 이론적으로 예측된 방향으로 결과의 차이를 보인 반면에, 42명의 피험자는 이론적으로 예측한 방향과 반대로 최종 확신과 잠정 확신 사이의 차이를 보였다. 그 결과는 우연적 차이는 보였으나 통계적으로는 유의미하지 않았다. 하지만 우리가 이 실험에서 다룬 것이 피험자에게 그다지 중요하지 않았다는 것을 유념해야 하고, 그러한 이유로 이 실험에서 아주 큰 부조화가 발생하지는 않았다.

---

8) 〔옮긴이 주〕 지지 조건.

9) 〔옮긴이 주〕 상반 조건.

선택지의 매력도 변화에 관한 실험

의사결정 후 부조화를 감소시키는 주요 방법의 하나로 선택지의 매력도를 변화시켜 선택된 선택지와 선택되지 않은 선택지 사이의 차이를 증가시키는 것을 기억할 것이다. 적어도 단순한 상황 속에서는 확실히 이러한 종류의 변화를 직접 측정하는 것이 가능하다. 브렘(Brehm, 7)은 이러한 종류의 측정법을 활용하여 그 이론을 검증하는 실험을 실시했다.

이 실험의 목적은 간단했다. 사람들에게 두 개의 물체 중에서 하나를 선택하게 하고, 의사결정이 이루어지기 전과 후에 그 물체의 매력도 변화를 측정하는 것이었다. 연구자는 피험자에게 그들이 여러 제조업자를 위해 다양한 종류의 상품에 대한 시장조사에 참여하고 있다고 설명했다. 이 제조업자들은 시장을 확대하기 위해 새로운 판매전략을 계획하는 중이고, 어떻게 사람들이 그들의 상품에 반응하는지에 대해 가능한 한 많은 것을 알고 싶어 한다고 설명했다.

또한, 개별 피험자(그들은 모두 심리학개론 수업을 듣는 여대생들이었다)에게 그들이 속한 대학생 집단은 연구의 대상이 되는 여러 집단 중 하나라고 말했다. 그리고 실험자는 이 학생들에게 수업시간에 이런 조사를 하는 것에 양해를 구했다. 실험참여도 분명히 교육적이어야 하는데 이것은 단순히 시장조사라는 것을 강조했다. 이러한 점 때문에 실험자는 여대생들이 그들이 소비한 시간에 대해 어느 정도 보상을 받아야 한다고 느꼈고, 피험자에게 이 연구를 도와준 답례로 제조업자 한 명이 제공한 다소 값이 나가는 선물을 줄 것이라고 말했다.

그 이후에 실험자는 큰 종이상자에서 8개의 상품을 꺼내고, 간단하게 각 상품에 대해 설명하면서 피험자 앞에 그 상품들을 진열했다. 각각의 상품은 대략 20달러 정도의 가치가 있는 자동 토스터기, 전기 커피메이커, 소형 휴대용 라디오, 탁상용 전등, 실크스크린 인쇄 그림, 스톱워치, 아트 북, 그리고 샌드위치 그릴 등이었다.

피험자에게는 이 상품들에 관해 조사할 것이라고 알려 주었다. 그리고 피험자들이 각각의 상품을 주의 깊게 조사하도록 요청했다. 피험자가 각각의 상품에 대한 조사를 마치고 그 상품을 잘 알게 되었을 때 피험자에게 설문지를 주었다. 이들은 각 상품에 반응하면서 그 상품의 모든 측면을 고려했을 때 각각의 상품이 얼마나 자기에게 매력적인지를 평가했다. 이 평가는 8점 척도로 구성되었고, 그 범위는 '① 확실히 전혀 매력적이지 않다'에서부터 '⑧ 대단히 매력적이다'까지였다.

이 매력도 평가가 끝나면 연구에 참여한 답례로 선물을 받을 것이라는 사실을 다시 한 번 피험자에게 상기시켰다. 그리고 각 제조업자가 피험자들에게 상품을 줄 수 있도록 많은 상품을 기증했으며, 피험자들은 방금 평가를 마친 8개의 상품 중 하나를 받을 것이라고 설명했다. 실험자는 피험자 모두가 같은 상품을 원하는 경우 그 상품이 소진되지 않도록 하고, 한편으로는 피험자들이 원하지 않는 상품을 갖지 않게 하기 위해서, 각 피험자에게 두 개의 상품을 보여 주고 그중에서 원하는 것을 선택하게 했다. 그 이후 피험자에게는 피험자가 선택할 수 있는 두 가지 상품을 알려 주고 피험자가 하나를 선택하면, 그 상품은 포장해서 주고 다른 상품들은 상자에 다시 넣었다.

그러고 나서 개별 피험자는 그 상품들 중 4개에 관한 연구보고서를 읽었다. 이 보고서는 독립된 연구기관이 작성했다. 각 보고서는 각 상품들의 장점과 단점을 모두 언급했다. 보고서를 읽은 후에 피험자는 실험자에게 개별 보고서의 두드러진 특징이 무엇인지 말했다. 이 단계는 8개 상품에 대한 또 다른 평가를 하기 전에 약간의 시간을 벌고, 피험자가 보고서의 어느 부분에 가장 관심을 보였는지에 대한 자료를 얻기 위해서 이 실험에 포함되었다.

이 단계가 끝난 후, 피험자에게 다시 각각의 상품을 이전에 사용했던 것과 같은 척도로 평가하도록 요구했다. 실험자는 피험자에게 처음의 평가는 그 상품에 대한 첫 번째 인상이고, 지금은 피험자가 상품을 고려하는 데 더 많은 시간을 보냈기 때문에 이 상품들을 다시 평가해 주었으면 한다고 설명했다. 이러한 평가가 끝난 후에 실험자는 실제 실험과 이 실험의 실제 연구목적을 설명해 주었다.

유감스럽게도 연구자가 그 당시에 가난한 대학원생이었기 때문에 피험자는 고가의 선물을 집에 가져 갈 수 없었다. 그의 보고에 따르면 모든 피험자들은 이것을 양해했다. 덧붙여 말하자면, 그들은 연구에 참여한 것으로 인해 심리학개론 수업에서 실험참여 점수를 받았다.

이러한 연구절차를 통해서 이론적으로 부조화의 크기에 영향을 미치는 다수의 요인들에 변화를 줄 수 있었다. 하나의 상품을 선택해야 하는 조건에서 피험자에게 선택지로 주어진 두 개의 상품은 실험자가 그 상품들에 대한 피험자의 초기 평가를 본 후에 선택했다. 두 상품 중에서 하나는 피험자가 최초의 평가에서 척도의 상위에 해당하는 5, 6 또는 7점으로 표시한 꽤 매력적인 것이었다. 그리고 나머지 다른 하나의 상품은 대략 피험자 중 절반에게는 그들이 평가척도에서 1점씩 아래의, 즉 4, 5 또는 6점으로 평가한 것이 제시되었다. 나머지 절반의 피험자에게는 두 번째 상품을 첫 번째 상품보다 평균 2.5점 낮게 평가된 것을 제시하였다.

이론적으로 보면, 첫 번째 조건에서는 의사결정 후에 높은 부조화가 나타나야 하고, 두 번째 조건에서는 보통 또는 낮은 부조화가 나타나야 한다. 각각 이러한 조건에서, 피험자 절반에게는 그들이 읽은 4개의 보고서 중 두 개의 보고서가 선택에 포함된 두 상품과 연관되도록 했고, 나머지 절반의 피험자에게는 4개의 연구보고서 모두 선택에 포함되지 않은 상품들에 관련된 내용이 포함되게끔 했다.

이 연구는 상품에 관한 정보의 활용가능성이 부조화가 감소되는 정도와 방법에 어떻게 영향을 미치는지를 밝혀내기 위해서였다. 이 연구는 모두 4가지 조건으로 구성되었고, 각 조건에 대략 30명의 피험자가 할당되었다. 이들로부터 자료가 수집되었다.

또한, 다섯 번째 실험 조건[10]이 있었는데, 이 조건은 피험자에게 선택의 여지가 전혀 없었다는 것을 제외하고는 위에서 묘사된 다른 조건과 동일했다. 다른 조건들에서 피험자에게 선택이 가능하다고 말했던 시점에 이 조건에서는 실험자가 그냥 하나의 상품을 선택하여 피험자에게 선물이라고 말하며 포장해서 주었다. 실험자가 선택한 선물은 항상 피험자가 5, 6 또는 7점으로 평가한 상품이었다.

의사결정이 이루어지기 전과 후의 상품의 매력도 평가의 변화에 관해서 분석한 결과가 〈표 3-3〉에 제시되어 있다.

〈표 3-3〉의 자료를 부조화 이론에서 나온 예상들과 비교해서 살펴보자. 의사결정에 뒤따르는 부조화를 감소시키기 위한 압력이 실제로 작용한다면 그 압력은 선택한 대상에 대한 매력도는 증가하고 선택하지 않은 대상에 대한 매력도는 감소하는 방향으로 반영될 것이다. 의사결정에 의해 부조화가 생기는 모든 조건들에서(선물 조건은 포함되지 않는다) 어느

---

10) 〔옮긴이 주〕선물 조건(*gift condition*).

<표 3-3> 선택된 선택지와 거절된 선택지의 매력도 변화를 통한
의사결정 후 부조화의 감소

실험 조건	첫 번째 평가와 두 번째 평가 사이의 차이		총 부조화 감소
	선택된 상품	선택 안 된 상품	
연구보고서 비(非)제시			
낮은 부조화(N*=33)	+.38†	+.24	+.62
높은 부조화(N=27)	+.26	+.66	+.92
연구보고서 제시			
낮은 부조화(N=30)	+.11	.00	+.11
높은 부조화(N=27)	+.38	+.41	+.79
선물 조건(N=30)	.00	-	-

* N은 사례 수이다.
† 이 표에 사용된 플러스 표시(+)는 모두 부조화 감소 방향으로 변화했음을 뜻한다. 선택된 선택지의 매력도가 증가하고 선택되지 않은 선택지의 매력도가 감소하는 방향의 변화는 부조화를 감소시키는 방향과 일치한다.

정도의 부조화 감소가 있었다. 피험자가 두 선택지에 포함된 대상들에 관한 연구보고서를 읽지 않았던 경우에는 높은 부조화 조건과 낮은 부조화 조건 모두에서 유의미한 수준으로 부조화가 감소했다.

부조화 이론에서는 선택되지 않은 선택지의 매력적 요소에 부합하는 인지요소들이 많을수록 의사결정에 따르는 부조화가 더 커질 것이고, 그 결과 부조화를 감소시키려는 압력은 더 크게 될 것이라고 말한다. 이런 이유로 부조화를 감소시키려는 압력은 낮은 부조화 조건에서보다 높은 부조화 조건, 즉 선택되지 않은 선택지와 선택된 선택지의 초기 매력도가 유사했던 조건에서 강할 것이라고 예측할 수 있다.

따라서 이러한 압력이 효력을 발휘한다면 낮은 부조화 조건에서보다 높은 부조화 조건에서 더 큰 부조화의 감소를 관찰할 수 있을 것이라고 예상할 수 있다. 이 예상은 연구보고서가 있는 조건과 없는 조건에 대한 비교에도 그대로 적용된다. 피험자가 선물 선택에 포함된 상품들과 관련된 연구보고서를 읽었을 때, 낮은 부조화 조건에서의 총부조화 감소는 .11에 불과한 반면 높은 부조화 조건에서의 총부조화 감소는 .79였다. 이 차이는 통계적으로 유의미했다. 피험자가 선물 선택에 포함되는 상품에 관련된 연구보고서를 보지 않은 경우, 총부조화 감소는 각각 .62(낮은 부조화 조건) 와 .92(높은 부조화 조건) 였고, 그 차이는 통계적으로 유의미하지는 않았으나 이론의 예측과 같은 방향으로 차이가 있었다.

요약하면, 실험상황에서 만들어진 부조화가 크면 클수록 그에 따르는 부조화의 감소도 크다는 것이다.

선물 선택에 포함된 상품들과 관련된 연구보고서를 제시하는 것에 의한 부조화 감소의 효과는 덜 뚜렷했다. 이러한 보고서들은 피험자에게 새로운 인지요소를 습득할 수 있는 기회를 제공함으로써 효과적인 부조화 감소를 촉진할 것으로 예상되었다. 이것이 사실이라면 높은 부조화 조건과 낮은 부조화 조건 사이에서의 차이만큼, 선택에 포함된 상품들과 관련된 연구보고서를 읽지 않은 조건보다는 읽은 조건에서 총부조화가 더 크게 감소하리라고 예측할 수 있을 것이다. 이러한 두 가지 예측 중에서 후자는 실제로 자료에 의해 입증되었다.

높은 부조화 조건과 낮은 부조화 조건 사이에서의 총부조화 감소 차이는 선물 선택에 사용된 선택지와 관련된 연구보고서를 본 피험자들에게서 크고 유의미하게 나타났다. 연구보고서를 보지 않은 피험자들에게는 그 차이가 적고, 유의미하지 않았다. 하지만 전체적으로는 연구보고서가 없던 경우보다 연구보고서가 있던 경우에 총부조화 감소가 더 적었다. 아마도 이러한 결과는 연구보고서 자체의 특징으로 설명할 수 있을 것이다.

피험자들이 읽은 이 보고서들은 해당 상품의 장점과 단점을 모두 포함하고 있었다. 예를 들면, 전기 그릴에 관한 연구보고서에는 다음과 같은 내용이 적혀 있었다.

다양한 용도로 활용할 수 있는 이 그릴은 토스트, 샌드위치, 핫도그, 냉동 와플 등을 구울 수 있다. 와플을 굽는 판은 쉽게 부착할 수 있고(전기 코드와 옵션 와플 판은 제공되지 않으며, 추가적으로 구입해야 한다). 그릴 판은 만약 뚜껑을 닫고 너무 오래 열을 가한다면(7분 또는 8분) 망가질 수 있다. 온도 표시기는 눈금이 왔다 갔다 하며 온도를 표시하는데 대개 실제 열보다 낮게 표시된다. 그릴의 외부 표면은 단단하고, 닦기 편하며, 녹슬지 않는다(브렘, 62쪽).

이러한 연구보고서에서 언급되는 상품의 부정적 특징들이 너무 강해서 대다수 피험자들이 부조화를 감소시키는 것을 더 어렵게 만들 수 있다. 따라서 피험자의 총 부조화 감소량은 높은 부조화 조건에서는 어느 정도 줄었지만, 낮은 부조화 조건의 상황에서는 연구보고서에 포함된 이러한 부정적 요인 때문에 부조화를 감소시키려는 의도가 완전히 실패하였다.

이제 지금까지 논의하지 않았던 선물 조건에 대한 논의로 되돌아가 보자. 믿기지 않지만, 우리가 예측했던 결과에 대한 다른 해석이 있었기 때문에 이 조건을 통제 조건으로 도입하였다. 제2장에서의 분석에 따르면 브렘의 실험에서의 부조화는 의사결정의 결과로서 나타났다. 선택되지 않은 선택지의 매력적 특징에 관련된 인지요소들은 선택한 행동에 대한 인지와 부조화를 이룬다. 만약 선택되지 않은 선택지가 없다면 그때에는 아주 약간의 부조화가 있거나 부조화가 없을 것이다. 그러나 통제 조건이 없었다면 선택된 선택지의 매력도 증가는 단지 그것을 가질 수 있었기 때문이라고 주장할 수도 있었다. 실제로 무엇인가를 소유하는 것이 이러한 종류의 영향을 미친다고 주장하는 사람들이 있었다.

예를 들면, 하이더(Heider, 25)는 "만약 우리가 지금 소유하는 것을 좋아하고 우리가 좋아하는 것을 소유한다면 그 상황은 균형이 유지된다 (Part 2)"라고 말했다. 하이더는 더 나아가 만약 그 상황에서 균형이 이루어지지 않는다면, 균형을 맞추기 위한 과정이 뒤따를 것이라고 생각했다. 그렇기 때문에 그는 대상에 대한 매력도의 증가를 단순히 소유의 결과로 생각했다.

그리고 실제로 이러한 종류의 영향을 확실히 보여 주는 연구들이 있었다. 즉, 단순히 무엇인가를 소유하는 것이 호감의 증가를 가져온 것이다. 예를 들어, 어윈과 게버하르트(Irwin and Gebhard, 28)는 한 사람에게 두 개의 물건을 보여 주고, 임의로 하나를 주어 피험자가 소유하도록 했다. 그리고 나머지 하나의 물건은 다른 사람을 위한 것이라고 이야기했다. 그러고 나서 피험자는 두 물건 중 어떤 것을 더 좋아하는지에 대한 질문을 받았다. 14세에서 19세까지의 고아원에 사는 이들을 대상으로 한 실험에서, 38명의 피험자 중 25명은 자신에게 주어진 물건에 호감을 나타냈다. 5세에서 8세의 아동들을 대상으로 한 또 다른 실험에서는 36명의 피험자 중 28명이 자신이 현재 소유한 물건에 대한 선호도를 보였다. 그러나 단순 소유의 효과가 아주 강하지는 않았다.

예를 들면, 또 다른 실험에서는 두 개의 물건 중 다른 물건을 피험자의 친구에게 주었는데 이 조건의 실험에서는 30명 중에 16명만이 자신이 가진 물건에 선호도를 나타냈다.

파일러(Filer, 21)가 실시한 또 다른 실험도 동일한 종류의 영향이 존재함을 보여 준다. 그는 6세에서 9세의 아동으로 구성된 피험자들에게 게임을 시켜서, 그 결과로 미리 약속된 물건을 얻거나 얻지 못하게 했다.

게임의 결과로 피험자들이 약속된 물건을 얻은 경우에는 이 물건에 대한 호감이 증가했지만, 물건을 얻지 못한 때에는 호감이 감소했다.

다시 한 번 그 영향은 단순한 소유에 의한 것처럼 보인다. 왜냐하면 이는 그 물건을 자기가 잘해서 받는지 아니면 우연히 받는지의 영향을 받지 않았고, 또한 그 물건을 받을 것으로 기대했는지의 여부도 영향을 미치지 않았기 때문이다.

이와 같이 소유하는 것이 영향을 미치는 이유가 무엇이든, 브렘의 실험에서 대상들에 대한 매력도의 변화는 단순히 소유권을 가진 것에 기인하지 않는다는 것을 증명할 필요가 있다. 〈표 3-3〉에서, 적어도 이 실험에서는 소유 자체의 영향은 없다는 것이 확실하다. 피험자가 선물로 받은 물건의 매력도에는 전혀 변화가 없었다. 그러면 다른 조건들에서 얻은 변화는 확실히 부조화의 감소 때문이라고 할 수 있다.

브렘은 선물의 영향을 발견하지 못한 반면, 파일러(21)와 어원과 게버하르트(28)는 그 영향을 발견한 이유를 잠시 생각해 보는 것도 흥미로운 일이다.

이러한 현상에 대해서는 적어도 두 가지 설명이 가능하다. 브렘의 실험에서의 선물 조건은 피험자에게 주어진 상품들과 관련된 연구보고서를 제시함으로써 만들어졌다. 우리가 이미 논의한 이러한 연구보고서의 부정적 영향은 소유로 인해 생길 수 있는 매력도의 증가를 방해할 수 있을 것이다. 또 다른 가능한 설명은 다른 연구자들은 주로 아동을 대상으로 연구했던 반면, 브렘은 대학생들을 피험자로 삼았다는 사실에 있을 수 있다. 단순한 소유권은 성인보다 아동에게 더 강한 것일 수 있다는 추측이 가능하다. 아이들에게는 어쩌면 물건을 소유하는 것과 그 물건의 매력적이지 않은 특징에 부합하는 인지 사이에 약간의 부조화가 있었을 수도 있다.

브렘의 실험에 대한 이야기를 마치기 전에, 논의할 만한 결과가 하나 더 있다. 이 실험에서 어떤 피험자에게는 비슷한 요소들이 많은 두 가지 대상 중 하나를 선택하도록 했고, 그런 까닭으로 두 대상들에 부합하는 상당한 인지적 중첩요소들이 생겼을 것이다.

이것은 의사결정 과정에 포함된 선택지들 사이에서 인지적 중첩도가 있는 곳에서 결과적으로 부조화가 적어질 것이라는 제2장에서의 논의를 떠올리게 한다. 만약 선택되지 않은 선택지의 매력적 요소에 부합하는 인지요소들이 선택된 선택지의 매력적 특징들과 부합하는 인지요소들과 동일하다면, 이러한 요소들은 선택된 행동에 대한 인지와 부조화를 이루지 않을 것이다.

그런 까닭에, 커피 메이커, 토스터 또는 그릴(먹는 것과 관련된 모든 주방용품) 중에서 두 개를 골라서 그중에 하나를 선택한 피험자들에 대한 자료나 아트 북과 실크 스크린 복사본(두 가지 모두 예술관련 용품들) 사이에서 선택한 피험자들의 자료는 별도로 분석되었다. 이러한 대상들 중에서 선택한 피험자들의 경우에는 부조화가 더 적게 나타나야 한다. 그러므로 부조화를 감소시키기 위한 압력이 많다는 증거를 기대할 수 없을 것이다. 이러한 피험자의 경우 실험결과는 꽤 분명하다. 인지적 중첩이 있을 때에는 실험 조건과 관계없이 부조화 감소의 어떤 증거도 찾아볼 수 없었다. 전체적으로, 총 30명의 피험자의 부조화량의 총 감소는 무시할 만한 양인 −.28이었고, 실제로 이것은 부조화를 감소시키기보다는 오히려 증가시키는 방향이었다.

결정 번복의 어려움

만약 의사결정 후에 선택된 선택지가 더 매력적이 되거나 선택되지 않은 선택지가 덜 매력적인 것이 되는 식으로 선택지의 매력도가 변하면 부조화의 감소에 추가적 결과들이 발생하므로 이 부분에 대해 설명할 필요가 있다. 예를 들면, 부조화 이론에서 예측한 것처럼 선택지들이 지닌 매력도의 변화가 일어난 브렘(Brehm)의 실험에서 만약 어떤 식이든 피험자가 결정을 다시 내려야만 한다면, 두 개의 선택지들은 매력도가 예전보다 더 많이 달라졌기 때문에 두 번째 결정은 쉬울 수 있을 것이라고 예상할 수 있다. 마찬가지로 만약 어떤 이유로 피험자들이 그들의 결정을 뒤집어야 한다면, 비록 최초의 결정이 두 선택지 간에 우열을 가리기 힘든 경우였다 하더라도 이와 같은 결정 번복 행동은 그들에게 매우 어려울 수 있음을 예상할 수 있다.

마틴(Martin, 38)의 연구는 이러한 질문에 관한 것이다. 모두 8명의 피험자가 이 실험에 참여했는데, 이들에게 일련의 의사결정 과제가 주어졌다. 총 28개의 의사결정 과제에는 하나의 가설적 특징이 있었다. 각 과제에는 하나의 상황이 묘사되었고, 두 가지 선택가능한 행동이 주어졌으며 피험자가 두 가지 중 어느 행동을 따를 것인지를 결정하도록 했다. 전형적인 예를 하나 제시하면 다음과 같다.

"당신은 당신에게 분명히 적대적인 사람에게 사실이지만 상처가 되는 말을 했습니다. 당신은 당신의 원수에게 사과할 것입니까? 또는 냉담한 관중들 앞에서 공개적으로 자신을 변호할 것입니까?"(17쪽)

또 다른 의사결정 과제에는 두 가지 향기 중 어느 향기를 더 선호하는지에 관한 일련의 선택 행동이 포함되었다. 각각의 과제에서 결정하고 나면 실제로 자신이 선택한 항을 맡도록 했다.

각 과제에 대한 의사결정이 이루어진 후에, 피험자는 의사결정 과정에 대해 내관적(introspective) 설명을 제공하고, 또한 자신의 결정을 확신하는 정도와 그 결정을 하는 과정에서의 어려움의 정도를 평가하도록 하였다. 피험자가 내린 결정 중 절반에 대해서는 피험자가 의사결정을 내리고 나면 "이제 당신의 결정을 다시 생각해 보면서 반대되는 결정을 내려 보십시오"(21쪽) 라고 쓰인 종이를 받았다. 그래서 그 결정의 절반의 경우, 의사결정 과정에 관한 자료와 의사결정 이후에 그 결정을 번복하려 시도하는 과정에 관한 자료가 있다.

더 논의를 진행하기 전에, 이 연구가 도출하는 유형의 자료들의 타당도와 신뢰도에 관해 잠시 언급할 필요가 있다. 이 연구는 훈련된 피험자들을 대상으로 하였고〔전문적 심리학자들 또는 내관법(introspection)을 훈련한 학생들〕거의 완전히 내관적 보고로 얻은 자료에만 의존하였다.

지금까지 오랫동안 이 같은 유형의 자료에 대한 평가는 좋지 않았고, 이는 아마도 타당한 근거에 의거한 평가일 것이다. 아마도 누군가는 심리학적 과정을 적절하게 설명하는 것으로서 한 개인의 내관을 신뢰하지 않을 수 있고, 의식적 과정이 그다지 중요하지 않을 수도 있다. 그러나 현재의 논의 목적을 위해서 이 자료들을 인터뷰로부터 수집한 자료를 다루는 것과 동일하게 취급할 수 있다.

또한, 오늘날의 연구자들은 피험자들의 경험과 동떨어진 것을 꿰맞추었을지도 모르는 가상의 사례를 활용하는 것을 상당히 불편해할 것이다. 물론, 피험자들은 개인적 문제에 결정을 내리고 그것에 대해 주의 깊고 신중히 생각하도록 교육받았다. 그런데 질문은 '그들이 실제로 그렇게 했는가?'이다. 피험자의 내관에 대한 자세한 보고를 토대로 이해하는 한에서는, 놀랍게도 그들은 실제로 그렇게 했다. 최소한 이 훈련된 피험자들은 그렇게 했다. 그들이 의사결정을 하는 동안 보고한 실제 갈등이 이에 대한 증거가 되었는데, 그 증거는 그들이 선택지들을 심사숙고할 때 느낀 불안, 그리고 자신의 결정을 번복하도록 요구받았을 때 결정을 번복하기 위해 노력하면서 느낀 어려움이었다.

확실히 이것은 만약 그 결정이 개인적인 것이 아니거나 가설에 근거한 것에 대한 결정이었다면 쉬운 문제였을 것이다. 어쨌든 그 자료를 조사할 가치가 있는 것으로 여기고, 이 자료가 보여 주는 것이 무엇인지 살펴보자.

의사결정의 과정을 묘사한 언어적 보고에 기반을 두고 마틴은 의사결정을 3가지 종류로 구분하였다.

(1) 선호(*preference*). 이러한 의사결정은 여러 개의 선택지 중에서 다른 것에 비해 하나의 선택지를 분명히 선호하는 것으로 특징지을 수 있다. 이러한 결정들은 중요하지만, 대개 아주 큰 갈등은 없다. 선호되는 선택지는 충분히 매력적이어서 결정이 비교적 쉽게 이루어진다. 부조화 이론과 브렘의 실험과 관련해서 우리의 관심을 끄는 것은 의사결정이 일어난 후에 이러한 유형의 의사결정에서 자주 일어나는 것에 대해 마틴이 기술한 것이다.

… 종종 '급하게' 다다른 결론으로 선택한 것을 구체적 이유를 들어 정당화하고, 이로써 선택에 대한 만족도를 높이려는 경향이 있다. 이러한 과정은 아마도 일반적으로 받아들여지는 심리학적 의미로, '합리화 현상'의 하나

로 규정될 수 있는데. 이것은 미리 그 과정에 영향을 주는 이유들을 논리적으로 제시하기보다는 자기 자신을 만족시키기 위해 의사결정 행위가 완료된 후에 그 선택을 정당화하는 과정이다(40~41쪽).

(2) 갈등(*conflict*). 이러한 의사결정은 선택지들의 매력이 거의 비슷하기 때문에 의사결정이 상당히 어렵다는 특징이 있다. 이 선택지들은 밖에서 보기에 너무 비슷해서,

> 결정이 느리고 힘이 많이 든다. … 그 선택에는 아마도 확신과 만족에 반대되는 의심과 꺼리는 마음이 생길지도 모른다. 심지어 때때로 이미 어떤 것을 선택한 후에 다른 것을 선택했으면 하고 후회하는 경향도 나타날 수 있다 (46쪽).

(3) 무관심(*indifference*). 이 유형의 의사결정은 다른 것에 비해 명백하게 선호하는 하나의 선택지가 없으며 전체 문제에 무관심한 것이 특징이다. 여기서는 이 의사결정이 피험자에게 아주 사소한 것이었다.

각 피험자들의 모든 결정은 이 3가지 종류 중 하나로 분류되었다. 이와 같은 구분은 중요하므로, 이것의 타당성을 증명할 더 객관적인 증거를 몇 가지 살펴보자. 만약 이 3가지 유형의 설명이 정확하다면, 이러한 유형들 사이에서 결정을 내리는 데 걸리는 실제 시간이 현저하게 다르리라고 예상할 수 있을 것이다.

선호 유형의 의사결정에서는 하나의 선택지가 다른 선택지보다 훨씬 더 매력적이기 때문에 의사결정에 비교적 적은 시간이 들어야 한다. 비록 그 선택지들의 매력도는 많이 다르지 않지만 그 의사결정이 중요하지 않기 때문에 무관심 유형 또한 결정에 적은 시간이 걸려야 한다. 반면에

<표 3-4> 의사결정에 걸린 시간 평균(초)

	의사결정 유형		
	선호	갈등	무관심
가상적 선택 조건	23.3	51.0	37.2
향기 선택 조건	4.1	14.1	6.2

갈등 유형은 의사결정에서 비교적 긴 시간이 걸려야 한다. <표 3-4>는 각 유형의 의사결정에 걸린 평균 시간을 보여 준다. 이러한 자료들이 의사결정 유형 범주화의 타당도를 뒷받침할 수 있다는 것은 분명하다. 가설적 상황과 향기를 선택하는 상황 모두에서 갈등 유형이 다른 유형보다 의사결정에 훨씬 많은 시간이 들었다.

물론, 의사결정의 어려움도 의사결정 시간에서의 차이와 유사한 모습이 될 것이라고 예상할 수 있는데 실제로 그러했다. 피험자들은 각 과제에서 의사결정을 한 후, 그 의사결정의 어려움을 평가했다. 어려움의 정도는 의사결정 시간이 보여 주는 결과와 정확히 같기 때문에 이와 관련된 수치를 보여 주는 데 공간을 할애하지 않겠다.

각 과제에 대한 의사결정이 이루어진 후에 피험자들은 그들이 내린 의사결정이 옳았다고 어느 정도 확신하는지를 평가하도록 요구받았다. 이러한 확신에 대한 평가는 4점 척도로 이루어졌다. 만약 의사결정 유형의 범주화가 타당하다면, 우리는 이 확신평가가 의사결정 시간을 측정한 결과와 일치하리라고 기대하지 **않을** 것이다. 반대로, 의사결정에서 매우 짧은 시간을 보인 선호 유형에서 평가결과는 가장 높아야 할 것이다.

<표 3-5>는 이에 대한 자료들을 보여 주는데, 예상한 것이 바로 들어맞는다는 것을 볼 수 있다. 두 가지 조건의 의사결정에서 확신수준은 선호 유형에서 가장 높았고, 무관심 유형에서 가장 낮았다. 왜냐하면 무관

<표 3-5> 각 유형의 의사결정에 대한 확신수준 평균(4점 척도)

	의사결정 유형		
	선호	갈등	무관심
가상적 선택 조건	3.7	2.4	2.0
향기 선택 조건	3.9	2.8	1.9

심 유형에서의 의사결정은 사소한 것으로 간주되어 피험자들이 성급하게, 그리고 깊이 생각하지 않고 결정을 내렸기 때문이다. 이 모든 자료를 통하여 우리는 이 범주화가 타당하다는 것을 인정할 수 있다.

이제 우리는 의사결정의 번복에 관한 자료, 즉 피험자가 그의 결정을 번복하도록 지시받았을 때 어떤 상황이 일어났는지 생각해 보아야 한다. 의사결정의 유형 중에서 선호 유형의 경우, 결정을 번복하는 것이 매우 어려웠을 것이라고 예상할 수 있다. 이 유형의 의사결정에서는 하나의 선택지의 매력이 다른 선택지를 능가하는 것이 분명하기 때문에 신속하게, 쉽게, 그리고 확신과 함께 결정이 이루어졌다. 이러한 의사결정을 번복하는 것은 이러한 분명한 선호도를 바꾸는 것을 의미한다.

<표 3-6>에 제시된 자료에서 보면 선호 유형의 의사결정에서 가상적 선택의 상황에서는 90%가 결정을 번복할 수 없었고, 향기 선택 상황에서도 84%가 결정을 바꿀 수 없었다는 것은 놀라운 일이 아니다. 피험자들은 의사결정을 번복하려고 시도한 후, 번복이 불가능하다고 말했다.

갈등과 무관심 유형의 의사결정에 관해서는 어떤 것을 예상할 수 있겠는가? 이러한 두 가지 유형에서는 모두 어느 하나를 다른 선택지보다 명백히 더 좋아하는 선호도가 없었다. 그렇기 때문에 만약 의사결정의 결과로서 변화된 것이 아무것도 없다면, 그러한 의사결정을 번복하는 것은 쉬워야 한다. 그러나 만약 의사결정에 수반하여 일어나는 부조화의 결과

〈표 3-6〉 결정 번복을 할 수 없었던 피험자 비율

	의사결정 유형		
	선호	갈등	무관심
가상적 선택 조건	90.3	75.8	40.0
향기 선택 조건	84.2	50.0	10.0

로 선택지의 매력도가 변화함으로써 부조화의 감소가 효과적으로 일어났다면, 의사결정을 번복하는 것이 약간의 어려움에 부닥칠 수도 있을 것이다.

부조화에 관련된 이론으로부터 볼 때, 사소한 의사결정의 경우 의사결정에 수반되는 부조화의 크기가 작고, 결과적으로 만약 선택지들의 매력도에 어떤 변화가 있다 하더라도 그 변화는 작을 것이다. 다시 말하면, 무관심 유형의 결정에는 부조화가 거의 없었을 것이고 부조화를 감소시키기 위한 압력도 거의 없었을 것이며, 그래서 의사결정을 번복할 때의 어려움도 거의 없었을 것이라고 예상할 수 있다.

그러나 갈등 유형의 의사결정의 경우에는 의사결정 후에 상당한 부조화가 있었을 것으로 추측할 수 있다. 이러한 부조화를 줄이기 위한 압력은 선택된 선택지의 매력도를 증가시키거나, 선택되지 않은 선택지의 매력도를 감소시키거나, 또는 두 가지 방법 모두가 나타나는 결과를 초래할 수 있다.

만약 부조화를 감소시키기 위한 이 같은 절차가 성공한 후에 피험자가 의사결정을 반복하도록 요구받는다면, 그는 의사결정을 바꾸는 데 상당한 어려움을 겪을 수 있음을 예상할 수 있다. 〈표 3-6〉은 실제로 그렇다는 것을 보여 준다. 가설적 선택 상황의 경우, 무관심 유형에서는 피험자의 40%가 결정을 번복할 수 없었던 반면, 갈등 유형에서는 76%가 의사결정을 번복하지 않았다. 향기 선택 상황의 경우에는 그 비율이 각각 10%와 50%였다.

요약하면, 이 자료는 우리가 이론적으로 도출한 예상들이 정확하다는 것을 실제로 보여 주었다. 의사결정 후 부조화가 발생하면서 이 부조화를 감소시키기 위한 압력은 그 의사결정의 안정화로 연결되었다. 브렘의 실험에서 보았던 것처럼 의사결정 후에 상당한 부조화가 있으면, 그 선택지들에 대한 선호도의 차이는 의사결정을 하는 기간보다 더 커진다. 이러한 현상의 한 가지 결과가 바로 이미 의사결정이 이루어지면 그것을 번복하는 것은 어렵거나 불가능해진다는 사실이다.

미래 행동에 관한 의사결정의 영향

집단적 의사결정을 행동변화 유발의 효과성 측면에서 강의나 개인적인 교수(敎授)와 비교한 여러 연구를 문헌에서 찾아볼 수 있다. 이러한 연구들은 르윈(Lewin, 36)이 요약하였다. 일반적으로 그 연구들은 설득력 있는 강의보다는 집단적 의사결정 후에 더 많은 행동변화가 있음을 보여 준다.

이러한 연구들은 잘 알려져 있지만, 그중 하나를 간략하게 살펴보면서 이 연구들에서 일반적으로 활용되는 세부 연구절차를 제시하고, 어떤 효과가 있는지를 설명하는 것은 의미가 있다.

제2차 세계대전 중의 식습관 변화에 관한 연구 프로그램의 한 연구에서, 내장고기의 활용도를 높이기 위해 주부들을 설득하려고 한 시도가 있었다. 이 연구는 주부 그룹을 6개로 나누어 실시되었다. 이 중 세 그룹에게는 요리법을 나누어 주는 동시에 그 문제에 관해 정보를 알리고 설득력 있는 강의를 제공했다. 사후조사(일주일 후의 조사)에서 이 그룹에 속한 주부들 중 단지 3%만이 적극적으로 전에 전혀 만들어 보지 않은 내장고기 음식을 가족에게 제공한 것으로 드러났다.

나머지 세 그룹에게는 강의를 하는 대신 강의 내용과 거의 동일한 정보를 그 문제에 관한 그룹토의를 할 때 알려 주었다. 게다가 모임의 마지막 시간에는 주부들에게 누가 한 번도 사용해 보지 않은 고기를 요리하여 가족들에게 식사시간에 제공할 것인지 손을 들어 표하도록 했다. 사후조사에서 이 그룹에 속한 주부들 중 32%가 실제로 새로운 내장고기 요리를 만들어 식사시간에 내놓은 것으로 드러났다. 그러한 두 조건 사이에서 생긴 차이는 다소 놀라운 것이었다. 다른 유형의 그룹들과 다른 종류의 '실천행동'을 활용한 연구들도 비슷한 결과를 도출했다.

　이러한 결과를 부조화 이론의 관점에서 살펴보자. 의사결정 과정이 없었던 그룹의 어떤 사람들은 강의에서 충분히 설득되었기 때문에 추천받은 어떤 것이라도 계속 실행할 수 있다. 간략하게 살펴본 이 연구에서는 그 행동이 내장고기를 조리하여 식사로 제공하는 것이었고, 강의로 설득된 약 3%의 주부들이 그 고기를 요리해 가족들에게 주었다. 그런데 의사결정이 유도된 그룹에서는 이 의사결정 행동 때문에 부조화가 발생했을 수 있다.

　예를 들면, 자신 또는 남편이 내장고기를 싫어할 것이라는 지식은 그들이 그러한 고기를 요리해 식사시간에 제공하려고 선택한 행동과 부조화를 이룰 수 있다. 그러면 이러한 부조화를 감소시키기 위한 압력이 생길 것이고, 그들이 그 부조화를 줄이는 것에 성공하는 만큼 그들은 결국 어쩌면 남편이 그 고기를 좋아할 수도 있다고 자신과 상대방을 설득할 것이다. 한번 인지가 이러한 식으로 변화하면 매우 많은 사람들이 적극적으로 나서고, 실제로 내장고기를 식사로 제공한다는 사실이 놀랍지 않게 된다. 다시 말하면, 행동에 미치는 영향력은 의사결정에 따른 부조화의 성공적 감소 결과일 수 있다.

　이러한 집단적 의사결정에 관한 연구결과들은 의사결정 후 부조화의 감소라는 점에서 설명이 가능하지만, 다른 여러 설명들도 가능하다는 것을 염두에 두어야만 한다. 집단적 의사결정에 관한 연구들은 대부분 동시에 변화하는 많은 요인들을 통제하지 않았다. 이러한 사실 때문에 그 연구들이 부조화 이론을 뒷받침하는 좋은 증거를 제공한다고 간주할 수 없다.

하지만 중요한 한 가지를 지적하자면, 그 결과들이 부조화 이론의 함의와 일치한다는 것이다. 그리고 더 중요한 것은 만약 이러한 결과들이 부조화 감소의 결과라면 다른 함의도 뒤따를 것이라는 점이다. 예를 들어 부조화 이론에 따르면, 의사결정이 집단 내에서 공적으로 이루어졌든 별도의 개인적 의사결정이든, 또는 집단토론에 따른 것이든 강의에 따른 결정이든 상관없이 같은 종류의 영향이 생길 것이라는 함의가 생긴다.

중요한 점은 의사결정이 이루어졌다는 것과 그 부조화는 이러한 의사결정으로부터 생겨났다는 것이다. 그리고 그 의사결정에 앞서 집단토의가 있었는지 없었는지, 또는 그 의사결정이 공적인 것이었는지 사적인 것이었는지는 중요하지 않다는 것이다. 이러한 모든 변수들을 동시에 조작하는 것 때문에 집단적 의사결정 연구들을 좀더 자세하고 정확하게 해석하는 것은 어렵다.

그러나 베넷(Bennett, 4)의 연구에서 이러한 다양한 요인들을 분리하고, 그 요인들의 개별적 영향을 조사하기 위한 시도가 있었다. 이 실험은 미시간대학의 심리학개론 수업을 듣는 대학생을 대상으로 이루어졌다. 이 연구는 학생들을 심리학 실험의 피험자로서 자원하도록 하는 것과 관련 있었다. 집단적 의사결정 연구에서 일반적으로 함께 묶이는 변수들이 야기할 수 있는 영향을 분류하기 위한 시도로 12가지 실험 조건을 활용하였다. 대략 피험자의 3분의 1은 실험에 자원하도록 설득하는 강의를 들었다. 피험자의 또 다른 3분의 1은(약 13명의 사람들로 이루어진 그룹) 실험자가 피험자를 설득하는 강의에 포함되었던 똑같은 정보를 알려 주며 그 문제에 대해 집단토의를 하게 하였다. 나머지 사람들은 아무 방법으로도 설득하지 않고, 간략하게 자원자를 모집하고 있다는 사실을 짧게 상기시켰다.

이 각각의 조건에는 의사결정과 관련해서 4가지 변형된 세부조건이 있었다. 피험자의 대략 4분의 1에게는 어떠한 의사결정도 전혀 요구하지 않았다. 또 다른 4분의 1의 피험자에게는 각자 자발적으로 실험에 참여하기를 희망하는지 그렇지 않는지를 익명으로 표현하도록 하는 개별적 익명의 의사결정을 요구하였다. 또 다른 4분의 1의 피험자에게는 누가 손을 들었고 누가 손을 들지 않았는지를 공개적으로 기록하지는 않았지만, 만약 자원봉사를 희망한다면 손을 들도록 요청했다. 나머지 피험자들은 만약 자원봉사를 희망한다면 손을 들게 했고 실험자는 공개적으로 손을 든 사람들의 이름을 기록하였다. 그렇기 때문에 전체적으로 '설득하지 않음', '강의', 그리고 '집단토의'의 조건이, '의사결정 없음', '개인적 결정', 그리고 두 종류의 '공적 또는 집단 의사결정'과 조합되어 12가지의 실험 조건이 만들어졌다. 이 실험은 수업 중 소그룹 활동시간에 실시되었고, 때문에 이 12가지 조건에 속한 피험자들은 심리학 실험을 위한 자발적 참여 태도와 관련된 설문지에 그들의 응답을 기준으로 짝지어질 수 있었다. 12가지 실험 조건 각각에 속한 피험자들 모두 처음에는 자발적 실험참여 태도가 비슷하리라고 간주할 수 있다.

위에서 논의된 실험조작이 이루어진 직후, 모든 피험자들에게 만약 자원봉사를 희망한다면 특정 시간에 특정 장소로 오라고 통지했다. 우리가 중요하게 조사하려는 자료는 다양한 조건 내에서 실제로 지정된 시간과 장소에 나타난 피험자들의 비율이었다. 그 자료는 '강의'와 '토론' 그리고 '설득하지 않음' 조건들 사이에서는 전혀 차이가 없었다. 지정된 시간과 장소에 나타난 피험자의 비율은 순서대로, 22, 21, 19였다.

다시 말하면, 설득력 있는 강의와 집단토의 조건은 둘 다 자원봉사를 권유하는 단순한 안내보다 더 효과적이지 않았다. 더 설득력 있는 강의

<표 3-7> 다른 의사결정 조건이 행동에 미치는 영향

실험 조건	총 피험자 수	지정된 장소에 나타난 피험자 수	지정된 장소에 나타난 피험자 비율
의사결정 없음	135	20	15
개인적 익명의 의사결정	112	32	29
공적 익명의 의사결정	113	22	19
공적 기명의 의사결정	113	22	19

또는 더 효과적으로 진행된 집단토의가 중요한 영향을 미칠 수는 있다. 그러나 이 실험에서 우리는 현재의 연구목적을 위해서 이러한 변수들을 무시해도 되었고, 의사결정의 유형이 실제로 자원봉사를 하기 위해 나타난 사람들 수의 차이를 만들었는지를 알아보았다. 〈표 3-7〉은 이러한 자료를 나타낸다.

〈표 3-7〉을 살펴보면, '의사결정 없음' 조건의 경우 자원봉사를 하기 위해 지정된 장소에 실제로 온 사람들이 조금이나마 적은 경향을 보여 준다. '의사결정 없음'(15%)과 '사적인 익명의 의사결정'(29%) 사이의 차이는 1% 신뢰수준에서 유의미하다. 만약 모든 의사결정 조건을 묶는다면(22%), '의사결정 없음' 조건과 비교할 때 그 차이는 7% 신뢰수준에서 유의미하다. 비록 이 실험에서는 의사결정의 영향이 작은 편이었으며 또한 비교적 덜 통제된 집단 의사결정 실험들에서 보고된 영향력의 크기와 비교할 수는 없지만, 의사결정 자체의 영향이 어느 정도 있는 것으로 보인다.

그러나 베넷의 실험에서 그 영향은 '개인적 의사결정'과 비교되는 것으로서의 '공적 의사결정'에 기인하지 않는 것이 확실하다. 이 실험에서는 의사결정이 사적이고 익명으로 이루어졌을 때 그 영향력이 가장 컸다. 베넷의 연구는 부조화 이론의 함의들과 관련된 자료를 몇 가지 더 제공한다.

만약 그 부조화 해석이 정확하고, 행동에서의 차이가 의사결정 후 부조화 감소의 결과였다면, 어느 정도 인지의 변화가 있었다는 것을 예상할 수 있다. 즉, 의사결정을 한 후에 피험자에게는 부조화를 감소시키려는 압력으로 인해 의사결정 이전보다 자원활동에 대해 더 호의적인 태도가 유도되었을 것이다.

자원활동에 대한 태도는 처음에 각 조건하에서 정확히 동일했다는 것을 기억할 것이다. 그 실험 이후 몇 주가 지나서 피험자들에게 자원활동에 대한 태도를 질문하는 또 다른 설문지가 주어졌다. '의사결정 없음' 조건의 경우 긍정적 태도를 표현한 비율은 45%였고, 3가지의 의사결정 조건을 모두 합한 경우에 그 비율은 54%였다. 이때 역시 그 차이는 작고 통계적으로 유의미한 수준에 미치지 못했다(13% 신뢰수준). 그러나 그것은 예상한 방향과 일치했고, 아마도 실제로 실험에 참여하는 행동을 관찰하더라도 이와 동일하게 작은 차이만 관찰할 수 있을 것이다.

요약

이 장에서는 의사결정 후 일어날 수 있는 사건들을 한 가지 또는 여러 가지 방법으로 다룬 다수의 연구들을 살펴보았다. 이 연구자료는 다음과 같은 점을 제시한다.

⑴ 의사결정 후에는 선택된 행동과 조화를 이루는 인지를 형성하는 정보를 적극적으로 찾는 행동이 있다.

⑵ 의사결정 후에는 의사결정에 대한 확신이 높아지거나, 선택에 포함된 선택지들의 매력도 차이가 증가하거나, 또는 두 현상이 함께 일어난다. 각각의 현상은 성공적으로 부조화가 감소되었음을 보여 준다.

⑶ 의사결정 후 부조화의 성공적 감소는 더 나아가 이미 내려진 결정을 번복하는 것의 어려움과, 관련된 미래의 행동에 대한 변화된 인지의 함의에서 나타났다.

⑷ 위에 나열된 의사결정의 영향들은 의사결정으로 생기는 부조화의 크기와 함께 바로 변한다.

제4장

강요된 순응의 영향 : 이론

　사람들이 자신의 신념에 반하는 방식으로 행동하거나 실제로는 믿지 않는 말을 공개적으로 하는 경우가 있다. 나중에 보겠지만, 이러한 사태가 발생하면 부조화가 뒤따르고 또한 이를 감소시키려는 압력이 다양한 징후로 나타난다. 왜 이런 상황에서 부조화가 존재하는지 그리고 부조화를 감소시키려는 압력은 어떻게 드러나는지에 대해 고찰하기 전에, 외부적 행동과 개인적 신념 사이에 이와 같은 유형의 불일치가 발생하는 상황에 대해 논의할 필요가 있다. 그러한 상황을 만드는 조건을 분명하게 이해할 수 있기만 하다면, 언제 그리고 왜 부조화가 발생하는지를 분석하는 것도 가능해진다.

　어느 개인에게 자신의 의견이나 신념 또는 행동을 바꾸도록 압력이나 영향력이 가해졌다고 가정해 보자. 때로는 어떤 변화도 일어나지 않아서 그러한 영향력이 무력해지기도 한다. 하지만 때로는 그것이 성공하여 개인이 실제로 의견이나 신념을 바꾸기도 한다. 또 다른 경우에는 어느 개인이 원래 신념은 그대로 가지고 있으면서 밖으로 드러나는 행동이나 언어표현을 바꾸게 하는 식으로 영향력이 성공을 거두기도 한다. 실제로 개인의 의견이나 신념을 바꾸는 영향력의 유형에 대해서는 부조화 감소를 위한 사회적 지지의 역할을 다루는 제8장에서 자세히 논의할 것이다. 현재의 논의에서는 주로 개인 의견의 변화를 동반하지 않는 외부적이고 공개적인 순응(overt or public compliance)만을 주로 다룰 것이다.

몇 년 전에 발표한 글(Festinger, 16)에서, 나는 개인의 인정을 동반하지 않는 공개적 순응이 발생하는 이론적 조건들을 제시하려고 했다. 그 논의를 여기서 간단히 요약하겠다.

개인의 의견이나 신념의 변화를 동반하지 않는 외부적 순응은 다음과 같은 조건에서 발생한다.

(1) 불응할 경우 처벌의 위협이 도사리고, 그 위협의 대상이 되는 개인이 그 상황을 회피할 수 없을 때 순응이 일어난다. 이러한 상황에서 개인은 이 처벌의 위협에 순응하든지 아니면 처벌을 감수해야 하는 선택에 직면한다. 만약 이 처벌이 저항하는 것보다 순응하는 것이 나을 정도로 강하다면 밖으로 드러나는 자신의 행동이나 말을 바꿀 것이다. 하지만 이 경우에 개인적 의견은 그대로 있게 된다. 다른 요인이 개입하지 않을 경우에는 자신이 전부터 품었던 의견이나 신념을 계속 믿을 것이다.

(2) 순응은 주로 순응의 대가로 특별한 것이 제공될 때 일어난다. 이러한 경우에 만약 그 보상이 순응에 저항하는 것을 능가할 정도로 충분히 매력적이라면 개인은 그 보상을 얻기 위해 겉으로 순응할 것이다. 또한, 만약 이러한 방식으로 외부적·공개적 수준에서 순응이 달성된다면 개인 의견은 당분간 바뀌지 않고 유지될 것이고, 그래서 공개적 행동이나 언

어표현과는 모순된 상태가 될 것이다.

당연히 공개적 순응행동 중에서 개인의 의견도 바뀐 경우와 개인 변화 없이 공개적 순응행동만 바뀐 경우를 구분하는 방법에 대한 실제적 질문이 발생한다. 분명히 이것은 어떻게든 겉으로 드러난 행동이나 말과 개인 의견 사이의 차이를 확인해야만 가능하다. 이 구분을 가능하게 하는 일반적 방법이 두 가지 있다.

(1) 첫 번째 방법은 영향력이나 압력의 원인을 제거하는 것이다.

어떤 사람이 어떤 방식으로 행동하도록 압력을 넣는 사람이 있을 때 그렇게 변화된 방식으로 행동한다고 해보자. 그러면 그 압력을 행사하는 사람이 없을 때 이 사람의 행동을 관찰해 보려고 할 것이다. 만약 그에게 개인적 변화가 일어났다면, 이 행동은 혼자 있는 상황에서도 계속 유지되어야 한다. 만약 이 변화가 단지 공개적 순응의 수준에서만 일어났다면, 그의 행동은 이전의 상태로 되돌아가야 한다.

콕과 프렌치(Coch and French, 10)는 이와 같은 유형을 측정하는 것과 관련된 예를 하나 들었다. 연구자들은 업무에 약간의 변화만 일어나도 심각한 어려움이 발생하는 어느 공장을 대상으로 연구했다. 아주 우수한 작업속도를 보이던 노동자들이 그러한 변화를 겪고 나면 생산량이 급격하게 떨어지는 현상을 종종 보였다. 이들의 작업속도가 그전에 보여 준 생산수준을 절대 회복하지 못하는 현상에서, 연구자들은 이것이 생산량을 제한하는 집단의 기준 때문이 아닌가 하는 생각을 하게 되었다.

그들은 어느 프레스공의 사례를 제시한다. 이 프레스공은 다른 많은 동료들과 마찬가지로 자신의 업무를 조금 바꿨다. 이 회사의 프레스공들의 평균 생산량이 시간당 60개에서 약 50개로 떨어졌다. 10여 일 후 이 프레스공은 함께 일하는 다른 동료들의 평균보다 더 많이 생산하기 시작했다. 연구자들은 "표준 생산량(시간당 60개)에 도달한 후 다른 사람들의 생산량을 넘어선 지 13일째 되는 날부터 그녀는 이 집단의 희생양이 되었다. 이 기간 동안 그녀의 생산량은 이 집단 안의 다른 사람들의 수준으로 내려왔다"(520쪽)고 기술한다. 달리 말하면, 어쩌면 더 빨리 일하고 싶었을지도 모르는 이 프레스공은 위협과 처벌에 직면하면서 집단 내 다른 사람들의 압력에 굴복하고 말았다.

이러한 변화가 있은 지 20일 후, 연구자들의 관심이 되었던 그 여직원만 남기고 다른 프레스공들을 모두 다른 부서로 옮겼다. 그러자 그녀의 생산량은 즉시 놀라울 정도로 증가했다. 혼자 일한 처음 4일 동안에 그녀는 시간당 평균 83개를 생산했고, 그 후에도 점차 증가하여 시간당 평균 92개까지 생산했다. 달리 말해서, 압력의 원인이 제거되었을 때 그녀의 행동은 그대로 있지 않았다. 그녀는 공개적으로는 순응했지만 개인적으로는 인정하지 않았음이 틀림없다. 즉, 그녀는 생산량을 제한하는 것에 동의하지 않았던 것이다.

(2) 외부행동과 개인적 의견 사이의 괴리를 확인하는 두 번째 방법은 개인 의견을 직접 측정하는 것이다.

위에 소개된 예에서는 이 프레스공의 의견을 직접 측정한 적이 없다. 다만 다른 여직원들을 다른 곳으로 옮기고 나서 이 직원의 행동이 어떻게 변했는가를 살펴보고 추론했을 뿐이다. 공개적 행동을 관찰하는 것과 함께, 익명이 보장된 상태에서 의견을 직접 들음으로써 공개적 의견과 사적 의견 사이의 차이를 파악할 수 있다. 후자의 경우 개인의 의견을 그대로 반영하는 것으로 여겨질 수 있다. 만약 익명으로 된 의견과 공개적 의견이 다르다면, 개인의 의견이 달라지지 않은 상태에서 공개적 순응이 일어났다는 증거가 된다.

　강요된 순응(*forced compliance*, 앞으로 개인 동의가 없는 공개적 순응이라는 뜻으로 짧게 이 단어를 사용할 것이다)으로 인해 부조화가 발생하는 상황에 대한 논의를 진행하기 전에, 강요된 순응이 정말 처벌의 위협과 특별한 보상의 제공으로 발생하는지 확인하기 위해 잠시 이론적 논의에서 벗어나 경험세계로 들어가 보자. 일단 이 점을 먼저 충분히 납득하면 좀더 자신감을 가지고 우리의 이론적 논의를 추구할 수 있을 것이다.

　맥브라이드(McBride, 39)와 버딕(Burdick, 9)은 공적 의견이 처벌의 위협이나 보상의 제공으로 생겨나는 것인지 아닌지를 검증하기 위해 구체적으로 설계된 두 개의 실험을 실시하였다. 이 두 실험은 같이 설계되어 모든 집단의 피험자들이 동일한 과정을 거쳤다. 다만 맥브라이드의 실험에서는 순응의 대가로 보상이 주어졌고, 버딕의 실험에서는 순응하지 않을 경우 처벌의 위협이 있었다는 점만 달랐다. 통제집단에는 보상이나 처벌의 위협 어느 것도 주어지지 않았다.

　이 실험의 결과는 다음과 같았다.

　(1) 보상 조건(*reward condition*): 32개 집단에 속한 135명의 피험자 중에서 19명(14%)이 강요된 순응행동을 보였다. 즉, 그들은 순응의 조건으로 보상을 줄 때는 외부적으로 자신의 의견을 바꿨지만, 익명으로 질문하였을 때는 원래 의견으로 되돌아갔다.

　(2) 위협 조건(*threat condition*): 32개 집단에 속한 124명의 피험자 중에서 15명(12%)이 강요된 순응행동을 보였다.

　(3) 통제 조건(*control condition*): 31개 집단에 속한 116명의 피험자 중

에서 3명(3%)만이 강요된 순응행동을 보였다. 통제 조건과 다른 두 실험 조건 사이의 차이는 통계적으로 매우 유의미했다.

간략히 말해서, 이는 처벌의 위협이나 보상의 제공으로 순응에 대한 압력이 생겼을 때 강요된 순응행동이 발생한다는 증거이다. 처벌에 대한 위협이나 보상이 없을 때에는 강요된 순응이 좀처럼 발생하지 않는다. 이 연구에 나타난 자료는 강요된 순응의 결과로 발생한 부조화에 대해 논의하는 제5장에서 더 많이 다룰 것이다. 이 실험의 자세한 절차도 그때 설명할 것이다. 현재로서는 처벌위협이나 특별한 보상제공이 어느 정도의 강요된 순응을 일으키고, 결과적으로 이러한 순응과 이로 인해 발생하는 부조화가 존재함을 추론하기 위해 이와 같은 선행조건들을 사용할 수 있다고 말하는 것으로도 충분하다. 이제는 그러한 상황에서 부조화가 어떻게, 그리고 왜 발생하는지에 대한 논의를 진행해 보자.

강요된 순응으로부터 발생하는 부조화

목적이라는 관점에서 보았을 때, 보상 때문이든 처벌의 위협 때문이든 순응이 강요된 상황의 가장 명백한 양상은 일단 순응이 일어나면 겉으로 나타나는 행동과 개인의 의견 사이에 불일치가 생기는 것이다. 한편에는 문제의 의견이나 신념에 대응하는 인지요소들이 있고, 다른 한편에는 겉으로 나타나는 행동이나 말에 대응하는 인지요소가 있다. 이 두 종류의 인지요소들은 분명 서로 부조화를 이룬다.

앞서 제 1장에 있는 부조화의 정의에 따라 즉각적으로 이 두 종류의 인지요소들 사이에 부조화관계가 존재한다고 말할 수 있다. 제 1장에서는 두 인지요소를 따로 떼어 생각했을 때 만약 어느 한쪽에서 다른 것의 반대 면이 도출되면, 이 두 인지요소는 부조화관계에 있는 것으로 간주될 수 있다고 했다. 강요된 순응의 경우 개인적 의견을 고려하는 것만으로는 겉으로 보이는 표현이나 행동이 도출되지 않을 것이 분명하다. 그래서 어떤 이는 부조화가 어느 정도는 강요된 순응의 필연적 결과라고 주장할 수도 있다. 제 5장에서 관련된 경험적 연구자료를 검토할 때 우리는 순응의 대가로 보상을 주기로 약속하거나 순응하지 않으면 처벌을 준다고 위협하면 적어도 몇 사람은 강요된 순응현상을 보이고, 그래서 결국 부조화를 겪게 된다는 사실을 종종 가정할 것이다.

강요된 순응으로부터 발생한 부조화의 크기

앞서 제1장에서 언급한 것처럼 두 묶음의 인지요소들 사이에 존재하는 부조화의 크기는 관련된 인지요소들 중에서 부조화를 이루는 관계의 비율에 따라 일부 결정된다. 부조화를 이루는 관계의 비율이 크면 클수록 인지묶음들 사이에 존재하는 전체 부조화의 크기가 더 커진다. 그러면 강요된 순응 상황에서 외적 행동과 조화를 이루는 인지요소에는 어떤 것이 있으며 부조화를 이루는 인지요소에는 어떤 것이 있는지 살펴보자. 그러기 위해서는 조화관계와 부조화관계의 상대적 비율에 영향을 주는 요인을 찾을 수 있어야 한다. 기억하겠지만, 각각의 관계는 관련된 요소의 중요도에 따라 어느 정도 가중치가 부여된다.

강요된 순응 상황에서 우리는 외적 행동과 명백하게 조화를 이루는 일단의 인지요소를 확실하게 찾아낼 수 있다. 이 인지요소들은 보상을 받았다거나 처벌을 피했다는 사실에 대한 지식과 일치한다. 부조화의 크기를 결정하기 위해서는 외적 행동에 관한 인지와 부조화를 이루는 인지요소의 수와 중요도를 결정하는 것과 가중치가 고려된 부조화의 비율을 아는 것이 매우 중요하다. 의사결정의 결과로 발생한 부조화의 사례에서 적용된 것과 마찬가지로 가중치가 고려된 부조화 인지요소의 비율이 50%를 넘을 수는 없다. 아마도 변화에 대한 저항과 관련해서 생각해 볼 때, 기대된 보상과 처벌이 우선 순응행동을 일으킬 수 있을 만큼 충분해야 한다. 결과적으로 조화관계의 총합이 부조화관계의 총합보다 더 클 것이라고 논리적으로 추론할 수 있다.

보상이나 처벌의 크기, 즉 제공되는 보상이 어느 정도로 매력적이고 좋은 것인지, 또는 위협하는 처벌이 어느 정도로 불쾌하고 부정적인지가 순응행동에 수반되는 부조화의 강도를 결정하는 중요한 인자라는 사실도 앞서의 논의에서 볼 때 분명해진다. 보상이나 처벌이 너무 크게 되면 아주 작은 부조화만 발생할 것이다.

예를 들어, 어떤 사람이 와서 만약 당신이 사람들에게 만화책 읽는 것을 좋아한다고 말하면 100만 달러를 주겠다고 제안했다고 하자. 그리고 이때 당신은 그 사람의 말을 진심으로 믿고 있고, 만화책 읽는 것을 좋아하지 않는다고 가정해 보자. 분명히 당신은 사람들에게 만화책을 좋아한다고 말하고서 100만 달러를 주머니에 받아 넣고는 아주 만족할 것이다.

여기에 약간의 부조화가 있는 것은 분명하다. 만화책을 좋아한다고는 했지만 실제로는 그렇지 않기 때문이다. 하지만 여기에 사람들에게 말한 행동과 관련된 매우 중요한 요소가 있다. 그것은 지금 자기 주머니에 있는 돈에 대한 인식이다. 이것과 비교했을 때 현재의 부조화는 무시할 수 있을 정도이다. 한편, 공개적으로 만화책을 좋아한다고 선언하지 않으면 총으로 쏜다는 위협을 받았을 때도 기본적으로 동일한 상황이 발생한다. 반대로 약속된 보상이나 처벌위협의 중요성이 줄어들면 순응에 수반되는 부조화는 증가한다. 보상이나 처벌의 강도가 외적 행동이나 표현을 겨우 끌어 낼 정도밖에 안 될 때 가장 큰 부조화가 발생할 것이다.

하지만 만약 보상이나 처벌이 너무 작아서 순응행동을 일으키지 못했을 때 발생하는 상황도 역시 현재 우리의 관심이다. 그러한 상황에서는 개인적 신념과 일치하는 행동을 계속 보이겠지만, 그럼에도 부조화가 발생할 것이다. 자신의 의견이나 신념과 관련된 인지요소들이 자신의 외적 행동에 대한 인지요소들과 조화를 이루지만 후자의 인지요소들은 보상을 얻지 못했다는 것 또는 처벌을 받을 것이라는 사실에 대한 인식과 부조화

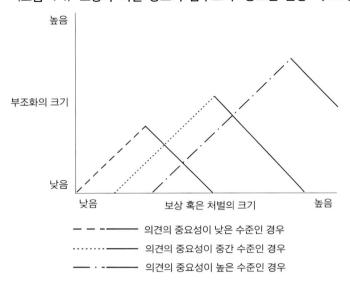

〈그림 4-1〉 보상과 처벌 강도의 함수로서 '강요된 순응' 부조화

- - - - - 의견의 중요성이 낮은 수준인 경우
.... 의견의 중요성이 중간 수준인 경우
— ‥ — 의견의 중요성이 높은 수준인 경우

를 이룰 것이다. 여기서 보상이나 처벌이 순응행동을 가까스로 일으키지 못했을 때 부조화가 가장 클 것은 당연하다. 이 시점부터는 보상이나 처벌이 더 작으면 작을수록 부조화도 작아질 것이다.

완벽을 기하기 위해서는 의견이나 신념이 더 중요할수록 강요된 순응행동에 뒤따르는 부조화가 더 커진다는 것도 언급할 필요가 있다. 달리 말해서, 부조화 요소들의 비율을 고정시켰을 때, 상황이 더 중요하면 할수록 부조화가 더 커질 것이다.

〈그림 4-1〉은 이 변인들 사이의 관계를 보여 준다. 〈그림 2-1〉에서처럼 이 관계들은 직선으로 표시되어 있다. 하지만 이렇게 나타낸 것은 선형적 관계를 예상하기 때문이 아니라 변인들 간의 관계에 대한 구체적 형태를 모르는 상태에서 관계의 방향성을 표시하는 가장 간단한 방법이기 때문이다. 이 그림에는 의견의 중요도에 따라 3개의 서로 다른 그래프가 있다.

먼저, 세 그래프에서 실선으로 된 부분을 살펴보자. 이 실선들은 순응행동이 일어났을 때 발생한 부조화와 보상 또는 처벌 사이의 관계를 표시한다. 가로축(X축)을 따라가다 보면 각 선들의 꼭짓점을 만나는데 이 점은 겨우 외부적 순응행동을 일으킨 보상이나 처벌의 크기를 나타내기 위한 것이다. 의견의 중요성이 더 높아질수록 순응행동을 일으키기 위해 필요한 보상이나 처벌의 크기가 더 커지고 더 큰 부조화가 일어난다. 개념상 이 실선들은 의사결정 후 부조화의 관계를 나타낸 〈그림 2-1〉의 것과 유사하다. 대략적으로 말해서 강요된 순응행동을 보인 사람을 보상을 취하거나 처벌을 피하는 대신 자신의 의견에 부합하는 행동은 버리는 의사결정을 한 사람으로 묘사한다면, 이 두 그래프의 유사점은 더욱 두드러진다.

〈그림 4-1〉의 파선은 강요된 순응행동이 일어나지 않았을 때 발생한 부조화의 크기와 보상이나 처벌의 크기와의 관계를 나타낸다. 즉, 여기서는 보상이나 처벌이 충분하지 않아서 순응행동이 일어나지 않았다. 이를 파선으로 표시한 이유는 부조화와 조화의 관계가 역전되었다는 사실을 잘 기억하게 하기 위해서이다. 개인적으로 계속 유지하는 의견에 대한 인지요소가 지금은 밖으로 드러나는 행동에 관한 인지요소와 조화를 이룬다. 또한, 파선 부분에서는 후자가 보상을 포기하거나 처벌을 받는 것과 관련된 인지요소와 부조화를 이룬다. 〈그림 4-1〉에서 순응행동이 일어나지 않았을 때에는 의견이나 신념의 중요도가 높아질수록 특정한 보상이나 처벌의 강도에서의 부조화는 더 작아지는 것을 볼 수 있다.

'강요된 순응'에 의한 부조화를
감소시키려는 압력의 표출

부조화가 있으면 이것을 감소시키려는 압력이 발생한다는 기본 가설을 염두에 둔다면, 우리는 이제 어떻게 강요된 순응행동에 수반하는 부조화가 감소되는지를 살펴봐도 될 것 같다. 신념이나 행동의 중요도를 변화시키는 것을 제외했을 때 부조화를 감소시키는 방법에는 두 가지가 있다. 즉, 부조화관계의 수를 감소시키는 방법과 조화관계의 수를 증가시키는 방법이다. 그러면 각각의 방법이 강요된 순응 상황 속에서 어떻게 사용되는지 살펴보자.

처벌의 위협이나 약속된 보상이 충분하여 외적 순응행동이 일어났을 때에는 처음의 의견이나 신념을 계속 유지하는 동안에만 부조화가 존재한다. 강요된 순응행동 뒤에 개인적 의견도 바꾸는 데 성공하면 부조화는 완전히 사라질 것이다. 예를 들어, 정치적 신념이 다소 보수적인 사람이 정치적 이익을 받는 조건으로 대중 앞에서 자유주의적 견해를 말하도록 요구받았을 때, 만약 자신이 말한 자유주의적 견해를 실제로 믿게 되면 이 사람에게는 부조화가 완전히 사라질 수 있다. 보상이나 처벌을 통해 강요된 순응행동을 달성하려고 할 때에는 다른 종류의 영향력과 주장, 그리고 설득 등도 수반되기 때문에 이렇게 부조화를 해소하는 방식이 그렇게 드문 일은 아니다. 강요된 순응행동은 이제 분명 개인이 의견을 변화시키는 외적 영향력을 더 잘 따르게 만들어서 결국 부조화를 제거하게 한다. 그래서 우리는 강요된 순응행동이 때로 개인 의견의 변화를 수반하리라는 것을 예상할 수 있다.

부조화를 감소시키려는 압력은 부조화의 크기에 달려 있기 때문에 공개적 순응행동을 뒤따르는 개인 의견의 변화는 보상이나 처벌이 너무 강할 때보다는 상대적으로 약할 때 더 빈번하게 발생한다. 그래서 단순히 공개적 순응뿐만 아니라 개인의 의견변화까지도 원한다면 **보상이나 처벌을 외부적 순응을 일으키기에 충분할 정도만 주는 것**이 가장 좋은 방법이다. 만약 보상이나 위협이 너무 강하면 부조화가 거의 발생하지 않을 것이고, 개인적 변화가 자주 뒤따르리라고 기대하기 어려울 것이다.

  반면에 처벌의 위협이나 보상의 제공이 순응행동을 일으킬 정도로 충분하지 않다면 반대방향으로의 의견변화가 부조화를 약간 감소시키는 데 도움이 될 것이다. 즉, 만약 누군가가 반대방향으로 개인적 의견을 바꾸어서 그 문제에 대한 자신의 처음 입장에 훨씬 더 확신을 가지고 이 입장을 지지해 주는 논거를 더 많이 알게 된다면, 조화로운 관계의 수가 증가하고 따라서 총부조화량은 감소할 것이다. 따라서 개인의 의견을 변화시키는 것과 관련해서 생각해 볼 때, 외부적 행동을 일으키기에 충분하지 않은 보상이나 처벌을 제시하는 것은 자신의 처음 신념을 강화시킨다는 점에서 전혀 도움이 되지 않고 도리어 악화시킬 뿐이다.

  부조화를 감소시키기 위해 바꿀 수 있는 또 다른 인지요소는 당연히 보상이나 처벌과 관련된 것이다. 만약 강요된 순응이 일어났다면, 획득한 보상이나 회피한 처벌의 중요도를 확대함으로써 조화관계의 수가 증가할지 모른다. 만약 이런 일이 발생한다면 부조화의 총량은 다소 줄어들 것이다. 예를 들면, 어떤 사람이 밤에 집에서 일하는데 허름하게 차려 입은 남자가 다가와 돈을 요구하는 상황을 상상해 보자. 좀더 나아가 집주인이 지갑에서 상당한 액수의 돈을 이 거지에게 주었다고 생각해 보자. 그러면서 그는 옷을 허름하게 입은 사람은 정말 위험하기 때문에 만약 돈을 안 주었다면 폭행을 당할 수도 있었을 것이라고 자신을 설득하려 할 수도 있다. 이처럼, 보상이나 처벌이 순응행동을 야기할 정도로 충분히 강하지 않을 때에는 보상이나 처벌의 중요성을 최소화함으로써 부조화를 감소시킬 수도 있다.

이어지는 장에서 관련된 경험적 연구자료를 검토할 때, 순응에 대한 보상제공이나 불응에 대한 처벌의 위협이 있는 상황에서 항상 발견되는 부조화를 감소시키려는 압력이 표출되는 두 가지 유형을 살펴볼 것이다.

요 약

순응하는 경우 보상이 제공되고, 순응하지 않을 경우 처벌의 위협이 있을 경우에는 개인적 의견의 변화가 수반되지 않는 공개적 순응이 발생한다는 주장을 하기 위해 몇 개의 자료를 제시하였다. 그러한 경우에는 필연적으로 부조화가 뒤따를 수밖에 없다. 만약 공개적(즉, 강요에 의한) 순응행동이 나타나면 개인의 의견은 밖으로 드러난 행동에 관한 인지요소와 부조화를 일으킨다. 만약 보상 약속이나 처벌의 위협이 공개적 순응행동을 일으키지 못하면 보상이나 처벌에 관한 지식은 겉으로 드러난 행동에 관한 인지요소와 부조화를 이루게 된다.

이렇게 발생한 부조화의 크기는 관련된 의견의 중요성의 크기 및 처벌이나 보상의 크기와 함수관계를 이루고, 이 부조화는 다음과 같은 두 방법으로 감소될 수 있다.

(1) 외부적 행동과 조화를 이루기 위해서 개인의 의견 바꾸기.
(2) 외부적 순응행동과 조화를 증가시키기 위해 보상이나 처벌을 더 크게 하기.

제5장

강요된 순응의 영향 : 경험적 연구자료

지금까지 자세하게 살펴본 부조화 이론이 시사하는 바를 토대로 볼 때, 강요된 순응행동이 내적 용인(*private acceptance*)[11]으로 이어지는 현상을 이따금씩은 관찰할 수 있어야 한다. 우연한 관찰과 이야기를 통해 우리 중 대다수는 어떤 경우에 이러한 현상이 일어나는지 알고 있다. 예를 들어, 피아노 연습을 억지로 하는 아이는 나중에 연습의 필요성을 인정하게 될 것이다. 또한, 정원 가꾸기 규칙이 있는 마을로 새로 이사 가는 사람은 그 마을 사람들의 정원 가꾸기에 대한 생각과 규정을 스스로 받아들일 것이다.

이와 같은 현상이 일어난다는 것을 밝힌 여러 가지 연구를 살펴보면 다소 일화적 사건에 대한 기록도 있다. 예를 들어, 베델하임(Bettelheim, 5)

---

11) 〔옮긴이 주〕 강요된 순응에 대응하는 개념으로, 외부 강요에 의해 외적으로만 비자발적으로 받아들였던 특정 가치나 행동을 내적 수준에서 받아들이고 인정하는 것.

의 보고에 따르면 독일의 포로수용소에 수용된 사람 중에 어떤 이들은 처음에는 경비원들의 강요로 그들의 의견이나 가치에 부합하는 행동을 하다가 나중에는 결국 그 가치와 의견을 받아들이게 되었다.

하지만 이와 같이 비형식적이거나 우연한 관찰에 의해 얻어진 지식은 결코 충분하지 않을 뿐만 아니라 전혀 만족스럽지도 않다. 지금까지 제시된 이 이론의 함의를 검증하기 위해서는 이러한 현상이 통제된 조건에서 일어남을 보여야만 만족할 것이다. 아래에는 이러한 현상을 증명하기 위해 필요한 일련의 조건들이다.

(1) 강요된 순응을 야기하는 조건, 즉 순응에 대한 보상제공 또는 불응에 대한 처벌의 위협 조건을 실험상황으로 구성하기.

(2) 이러한 상황의 특정 시점에서 강요된 순응행동을 보이는 사람을 분명하게 찾아내기.

(3) 이들 중 적어도 몇 사람이 상황의 변화가 없음에도 마침내 내적 용인을 드러내는 것에 대한 증거 제시하기.

이러한 조건들을 충족시키는 자료는 제4장에서 언급된 적이 있는 버딕(Burdick, 9)과 맥브라이드(McBride, 39)가 함께 연구한 실험에서 찾을 수 있다. 이 조건들이 어떻게 충족되는지를 보여 주기 위해서 이 실험의 절차를 상세하게 설명할 필요가 있다.

이 실험에는 고등학교 5학년에서 7학년 학생들이 참여하였으며, 이들을 토론클럽 단위로 묶었다. 학생들은 처음 (그리고 유일하게) 만났을 때 야간 출입통제 규정과 관련된 문제점과 이 규정이 고등학교 스포츠 활동에 미치는 영향에 대해 토론했다. 운동시합이 있는 날 저녁에는 이 규정을 적용하지 않음으로써 시합을 저녁 늦게라도 할 수 있게 해야 하는지 그렇지 않은지에 대해 클럽의 모든 회원이 자신의 의견을 종이에 적도록 했다. 연구자는 학생들이 각자 찬성(Yes) 혹은 반대(No)를 표시한 학생들의 의견진술문을 모은 후, 학생들 각자에게 자신이 속한 집단의 의견을 찬반 투표수가 적힌 결과표로 알려 주었다. 학생들에게 주어진 이 결과표는 가상의 것으로, 이 결과를 받은 학생들은 집단 내 대다수 학생들이 자신의 의견에 동의하지 않는다는 인상을 받도록 했다.

이어서 학생들은 이 문제에 대해 쪽지에 자신의 의견을 써서 다른 사람들과 토론하도록 지시받았다. 작성된 쪽지는 연구자가 모아서 전달하였는데 실제로 전달된 쪽지는 연구자들이 미리 준비한 것으로 이 쪽지를 받는 학생에게 그의 의견을 바꾸도록 강하게 요구하는 내용이 적힌 것이었다. 이렇게 쪽지를 이용한 토론을 15분간 진행한 후 학생들은 다시 한 번 자신의 의견을 쓰는 시간을 가졌고, 연구자는 이 의견을 모아서 그 집단의 의견을 다시 전달하였는데, 이번에는 집단의 결과가 학생들이 처음에 한 생각과 일치하는 결과표를 나누어 주었다.

두 번째로 학생의 의견을 수합한 후 연구자는 그날 더 이상 토론할 시간이 없다고 하면서, 질문지를 나누어 주고 간단히 답할 것을 요청했다. 이때 사용된 질문지는 익명성이 보장된 것을 확신할 수 있도록 했다(예를 들어, 이 질문지에는 자신의 이름을 쓰지 않도록 지시했다). 이 질문지에 포함된 질문 중에 야간 출입통제 규정에 대한 질문을 다시 넣어 학생들의 의견을 물었다.

이와 같은 전체 실험과정을 통해 다음의 자료를 얻었다.

(1) 친구들의 의견을 알기 전에 밝힌 최초의 개인적 의견진술.

(2) 친구들의 의견이 자신과 다르다는 것을 알고 친구들의 의견으로부터 영향을 받은 후에 밝힌 두 번째 의견진술. 이 두 번째 의견은 다른 사람들에게 알려지는 공식적인 것이다.

(3) 익명성이 보장된 후에 밝힌 세 번째 의견진술.

그래서 만약 첫 번째 진술과 두 번째 진술을 비교했을 때 의견의 변화가 일어났고, 이 변화된 의견이 세 번째 익명으로 밝힌 진술에서 그대로 유지된다면, 이것은 실험의 마지막 단계에서 개인적 의견의 변화가 일어났다는 것을 말한다. 그러나 만약 첫 질문에서 두 번째 질문으로 의견이 바뀌었지만 다시 세 번째 질문에서 처음으로 되돌아간다면, 이는 개인적 동의는 일어나지 않은 공개적 순응이 발생하여 지속되었다는 것을 보이는 것이다.

통제집단은 보상을 약속받지도 처벌의 위협을 받지도 않고 위에서 설명한 실험과정만을 그대로 거쳤다. 하지만 다른 조건의 집단은 아래에서 설명하는 것과 같이 몇 가지 다른 처치를 받았다.

(1) 순응에 대한 보상 제안

실험을 위해 이 토론모임으로 학생들을 모을 때, 연구자들은 학생들이 무료로 대학 야구경기 입장권을 얻을 수도 있다고 말했다. 그런데 학생들이 모임을 가질 때 그들은 입장권을 충분히 구하지 못해서 각 집단에서 한 명만 가질 수 있다는 말을 들었다. 또한, 토론을 마친 후에 누가 이 입장권을 가질지는 투표해서 뽑을 것이라는 말을 들었다. 각자에게 주어진 처음 두 개의 쪽지에는 보상에 대한 힌트가 없었다. 토론 중에 각자가 받은 세 번째 쪽지에는 이렇게 적혀 있었다.

"나는 네가 지금까지 몇 가지 아주 좋은 주장을 내놓았다고 생각해. 하지만 난 네가 왜 마음을 바꾸지 않는지 모르겠어. 만약 그렇게 하면 난 입장권 투표에서 너를 뽑을 거야"(맥브라이드, 41쪽).

그래서 이 조건에 속한 모든 학생은 각각 집단 내의 누군가로부터 그가 집단의 의견에 동의하고 순응한다면 보상받을 것이라는 제안을 받았다.

(2) 불응에 대한 처벌의 위협

이 조건을 위한 학생들을 모집할 때에도 야구경기 입장권을 받을 가능성에 대해 언급했다. 모임을 가질 때 학생들은 모두 중요한 경기의 입장권을 실제로 받았다. 하지만 연구자는 그들에게 입장권이 약간 모자라기 때문에 입장권을 원하지 않는 사람은 반납할 것을 요청했다. 또한, 토론 모임 마지막에 각 조별로 한 사람이 입장권을 반납하도록 그 사람을 뽑는 투표 시간이 있을 것이라고 했다. 토론이 진행되는 동안 학생들이 받는 세 번째와 네 번째 쪽지는 위에 인용된 쪽지의 글과 유사하다. 다만 여기서는 입장권을 주겠다는 약속이 아니라 생각을 바꾸지 않으면 그가 입장권을 빼앗기도록 투표할 것이라고 위협했다. 그래서 이 집단에 속한 학생들은 다른 사람들의 의견에 따르고 동의하지 않으면 처벌을 받는다는 위협을 받았다. 실제로는 이 실험에 참여한 모든 학생들이 조건에 상관없이 야구경기 입장권을 무료로 받았다.

앞서 제4장에서 보상이나 처벌 중 어느 것도 제공되지 않은 통제집단에서는 강요된 순응행동을 보이는 사람이 거의 없었던 반면, 보상 조건과 처벌 조건에서는 모두 강요된 순응행동을 보이는 피험자의 수가 상당함을 나타내는 자료를 제시했다. 또한, 집단 내 다른 사람들에게 알려지는 두 번째 질문에 대한 답변과 익명으로 조사된 세 번째 질문지에 대한 답변 사이에 나타나는 불일치를 통해 강요된 순응행동을 확인할 수 있다는 것도 기억날 것이다.

달리 말하면, 처음 자신의 진술을 공식적 상황에서 변경하고, 다시 익명으로 조사한 질문지에서 처음의 의견으로 되돌아간 사람의 경우는 강요된 순응행동을 한 것이라 판단했다. 그리고 처음의 개인적 의견을 공개적 진술에서 바꾸었다가 그 생각을 익명성이 보장된 질문지에서도 여전히 유지한 사람은 정말 자신의 의견을 바꾼 것이라고 여겼다.

이 세 진술만으로는 강요된 순응행동을 한 후에 자신의 의견까지 바꾼 사람이 있는지 확인할 수가 없다. 이 세 번의 의견자료만으로는 이러한 사람과 강요된 순응행동을 하지 않고 자신의 의견을 바꾼 사람을 구분하기가 어렵다. 하지만 학생들이 토론 중에 작성한 쪽지에서 추가자료를 얻을 수 있다. 이 쪽지에서 피험자가 강요된 순응행동을 하는 것을 분명하게 확인할 수 있는 경우가 자주 있었다. 예를 들어, 순응하지 않을 경우 처벌이 뒤따를 것이라고 위협하는 쪽지를 받은 후에 어떤 피험자는 그 쪽지를 보낸 사람에게는 "좋아, 내 생각을 바꿀게"라고 써서 보내고는 집단 안의 다른 사람에게는 계속해서 자신의 처음 의견을 주장하는 쪽지를 보냈다. 이런 피험자들의 경우 그들의 쪽지를 통해서 볼 때 적어도 이 순간만은 자신의 생각이 바뀌지 않았음에도 공적 순응행동을 했음이 분명하다. 이 피험자들이 익명성이 보장된 질문에 답할 때까지 자신의 개인적 의견을 바꾸었는지도 조사할 수 있다. 이 실험의 세 조건에 대한 자료가 〈표 5-1〉에 제시되어 있다.

〈표 5-1〉을 보면 전체 피험자 중에서 낮은 비율이(보상 조건과 위협 조건에서 각각 7명과 6명) 처음에 개인적 동의 없는 공적 순응행동을 보였다가 나중에 개인적 변화까지 보였다. 이는 물론 위협 조건과 보상 조건에

〈표 5-1〉 의견변화 유형별 사례 수

조건	피험자 반응 유형별 비율		
	강요된 순응	강요된 순응에서 개인적 변화로	개인적 변화만
보상 조건(N=135)	14	7	16
위협 조건(N=124)	12	6	10
통제 조건(N=116)	3	0	11

만 적용된다. 흥미롭게도 통제 조건에서 강요된 순응행동 없이 개인적 의견의 변화를 보인 피험자 비율의 경우 두 실험 조건에서와 크게 다르지 않았다. 이 피험자들은 단순히 그들에게 전달된 설득력 있는 쪽지의 영향을 받았거나 자신의 의견에 동의하지 않는 사람이 그렇게 많이 있다는 사실의 영향을 받았거나, 또는 이 둘 모두의 영향을 받았다. 불응할 경우에 주어지는 처벌의 위협이나 순응할 경우 제공되는 보상이 이러한 유형의 의견변화가 발생하는 빈도에는 그다지 큰 영향을 미치지 않는 것처럼 보인다. 이 변인들의 유일한 효과는 몇몇 피험자가 강요된 순응행동을 하게 한 것이었다. 하지만 이 중 많은 피험자들은 결국에는 부조화를 제거하는 수순으로 개인적 생각도 바꾸었다.

하나의 통제된 상황에서 우리가 지금까지 논의한 현상이 실제로 일어났다는 몇몇 증거를 얻을 수 있다. 이 실험에서는 이 현상의 발생빈도가 사실 아주 낮았지만, 토론에 할애된 시간이 기껏해야 15분밖에 되지 않았다는 점을 기억해야 한다. 사실, 처벌이나 보상에 대해 언급한 쪽지를 처음 받은 후 익명으로 작성한 질문지에 답할 때까지는 고작 8~10분 정도밖에 지나지 않았다.

부조화를 일으키는 강요된 순응이 발생하는 다양한 상황 중 몇 가지를 소개하기 위해서 현재와 같은 논의선상에 있는 두 개의 연구에 대해 이야기하고자 한다. 이 연구들의 목적은 어떤 입장을 옹호하는 것을 공개적으로 말하거나 주장하게 하는 것 자체가 그 사람의 의견을 자신이 공식적으로 말한 것과 같은 방향으로 바꾸는 데 영향을 주는지 그렇지 않은지를 확인하는 것이다.

논의될 연구들 중에 첫 번째 연구는 킹과 재니스(King and Janis, 31)가 보고한 것이다. 이 실험에 참여한 피험자는 대학교 남학생들이었다. 실제 실험이 있기 몇 개월 전에 대학생들과 관련된 군복무 문제에 대해 다양한 측면에서 이 학생들의 의견을 측정했다. 이 실험에서는 학생들 각자에게 설득력 있는 대화문을 하나씩 주었는데, 이 글에는 ① 90%가 넘는 대학생들이 졸업 후 1년 내에 군대에 징집될 것이고, ② 대다수 대학생들의 복무연한은 적어도 3년이 될 것이라는 취지의 주장이 담겨 있었다. 학생들에게는 다음과 같은 3가지 서로 다른 조건에서 주장이 담긴 글을 읽었다.

(1) 즉흥연설 조건

이 조건에 속한 피험자는 조용히 대화문을 읽은 후 그 글을 참고하지 않으면서 테이프 레코더에 대고 연설하여 녹음하도록 했다. 이 연설은 물론 자기가 읽은 글과 같은 맥락이어야 했다. 피험자들에게는 그들이 녹음한 연설은 나중에 심사위원들이 듣고 평가해서 우수한 사람을 가릴 것이라고 말했다.

(2) 낭독 조건

이 조건에 속한 피험자는 즉흥연설 조건에서 사용된 같은 글을 테이프 레코드에 소리 내어 읽고 녹음한다는 점 외에 다른 조건은 모두 즉흥연설 조건과 동일했다. 그래서 즉흥연설 조건의 피험자들은 전달방식뿐만 아니라 연설에서 자신의 주장을 얼마나 효과적으로 조직하고 표현하는지에 초점을 두었고, 단순히 준비된 글을 읽은 낭독 조건의 피험자들은 전달 방식, 억양, 그리고 표현에만 초점을 맞추었다.

(3) 통제 조건

이 조건의 피험자들은 조용히 설득력 있는 대화문을 읽기만 했다. 이들에게는 다른 추가적 활동을 요구하지 않았다. 이 조건에서는 다른 외부적 행동이 개입되지 않은 상태에서 오직 준비된 문서만이 이 조건의 피험자에게 미친 영향을 추정할 수 있다. 통제 조건과 다른 두 조건 사이의 차이는 두 실험 조건에 속한 피험자들이 공개적으로 (테이프 레코딩을 통해 연구자와 심사위원단에게) 자신의 의견을 말하였다는 사실 때문에 발생했다고 할 수 있을 것이다.

실험이 끝난 직후에 대학생들과 관련된 군복무 문제의 방향성에 대한 피험자들의 의견을 다시 측정하였다. 킹과 재니스가 제시한 자료는 주로 실험에 사용된 설득적 대화문을 옹호하는 방향으로 의견이 변한 것에 대해 세 집단의 자료를 비교하는 것이었다.

그 결과를 분석하기 전에 이 자료가 무엇을 보여 줄 수 있을지에 대해 먼저 논의하자. 앞에서 이미 언급한 것처럼, 통제 조건에서는 어떠한 외적 행동도 요구되거나 일어나지 않았다. 결과적으로 이 조건에서는 강요된 순응이 없을 것이 분명하며 이 조건에 발생하는 의견변화는 모두 그 대화문 자체의 설득적 특성 때문이라고 해야 한다. 이 조건에서 관찰된 의견변화의 크기는 다른 두 조건에서 발생하는 의견변화의 크기를 평가할 때 사용될 기준점 역할을 한다.

하지만 즉흥연설 조건이나 낭독 조건에서는 연구자가 외적 행동을 유발했다. 피험자들은 심사위원이 평가하는 즉흥연설을 하도록 (또는 글을 읽도록) 요구받았다. 하지만 연설의 내용은 대다수 학생들의 의견과 일치하지 않는 것이었다. 그리고 나서 기본적으로 피험자들은 자신의 개인적 의견과 부조화를 이루는 의견을 공개적으로 표현하면 보상(콘테스트에서 상을 받음) 받는다는 제안을 받았다. 그래서 피험자들 중에서 몇몇은 강요된 순응행동을 보였을 것이다.

따라서 즉흥연설 조건에서 어떤 피험자는 좋은 연설을 하려 했고, 또한 자신은 동의하지 않지만 그 관점을 옹호하는 좋은 논거를 제시하려고 노력했다. 그때 아마도 그들의 개인적 의견과 당시의 행동 사이에 부조화가 발생했을 것이다. 이론에 따르면, 이 부조화는 자신이 읽은 설득력 있는 글에서 주장하는 관점을 받아들이는 방향으로 개인 의견을 바꾸면 상당히 줄어들 수 있다. 따라서 통제 조건보다 즉흥연설 조건에서 훨씬 더 많은 피험자가 그 글이 설득력 있게 주장하는 방향으로 의견을 바꾸리라고 예상할 수 있다.

낭독 조건의 피험자에게는 조금 다른 상황이 주어졌다. 피험자들은 지문에 쓰인 것을 한 글자씩 읽었을 뿐이다. 연구자의 지시에 따라서 억양이나 명확한 발음 등에 신경을 쓰면서 대사를 잘하려고 노력했다. 그와 같은 외적 행동이 대학생들 앞에 놓인 군복무 문제의 전망과 관련한 자신의 의견과 부조화를 이룰 것이라고 가정할 아무런 이유가 없다. 결과적으로 낭독 조건의 결과가 통제 조건과 차이가 없더라도 놀라운 일이 아닐 것이다.

〈표 5-2〉는 각 조건의 피험자들 중에서 모든 피험자들이 읽은 대화문이 지지하는 방향으로 의견을 바꾼 사람들의 순변화율(대화문이 지지하는 방향으로 의견을 바꾼 사람의 비율에서 반대방향으로 의견을 바꾼 사람의 비율

〈표 5-2〉 대학생들과 관련된 군복무 문제의 전망에 관한 대화문을 읽은 후
역할극이 의견변화에 미친 영향

의견 문항	설득문이 지지하는 방향으로의 순 의견변화율		
	즉흥연설 조건 집단 A(N=32)	낭독 조건 집단 B(N=23)	묵독 조건 통제집단 (N=20)
징병 군인의 의무복무 기간 추정	41	27	5
대학생의 징병 유예비율 추정	44	26	25
대학생이 장교가 될 비율 추정	70	47	45
자신의 군복무 기간에 대한 예상	59	46	50
자신이 징병되는 것에 대한 예상	50	26	55
	87.5	54.5	65
통합 지표 : 5개 문항 중에서 3문항 이상에서 영향을 받은 피험자 비율	P=.01		
	P=.03		

출처 : Janis, I. and King, B. (1956) Comparison of the effectiveness of improvised versus non-improvised role-playing in producing opinion changes. *Human Relations*, 9, 181. 저자 허락하에 발췌 게재.

을 뺀 값)로 실험의 결과를 보여 준다. 이 자료를 살펴보면 징집에 대한 개인적 기대에 관해 질문한 5번 문항을 제외하고는 모든 문항에서 통제 조건에서보다 즉흥연설 조건에서 더 많은 의견변화가 있음을 볼 수 있다. 실험 조건을 묶어서 통제 조건과 비교했을 때, 이 두 집단의 차이는 3% 신뢰수준에서 유의미했다. 하지만 낭독 조건은 통제 조건과 차이가 없었고 실제적으로 낭독 조건에서 의견을 바꾼 사람의 수가 통제 조건에서보다 더 적었다.

만약 이 자료에 대한 해석이 정확하다면 즉흥연설 조건에서 대화문이 지지하는 방향의 의견이 증가한 것은 단순히 이 의견을 밖으로 드러내 말했다는 사실 때문이라기보다는 그 의견을 공개적으로 지지하는 행동이 기존의 인지와 부조화를 이루었기 때문이다. 하지만 모든 피험자들이 이

러한 부조화를 겪었는지에 대해서는 의문을 품을 수 있다. 즉, 피험자들 중에는 자신의 의견과 일치하지 않아서 대화문이 지지하는 의견을 옹호하는 주장을 잘하려고 노력하지 않은 사람이 있을 수도 있다.

그러한 사람들은 대화문이 지지하는 방향으로 자신의 의견을 바꿀 것이라고 기대하기는 어려울 것이다. 이 연구의 연구자들은 그러한 분석을 하지 않았다. 하지만 재니스와 킹 (29) 은 다른 연구에서 이와 관련된 자료를 제시했다.

이 실험은 절차나 목적, 결론 등이 기본적으로 앞의 연구와 유사하다. 실험을 실시하기 약 4주 전에 모두 대학생인 피험자들은 하나의 질문지를 받았는데, 이 질문지의 내용에는 3년 후에 영화관 수는 얼마나 될지, 미래의 육류 공급 상황은 어떠할지, 그리고 얼마나 빨리 일반 감기약이 개발될지 등의 질문이 포함되었다. 연구자들이 밝힌 이 연구의 핵심 절차는 다음과 같다.

연구자는 피험자들이 특정 사안에 대해 주장하는 결론과 요약이 담긴 글을 읽고 이를 바탕으로 자유롭게 대화하도록 했다. 적극적 참여자에게는 주어진 관점을 **진심으로 지지하는 사람**(sincere advocate) 역할을 하도록 했고, 같은 실험 세션에 참여한 다른 두 명의 피험자는 이 적극 지지자의 말을 듣고 그 주장의 개요가 적힌 글을 읽었다. 각 참여자는 세 주제 중 하나를 소개했고, 나머지 두 주제에는 소극적으로 노출되었다. … 3가지의 주제에 관한 대화 모두에서 여론조사 결과 추정치가 (그들의 대화의 바탕이 된 개요에) 제시되었는데, 이 값은 실험 전에 실제로 이 학생들을 대상으로 해당 질문에 대해 조사하여 얻은 추정치보다 더 작은 값이 주어졌다. 그래서 모든 적극적 참여자는 자신의 처음 의견과 다른 극단적 입장을 옹호하는 주장을 하게 되었다(212쪽).

<표 5-3> 설득력 있는 대화문에 노출된 후의 의견 추정치 변화

실험집단	여론조사에서 순변화율*		
	약간 또는 상당히	상당히	
대화 조건 A(영화관 건립)			
적극적 참여자(N=31)	71	45	p=.01
소극적 참여자(N=57)	58	21	
대화 조건 B (육류 부족)			
적극적 참여자(N=29)	62	41.5	p=.01
소극적 참여자(N=57)	52	17	
대화 조건 C (감기 치료)			
적극적 참여자(N=30)	53	40	p>.30
소극적 참여자(N=53)	51	45	

* '순변화율'(약간 또는 어느 정도)은 대화 조건에서 주장하는 방향으로 의견이 변한 비율에서 반대방향으로 의견이 변한 비율을 뺀 것을 뜻한다. 대화 조건 A에서 '상당한 크기의 순변화'는 추정치를 5천 이상 내리거나 올린 사람들의 비율 사이의 차이값이다. 대화 조건 B의 경우에는 상당한 크기의 변화는 25 이상, 대화 조건 C의 경우에는 5 이상을 뜻한다.

출처 : Janis, I. and King, B. (1954) The influence of role-playing on opinion change, *Journal of Abnormal and Social Psychology*, 49, 213. 에서 발췌. 저자 동의하에 게재.

이 3가지 대화는 미리 그들의 의견을 측정한 세 종류의 문제 중 하나씩만 다루었다. 마지막 대화가 끝나면 즉시 이들의 의견을 다시 측정했다.

이 실험에서 '적극적 참여자'는 앞의 실험에서 '즉흥연설 조건'에 속한 피험자와 기본적으로 비슷한 상황에 있다. 이 실험의 '수동적 통제' 조건은 이전 실험의 '통제 조건'과 같다고 볼 수 있다. 또한, 같은 이유로 통제집단의 피험자들은 제시된 주장 자체가 어느 정도 영향력이 있는지를 판단하는 초기값과 같은 역할을 한다고 볼 수 있다. 또한, '적극적 참여자들'은 통제집단의 피험자보다 더 많이 의견을 바꿀 것으로 기대되는데 이는 그들이 지시에 충실히 따라서 주어진 주장을 옹호하는 정도만큼 그의 행동이 자신의 개인적 의견과 부조화를 이루는 인지를 생성하기 때문이다. <표 5-3>을 보면 이 실험의 결과가 나타난다.

〈표 5-3〉을 살펴보면, 영화관이나 육류 부족에 관한 대화의 결과가 이전의 실험과 같은 방향이라는 것을 알 수 있다. 자신의 주장을 만들어 넣어야 하는 사람이 단순히 대화를 듣거나 개요를 읽는 사람들보다 자신의 의견을 더 많이 바꾸었다. 하지만 세 번째 주제인 감기약 개발 문제(대화 조건 C)에서는 결과가 달랐다. 이 현상을 설명하기 위해 연구자들은 다음과 같이 말했다.

세 번째 주제를 발표한 적극적 참여자가 다른 두 주제를 발표한 참여자들에 비해 덜 적극적으로 논거를 만들었던 것 같다. 대화 조건 C집단은 핵심내용을 재구성하거나 구체적 예시를 삽입하고 새로운 논거를 추가하는 등의 노력이 부족했고, 주어진 개요문에 더 많이 의존하는 것처럼 보였다(215쪽).

또한, 실험의 마지막 부분에서 피험자들은 자신이 얼마나 믿음직스럽고 잘 조직되었고, 설득력 있는 연설을 했는지 스스로 평가하도록 했다. 자기평가 결과와 의견변화의 관계를 논의하면서 연구자들은 다음과 같이 말했다.

예를 들어, 대화 조건 C를 발표한 적극적 참여자들 중에서 18명은 자신을 상대적으로 '높게' 평가했고(3~6점), 12명은 '낮게'(0, 1, 또는 2점) 평가했다. 자신을 '낮게' 평가한 집단에서는 겨우 17%였지만, '높게' 평가한 집단에서는 55%가 각 대화 조건에서 제시문을 지지하는 방향으로 상당히 큰 의견변화를 보였다(p=.05). 각 대화 조건별로 비교했을 때 자신의 구두 연기를 만족스럽게 혹은 좋게 평가한 참여자들 사이에 훨씬 더 많은 의견 변화가 일어났다는 것을 일관되게 볼 수 있었다(216~217쪽).

"잘 들어. 환상적 영웅 이야기를 지지하는 글을 쓰면 《허클베리 핀》책을 꼭 받을 수 있어. 그런데 만약 정글 이야기가 더 좋다고 글을 쓰면 영화표를 받을 수도 있지만 못 받을 위험도 감수해야 돼. 왜냐하면 영화표가 5장밖에 없거든. 그러니까 선택을 해. 그럼 이제부터 자신의 의견을 쓰기 시작해"(켈만, 193쪽).

(3) 정글 이야기에 대한 높은 보상

다른 조건에서와 마찬가지로 여기서도 피험자들에게 환상적 영웅 이야기를 선호한다는 글을 쓰면 무료로 책을 한 권 받을 수 있다고 말했다. 하지만 정글 이야기를 선호하는 글을 쓰면 무료로 책도 받고, 〈허클베리 핀〉 영화표도 받을 수 있다고 말했다. 영화표가 충분해서 모든 학생이 다 갈 수도 있으며, 이 영화표가 있는 사람은 영화를 보러 가기 위해 수업시간을 빼 먹어도 된다고 했다. 마지막으로 연구자는 다음과 같이 말했다.

"그럼 잘 기억해. 정글 이야기를 좋아한다고 글을 써. 그러면 《허클베리 핀》책을 받을 수 있을 뿐만 아니라 우리 반 전체가 수업 대신에 〈허클베리 핀〉 영화를 보러 갈 수 있을 거야. 그럼 가서 자기의 의견을 쓰도록 해"(켈만, 194쪽).

이 과정에서 강요된 순응을 야기하는 데 도움이 되는 상황이 만들어진 것은 분명하다. 연구자들은 학생들이 어느 쪽으로든 한 종류의 만화책을 선호하는 글을 쓰면 보상했다. 이 세 종류의 조건에서 제공되는 보상의 크기를 다르게 했다. 물론 각 조건에서 외적으로 순응하는 사람도 있고 그렇지 않은 사람도 있을 것이다. 실제로, 환상적 영웅 이야기가 더 좋다고 글을 쓴 사람이 보통 수준의 보상을 받는 조건에서 42%의 학생이 정글 이야기가 더 좋다는 글을 썼다. 환상적 영웅 이야기를 선호하는 글을 쓴 사람보다 정글 이야기를 선호하는 글을 쓴 사람에게 약간 더 매력적인 보상이 제안된 낮은 보상 조건의 경우에는 68%의 학생이 순응행동을 보였다. 정글 이야기를 선호하는 글을 쓴 학생에게 아주 큰 보상을 주는 높은 보상 조건에서는 피험자 중의 80%가 순응행동을 보였다.

간단히 말해서, 보상을 제안하는 것은 많은 피험자들이 외적 순응행동을 하게 한다. 제안된 보상이 더 클수록 더 많은 피험자가 순응한다.

위에서 설명한 세 조건 각각에서, 피험자 중 몇몇은 정글 이야기가 좋다고 쓰고, 몇몇은 환상적 영웅 이야기가 좋다는 글을 썼다. 여섯 집단에서 나온 이 자료를 보기 전에 먼저 각 집단에서의 의견변화와 관련하여 이론적으로 예상되는 것이 무엇인지를 논의하고 구체화해 보자. 정글 이야기를 선호한다고 글을 쓴 피험자에 대한 논의부터 시작하겠다.

(1) 환상적 영웅 이야기에 대한 보통 수준의 보상

우리가 지금 다루는 피험자는 순응하지 않은 사람들이다. 그렇기 때문에 자신이 정글 이야기를 좋아한다고 글을 썼음을 아는 것과 자기가 포기한 무료 책의 좋은 점에 대한 인지 사이에 부조화가 있을 수 있다. 물론 그들의 개인적 의견은 그들의 글과 조화를 이룬다. 여기서는 보상이 아주 크지 않고 중간 정도였기 때문에 부조화도 그리 크지 않다. 그래서 우리는 너무 많지는 않은 사람들이 정글 이야기를 더욱 더 좋아하는 방향으로 개인적 의견을 바꾸리라고 기대할 수 있을 것이다. 그러한 변화는 부조화를 감소시키지만 부조화가 심하지 않기 때문에 이것을 감소시키려는 압력도 동일하게 중간 수준일 것이다.

(2) 정글 이야기에 대한 낮은 보상

(원래는 환상적 영웅 이야기를 좋아했던) 피험자들 중에 몇몇은 약간 더

150

매력적인 보상을 얻을 생각으로 자기가 실제로는 그렇게 생각지 않는 것을 좋아한다고 글을 썼다. 이러한 피험자들 중 많은 사람에게는 자신이 정글 이야기를 좋아한다고 글을 썼다는 사실에 대한 인식이 자신의 개인적 의견과 부조화를 이루고, 또한 무료 책을 포기했다는 사실에 대한 인식과도 부조화를 이룬다. 자기가 받을 보상에 대한 인식은 자신이 쓴 글과 조화를 이룬다. 하지만 영화표를 얻을 가능성(단지 가능성)만을 제공함으로써 순응행동을 야기했다는 것을 기억해야 한다. 또한, 이 조건에서 피험자들은 영화를 무료로 볼 기회를 얻기 위해 정글 이야기가 좋다고 글을 씀으로써 무료 책을 얻을 기회를 포기했다. 이 피험자들에게는 상당한 크기의 부조화가 발생했고 이것을 감소시키려는 압력도 대단했음이 틀림없다. 따라서 우리는 의견변화가 부조화를 상당히 많이 감소시키기 때문에, 많은 사람들이 정글 이야기를 선호하는 쪽으로 자신의 개인적 의견을 수정할 것이라고 예상할 수 있다.

(3) 정글 이야기에 대한 높은 보상

이 조건의 피험자들 중 몇몇에게는 정글 이야기가 더 좋다고 글을 쓴 행동에 대한 인식과 자신의 개인적 의견이 부조화를 이루지만, 이것이 이들에게 유일한 부조화였다. 그들이 보상을 받을 것이라는 사실에 대한 인식은 그들이 한 행동과 조화를 이뤘다. 그래서 앞의 조건과 비교했을 때, 이 집단의 전체 부조화는 더 작았고, 이 집단의 의견변화도 더 작을 것이라고 예상해 볼 수 있다.

〈표 5-4〉에 표시된 수치에서 첫 번째 열은 실험 전후로 의견이 평균적으로 얼마나 변했는지를 보여 준다. 이 표의 플러스 표시는 정글 이야기에 대해 호의적 태도로 의견이 바뀐 것을 나타낸다. 이론에 의한 예측이

<표 5-4> 실험 조건별 평균 의견변화 점수*

보상의 수준	보상의 방향	선호하는 작문 유형		
		정글 이야기	혼합된 형식	환상적 영웅 이야기
보통 수준	환상적 영웅	+2.62(29)†	+1.88(17)	-4.57(14)
낮은 수준	정글	+5.49(47)	+2.30(10)	+1.89(9)
높은 수준	정글	+3.81(52)	+1.83(6)	-5.00(8)

* 양수 표시는 정글 이야기를 더 선호하는 방향으로의 의견변화의 평균을 의미하고 음수 표시는 환상적 영웅 이야기를 더 선호하는 방향으로의 의견변화 평균을 뜻한다.

† 괄호 안의 숫자는 피험자의 수.

확증되었음이 분명하다. 중간 수준의 보상 조건에서 정글 이야기를 선호하는 글을 쓴 피험자들은 의견변화가 작다. 낮은 수준의 보상 조건의 피험자들은 꽤 큰 변화를 보였고, 높은 수준의 보상 조건 피험자들은 보상이 너무 커서 부조화가 작았는데, 이들은 더 낮은 수준의 의견변화를 보였다. 물론 마지막 두 집단 중에서 처음에 환상적 영웅 이야기를 선호했던 피험자들의 자료만 본다면 이 결과는 훨씬 더 두드러질 것이라는 예상을 해볼 수 있다. 불행히도 켈만은 최초 의견과 관련된 자료를 제시하지 않았다. 그는 다만 이론이 만족스럽게 잘 확증되었다고만 밝혔다.

이제 우리의 주의를 환상적 영웅 이야기를 선호하는 글을 쓴 피험자들에게 돌려 보자.

(1) 중간 수준의 보상 조건

이 집단에 속한 피험자들 중 몇몇은 의심의 여지없이 책을 무료로 얻기 위해 환상적 영웅 이야기를 좋아한다는 글을 썼다. 즉, 이들은 강요된 순응행동을 한 것이다. 이들에게는 자신의 사적 의견과 자신이 한 행동 사이에 부조화가 일어났다. 강요된 순응행동을 야기한 보상이 그렇게 크지 않았기 때문에 부조화는 비교적 컸을 것이다. 따라서 이 피험자들의 경우 환상적 영웅 이야기를 선호하는 방향으로 의견변화가 상당히 클 것이라고 예상할 수 있다.

(2) 낮은 수준의 보상 조건

이 집단에 속한 피험자들은 강요된 순응행동을 보이지 않았다. 영화표를 얻을 수 있는 가능성이라는 것은 이들이 순응행동을 하게 할 만큼 충분하지 않았다. 아마도 이들은 자신의 의견과 일치하는 글을 썼을 것이고, 그래서 자신의 의견과 행동 사이에 부조화가 없었다. 사실, 그들은 영화표를 얻을 기회는 포기했지만 한편으로는 책을 무료로 받았다. 그래서 이 집단의 피험자들에게는 부조화가 작을 것이고 의견변화도 작을 것이라고 예상할 수 있다.

(3) 높은 수준의 보상 조건

이 조건에서도 우리는 강요된 순응행동을 하지 않고, 자신이 한 행동과 개인적 의견 사이에 부조화가 없는 피험자들을 만난다. 하지만 이 피험자들은 상당히 좋은 보상을 포기했고, 이 행동에 대한 인식은 자신이 쓴 것과 부조화를 이룬다. 이 부조화는 환상적 영웅 이야기가 정글 이야기보다 더 좋다고 예전보다 훨씬 더 굳게 믿음으로써 어느 정도 감소시킬 수 있다. 이 피험자들 중 상당수가 이러한 방향으로 자신의 의견을 바꿀 것이라고 예상해 볼 수 있다.

〈표 5-4〉의 마지막 열은 이 피험자들에 대한 자료를 보여 준다. 중간 수준의 보상 조건과 높은 수준의 보상 조건에서 환상적 영웅 이야기가 더 좋다고 글을 쓴 피험자들이 그 이야기가 더 좋다는 방향으로 의견변화가 많음이 실제로 나타난다. 낮은 수준의 보상 조건의 피험자들은 작은 변화만 보였는데 이 변화도 실제로는 반대방향으로 바뀐 것이다.

'혼합된 형식'이라고 표시된 열은 어느 한 종류의 만화책을 선호하는 것이 분명하지 않은 피험자 집단에 대한 자료이다. 당연히 이들이 어떤 심리적 상황에 있는지 분명하지 않다. 이 자료를 보면 모든 조건에서 긍정적 방향으로 아주 작은 변화가 보인다. 그런데 한 가지 흥미로운 점은 이 집단의 점수는 모든 조건에서 다른 두 집단의 평균 변화 점수 사이에 있다는 것이다.

순응행동을 한 사람과 그렇지 않은 사람을 비교하는 자료를 검토하면 상당히 많은 것을 알 수 있을 것이다. 중간 수준의 보상 조건에서 정글 이야기를 좋아한다는 글을 쓴 피험자들과 다른 두 조건에서 환상적 영웅이야기를 더 좋아한다고 글을 쓴 피험자들은 보상이 순응행동을 일으키지 못한 사람들이다. 〈그림 4-1〉에 제시된 이론상의 곡선에 따르면, 순응행동을 하는 사람의 경우에는 제공되는 보상의 양과 부조화의 크기가 이루는 관계가 음의 방향이고 순응행동을 하지 않는 사람에게는 양의 방향이다.

〈그림 5-1〉은 연구자료가 〈그림 4-1〉에 도식화된 이론과 어떻게 부합하는지 보여 준다. 자료와 이 곡선의 관계를 통해 볼 때 순응행동을 하는 사람과 하지 않는 사람의 차이는 자신의 의견이 그들에게 지니는 중요성의 차이 때문이라고 가정할 수 있다. 즉, 순응행동을 하지 않은 사람들에게서 순응행동을 이끌어 내기 위해서는 더 큰 보상이 필요했을 것이라는 말이다. 〈그림 5-1〉에서 순응행동을 하지 않은 모든 피험자가 더 높은 중요도 곡선의 기울기가 양인 경사면에 놓여 있음을 볼 수 있다. 반면에 순응행동을 한 모든 피험자는 더 낮은 중요도 곡선에서 기울기가 음인 경사면에 놓여 있다. 물론 각 보상 조건은 보상의 크기 척도에서 각각의 위치에 고정되어 있었다.

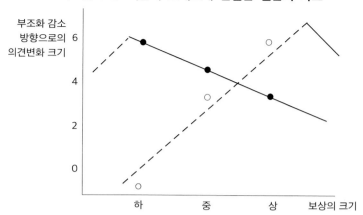

〈그림 5-1〉 이론적 그래프에 연결한 켈만의 자료

● 순응한 피험자들
  (중간 수준의 보상 조건에서 환상적 영웅 이야기를 선호하는 글을 쓴 사람들과
  낮은 보상 조건과 높은 보상 조건에서 정글 이야기를 선호하는 글을 쓴 사람들).

○ 순응하지 않은 피험자들
  (중간 수준의 보상 조건에서 정글 이야기를 선호하는 글을 쓴 사람들과 낮은
  보상 조건과 높은 보상 조건에서 환상적 영웅 이야기를 선호하는 글을 쓴 사람들).

이 그림에서, 부조화를 감소시키는 압력이 예상하는 방향으로 의견이 변하면 '양'(positive)으로 표시했다. 이런 의미에서 '음'(negative)으로의 변화는 낮은 보상 조건에서 순응행동을 하지 않은 피험자들에게서 유일하게 나타났다. 여기서는 이론적으로 환상적 영웅 이야기를 선호하는 방향의 변화가 아주 작게 나타날 것으로 예상했는데 실제로는 반대방향으로 작은 변화를 보였다. 하지만 종합적으로 주어진 자료가 이론에 꽤 잘 부합한다는 것을 볼 수 있다.

강요된 순응에 의한 인지부조화의 발생에 수반된 의견변화에 관한 이론과 지금까지 제시된 자료를 보면 의견과 태도의 변화와 관련하여 몇 가지 흥미로운 질문이 생긴다.

사람들은 특정 영역에 관해서는 자신의 의견을 잘 바꾸지 않기도 한다. 자신과 정치적 견해를 달리하는 사람과 정치적 논쟁을 벌인 적이 있는 사람은 이것을 잘 알고 있을 것이다. 하지만 이와 같은 영역에서도 사람들의 의견이나 태도가 극적으로 바뀌는 경우도 꽤 있다. 변화가 일어나기 매우 어려운 영역에서 극단적 이데올로기의 변화가 일어나는 것은 기존의 이데올로기와 아주 강한 부조화를 야기하는 외적 행동이 발생했을 때일 것이라고 가정해 볼 수 있다. 일단 그러한 사태에 도달하면 의견에 영향을 미치려는 시도를 하기보다는 그것을 받아들이게 될 텐데, 그 이유는 그렇게 하는 것이 부조화를 감소시키는 데 도움이 되기 때문이다.

도이치와 콜린스(Deutsch and Collins, 12)는 흑백 주거지역 통합계획에 속한 집에서 거주하는 동안 발생한 흑인에 대한 백인들의 태도변화를 연구하여 이 가정을 지지한다. 백인들은 통합 주거지에 살면서 어쩔 수 없이 흑인들과 접촉하게 되었고, 그들의 일상적이고, 공손하고, 친절한 행동들은 분명히 자신의 신념과 자주 부조화를 이루는 외적 행동을 하도록 했다. 이것의 효과, 그리고 행동과 의견의 일반적 관계를 다음과 같이 요약할 수 있다.

만약 사회적 관습으로 인해 개인이 흑인들과 친밀하게 접촉하지 않게 되면, 흑인들은 분명 친밀한 관계를 맺고 싶은 그런 종류의 사람은 아니다. 만약 흑인들이 관습적으로 열등한 사람으로 취급받는다면, 그것은 그들이 실제로 열등하거나 열등한 사람으로 취급받아야만 하는 이유가 있는 것이다. 인종차별이 나쁘다고 생각하지만 공식적으로 대중에게 용인되고 있으므로 이와 같은 행동이 합리화된다. 단지 '가장 우수한'(best) 사람들만 흑인과 사회적으로 접촉하기를 피하는 것이 아니라 공적 대중(official public)

이라고 할 수 있는 정부도 법률이나 공공정책에서 인종차별을 용인한다. 우리는 이 연구에서 밝힌 주거계획의 예를 통하여 주택 관리부서의 정책결정이 인종관계에 대한 사회규범에 어떻게 영향을 미치는지 보았다. 공공의 법률과 정책이 행동의 기준을 제공하고, 또한 인종 간의 비차별적 관계를 지향하는 기준을 제공함으로써 이러한 행동을 촉발시킨다는 사실에는 의심의 여지가 없다. **우리의 자료는 행동이 일단 변하면 신념의 변화가 잘 일어난다는 사실에 증거를 제공한다**(142쪽, 강조는 지은이가 표시).

강요된 순응행동이 일어난 상황에 적용되고, 또한 도이치와 콜린스의 논의에도 구체적으로 관련이 있는 부조화 이론은 아주 넓은 함의가 있다. 예를 들어, 미국 대법원의 학교 통합에 관한 판결[12]이 바로 그러한 사례 중 하나다. 이 이론은 순응행동이 발생하는 영역, 즉 학교 통합이 실시된 지역에서는 사람들 사이의 의견이 학교 통합에 찬성하는 방향으로 점차 변할 것이라는 점을 함축한다. 한편으로, 이와 비슷하게 이 이론은 순응이 일어나지 않는 영역, 즉 학교 통합을 성공적으로 저지한 지역에서는 그들의 태도가 반대방향, 즉 인종차별을 더 지지하는 방향으로 변할 것이라는 점도 시사한다.

---

12) 〔옮긴이 주〕페스팅거가 이 책을 집필 중이던 1954년 5월, 미국 연방 대법원은 7세의 흑인 여학생 린다 브라운 대 캔자스 토페카 지역 교육위원회의 소송에서 만장일치로 브라운의 승소를 판결하였다. 이 판결로 미국 내 공립학교에서 흑인 학생과 백인 학생이 함께 공부할 수 있게 되었다.

요 약

　지금까지 5개의 연구에서 얻은 자료를 제시했다. 이 자료들은 모두 제 4장에 제시한 이론적 분석, 즉 강요된 순응행동이 일어난 상황에서 부조화가 발생하고, 이 부조화는 개인의 의견을 바꿈으로써 줄어들 것이라는 분석과 관련이 있다.

　이 자료는 다음과 같은 사실을 보여 준다.

　(1) 공개적 순응 후에는 그 상황 속의 변인들이 설명하는 것에 대한 개인적 의견의 변화가 자주 일어난다.

　(2) 의견변화의 크기가 부조화를 감소시키려는 압력의 크기를 반영하는 것으로 생각할 때, 이 자료는 문제의 중요성과 순응행동을 일으키기 위해 사용된 보상의 크기와 관련해서 세운 가설과 일치한다.

제 6 장

자의 또는 타의에 의한 새로운 정보습득 : 이론

이 장에서는 개인이 적극적으로 새로운 정보를 찾으려는 이유가 무엇인지, 그리고 어떤 경우에 그러한 노력을 하는지를 중심으로 논의할 것이다. 그리고 이러한 유형의 행동에 대한 인지부조화 이론의 함의를 하나하나 살펴보는 데 주된 관심이 있다. 하지만 새로운 정보를 찾아 나서는 행동을 유발하는 선행조건에는 인지부조화 이외에도 다른 많은 조건들이 있을 수 있다. 이 장에서 할 논의의 완성도를 높이고 다음 장에 제시할 데이터를 좀더 쉽게 이해하도록 하기 위해 협의의 인지부조화 이론에서 약간 벗어나겠다.

가상의 예시를 통해 위의 질문에 대한 생각을 발전시켜 보자.

어느 날 늦은 오후에 어떤 사람이 신문을 읽다가 다음 날 저녁에 "매우 높은 출력의 엔진을 탑재한 자동차의 장점"이라는 제목의 강좌가 있다는 광고를 발견했다고 하자. 이 예시의 맥락에서 이 장에 관련된 질문을 끌어낸다면, '누가 자발적으로 이 강좌를 들으러 갈 것인가?'가 될 것이다.

분명 심포니 콘서트나 미술 전시회, 또는 박물관에 가는 것과 같은 이유로 이 강좌를 들으러 가는 사람이 있다. 이 말은 자동차에 관한 강좌에 참석한 사람들이 앞에 나열한 것과 같은 활동에 참석한 사람들과 같은 즐거움을 발견할 것이라고 말하는 것이 아니라, 많은 사람들에게 그러한 정보를 얻는 것 자체가 하나의 만족으로 작용한다는 뜻이다. 특히 이 정보가 그들의 흥미나 취미와 어느 정도 관련이 있다면 더욱 그럴 것이다.

자발적으로 새로운 정보를 찾아 나서는 것에 대해 논의하면서 적극적인 호기심이나 정보를 획득하는 것 자체에서 오는 순수한 즐거움을 간과할 수 없다. 하지만 이 장에서는 이와 같은 요인들과 관련하여 그것의 중요성을 인정하는 수준에서 이 논의를 매듭지을 것이다. 앞서 언급한 가상 예시의 경우, 그 강좌 참석자 중에 몇 명은 그와 같은 이유로 왔을 것이라고 인정하고, 지금부터는 이 책이 더 중점적으로 관심을 두는 요인들로 옮겨 가자.

추후 행동과의 관련성

사람들이 앞으로 자신이 해야 할 행동과 관련된 정보를 찾아 나선다는 것은 너무나 분명한 사실이다. 하지만 나는 이와 같이 명백한 사실을 중언부언하여 설명할 위험에도 불구하고 이 부분을 자세히 살펴보고 그 함의를 도출하는 데 약간의 지면을 할애하겠다.

어떤 사람이 특정 영역의 정보와 관련된 행동이나 행위를 지금 다루지 않거나 아니면 앞으로도 다룰 예정이 없다면, 그 사람에게는 그 영역의 정보를 습득할 동기가 없을 것이다. 고마력 엔진 장착 자동차에 대한 강의의 예로 돌아가서, 지금 자동차가 없고 앞으로도 자동차를 구입하거나 운전할 계획이 없는 사람을 생각해 볼 수 있다. 또한, 이 사람은 지금까지 한 번도 자동차를 구입하거나 운전하려고 한 적이 없고, 이 사람에게는 자동차를 구입하거나 운전한다는 생각이 아주 낯설게 여겨진다고 상상해 보자. 미국인들에게는 이러한 예가 상상하기 어려울 수도 있겠지만 세계 다른 나라에서는 이러한 사람을 찾는 것이 그렇게 어렵지만은 않을 것이다. 이러한 사람이라면 절대 그 자동차 엔진에 관한 강좌를 들으러 가지 않을 것이라고 예상할 수 있다. 그 강좌에서 이 사람이 얻을 수 있다고 기대하는 정보는 현재나 미래의 행동과 전혀 상관이 없을 것이다. 그것은 단순히 이 사람에게는 이러한 지식을 획득할 동기가 전혀 없기 때문일 것이다. 그런데 만약 끌리지 않지만 상황상 이 강좌에 참석해야 하는 경우가 생긴다면, 이때 그는 이 강좌를 군이 피하려고도 하지 않을 것이다.

어떤 분야의 정보가 즉시, 또는 향후 할 가능성이 있는 행동에 관련이 있다면, 우리는 그러한 정보를 적극적으로 찾아 나설 뿐만 아니라 이 분야의 인지요소를 획득하려는 상당한 수준의 동기를 관찰할 수 있을 것이다. 또한, 이러한 상황에 있는 사람은 어느 한쪽으로 치우쳐서 정보를 찾지 않을 것이다. 그는 어느 한쪽 정보에만 귀를 기울여 그것을 선택하느라 다른 종류의 정보를 배척하지는 않을 것이다. 오히려 모든 관점에서 모든 가능한 정보를 획득하려는 방향으로 동기가 유발될 것이다.

이제 다시 한 번 더 앞에서 든 가상의 예로 되돌아가자. 어떤 사람이 가까운 시일 안에 자동차를 구입할 의사가 있거나 또는 자동차를 구입하기로 이미 마음으로 결정하였지만 구체적으로 어떤 종류의 차를 살 것인지는 결정하지 못하고 있다고 하자. 이 사람의 경우에는 자동차 구매라는 자신의 미래 행동과 관련 있는 정보를 그 강좌에서 얻을 수 있기 때문에 높은 마력수의 자동차에 관한 강좌에 참석하려는 동기가 유발될 것이다.

그리고 이 사람은 자동차라는 영역 안에서 정보를 찾을 때 어느 한 방향의 정보만 가려서 찾지 않을 것이다. 낮은 마력수의 엔진이 가진 장점을 설명하는 강좌에도 높은 마력수의 엔진이 가진 장점에 관한 강좌와 같은 정도의 관심을 가지고 참석할 것이다.

일반적으로 말하면, 행동 전 또는 의사결정 전 상황에서는 관련 정보를 광범위하게 그리고 비선택적으로 수집하는 특성이 있다고 할 수 있다. 물론 순수하게 행동 전 상황만 있는 경우는 드물고 대부분의 경우 복합적 상황일 것이다. 예를 들면, 자동차를 사는 행동은 결정했지만 어떤 종류의 차를 구입할 것인지를 정하지 못한 사람은 여러 자동차에 대해 다양한 측면에서 적극적으로 정보를 찾아 나설 것이다. 하지만 이때 자신이 이미 결정한 사항, 즉 자동차 구매에 관한 결정과 상충되는 정보까지 찾을 정도로 아무 정보나 다 찾지는 않을 것이다. 물론 이와 관련해서는 이 장의 뒷부분에서 좀더 자세히 다루겠다.

다음 주제로 넘어가기 전에 행동 전 상황에서의 정보탐색과 관련해서 짚고 넘어갈 문제가 한 가지 더 있다. 행동 전 상황에서는 특정 정보에만 차별적으로 자신을 노출시키지 않는 것에 더해 관련된 정보를 받아들이고 학습하는 데 주저하지 않기도 한다. 그래서 행동을 취하기 전 개인에게는 이미 많은 인지요소가 있는데 이 인지요소들은 나중에 자신이 취하게 될 행동과 부조화를 이룰 수도 있다.

부조화의 출현

어떤 내용 영역에서는 부조화의 유무가 정보탐색 행동의 수준이나 정보탐색시의 정보선택 행동에 중요한 영향을 미친다. 만약 두 인지요소 사이에 또는 두 인지묶음 사이에 부조화가 존재한다면, 이 부조화는 앞에서 이미 말한 것처럼 새로운 조화관계를 만드는 새 인지요소를 추가함으로써 감소시킬 수 있다. 어떤 사람에게 부조화가 있을 때 그가 현재의 부조화를 감소시킬 정보를 찾아 나서는 모습을 관찰할 수 있을 것이다. 이러한 행동이 얼마나 두드러지게 드러나느냐 하는 것은 물론 지금 그가 경험하는 부조화의 크기와 찾으려는 정보에 대한 기대의 크기에 따라서 결정된다. 이 문제에 대한 다양한 가능성에 대해 좀더 자세히 살펴보자.

(1) 상대적으로 부조화가 없는 경우

만약 부조화가 거의 또는 전혀 없다면 (행동의 동기로 이것만을 고려했을 때) 새로운 정보를 추가로 찾으려는 동기가 없을 것이다. 물론, 특정한 정보원을 피하려는 동기도 없을 것이다. 자동차 엔진 강좌 예시로 돌아가서, 만약 어떤 사람이 새로운 자동차를 최근에 샀는데 신기하게도 지금까지 자신이 알고 있던 사실이나 그동안의 행동과 부조화를 이루는 인지요소가 전혀 없다면 이 사람은 그 강좌에 가려 하지도 않고 굳이 가지 않으려 하지도 않을 것이다.

여기서 한 가지 중요한 사실은 부조화가 전혀 없는 경우에 이처럼 강좌 참석이나 불참에 대한 동기가 없는 것은 그 사람이 방금 구입한 차의 엔진 출력이 높다거나 낮다는 것과 상관이 없다는 것이다.

어떤 면에서는 전혀 인지부조화를 느끼지 않는 이 가상의 사람에게서 관찰할 수 있는 행동은 고출력 엔진을 장착한 자동차의 장점에 대한 강좌가 현재는 물론 앞으로의 행동과 전혀 연관이 없는 사람의 행동과 일치할 수 있다. 하지만 여기에 중요한 차이점이 하나 있다. 이는 후자의 경우에는 그가 굳이 피하지 않아서 우연히 알게 된 정보가 부조화를 일으키지 않지만, 전자의 경우에는 우연히 얻은 정보가 부조화를 야기할 수도 있다는 점이다.

(2) 중간 정도의 부조화가 있는 경우

어느 정도 부조화가 존재하고 그것을 감소시키려는 압력이 있을 경우, 이는 조화 상태를 야기하는 정보를 추구하게 하고 기존의 부조화를 증가시키는 정보는 회피하도록 만들 것이다. 일반적으로 사람들은 어떤 정보를 접할 기회가 생겼을 때 처음에는 이것을 통해 얻게 될 정보가 어떤 것인지 정확히 알 수 없다. 그래서 어떤 식으로든 자신의 예측에 따라 반응할 수밖에 없다. 만약 어떤 이유에서든 이 정보가 인지조화를 증가시킬 인지요소를 제공할 것이라고 예상한다면, 이 정보에 자신을 노출시킬 것이다. 반대로 이 정보로 인해 얻은 인지요소가 현재 자신의 인지부조화를 증가시킬 것이라고 예상한다면 이 정보를 접하지 않으려고 노력할 것이다. 하지만 대부분의 경우 이러한 방식으로 부조화를 감소시키려는 노력은 얼마간 잘못될 가능성이 있다는 점을 반드시 유념해야 한다. 부조화 감소를 위한 노력이 오히려 정보의 특성을 잘못 예측한 크기만큼의 부조화를 증가시키는 불행한 결과를 초래할 수 있다.

어떤 사람이 최근에 새 차를 구입한 후 이 결정에 대해 상당한 수준의 인지부조화를 겪던 중에 고출력 엔진을 장착한 자동차에 대한 강좌 안내를 발견하였다고 해보자. 이때 만약 이 사람이 구입한 차가 고출력 엔진 차량이라면 우리는 이 사람이 그 강좌에 참석하고 싶어 하리라고 예상할 것이다. 이 강좌의 제목 때문에 이 사람은 이 강좌에서 현재 자신이 소유한 그 자동차를 구입한 행동과 조화를 이루는 인지요소를 얻을 것으로 기대할 수 있다. 하지만 만약 그가 산 차가 저출력 엔진을 장착한 자동차라면 이 사람이 그 강좌에 가지 않으려 할 것이라고 예상할 수 있다. 이 회피 행동은 단순히 그 강좌에 관심이 없어서가 아니라 적극적으로 그 강좌를 회피하는 행동일 것이다.

(3) 극도로 큰 부조화가 있는 경우

먼저, 하나의 체계 속에 존재할 수 있는 부조화의 크기에는 어떤 한계가 있다는 사실을 기억하자. 두 개의 인지요소가 서로 부조화관계를 이룰 경우 이 부조화의 최대 크기는 이 두 요소 중에서 약한 쪽에 있는 변화에 대한 저항력의 최대 크기와 동일하다. 이와 비슷하게 두 묶음의 인지요소 간에 발생하는 부조화의 경우, 이 부조화의 크기는 이 인지묶음들 속에 있는 가장 약한 부분의 변화에 대한 저항력의 크기보다 더 클 수 없다. 만약 부조화의 크기가 변화에 대한 저항력보다 더 커지면 인지요소 중에서 가장 약한 요소가 바뀌게 되고, 이로써 부조화의 크기는 줄어든다.

부조화의 크기가 최고조 가까이에 달한 사람의 경우에는 새로운 정보를 찾아 나서는 행동에서 어떤 특징을 보일까? 이와 같은 상황에서 사람들은 부조화를 증가시키는 정보를 적극적으로 찾아 나서고, 그러한 정보에 자신을 노출시키려 할 것이다. 이렇게 어느 한쪽의 인지묶음의 저항 한계를 넘을 정도로 부조화를 증가시키면 관련된 인지요소를 바꾸게 되고, 그 결과 현재 그렇게 큰 부조화가 현저하게 감소하거나 어쩌면 완전히 제거될 수도 있다.

이것을 설명하기 위해서 마지막으로 한 번 더 고출력 엔진 장착 자동차의 장점에 관한 강좌의 예로 돌아가 보자. 어떤 사람이 엔진 출력이 낮은 자동차를 구입했는데, 그 차를 구입한 이후로 계속해서 그러한 자동차를 소유하고 운행하는 자신의 행동과 부조화를 이루는 인지요소들을 점점 더 많이 알게 되었다고 가정해 보자.

현재 자신의 행동에 대한 인지요소를 바꾸는 것에 대한 저항의 강도는 지금 소유한 차를 처분하고 새 차를 구입하는 행동에 대한 저항 강도와 일치하는데, 이때의 저항은 차를 새로 구입한다면 먼저의 차를 산 행동이 잘못이었음을 공개적으로 인정하는 것과 함께 어느 정도 재정 손실도 입는다는 사실 때문에 발생한다. 하지만 그가 느끼는 부조화의 강도가 자신의 행동을 바꾸는 것에 대한 저항감과 동일한 수준에 이르고, 그 결과 차를 바꿔 볼까 하는 생각이 문득 마음에 스쳐 간다고 하자. 우리는 이 가상의 인물이 현재 그의 부조화를 분명히 더 증가시킬 것으로 예상되는 이 강좌를 들으러 갈 것이라고 예상할 수 있다. 일단 부조화의 강도가 충분히 증가하면 그는 자신의 행동을 바꾸고, 이로써 자신의 인지체계 내의 모든 부조화 요소를 한꺼번에 없앨 것이다. 하지만 이와 같이 부조화의 크기를 증가시키는 정보에 스스로 자신을 노출시키는 행동은 기존의 부조화의 크기가 충분히 크지 않을 경우에는 기대하기 어렵다. 〈그림 6-1〉은 부조화의 크기와 새로운 정보를 찾아 나서는 경향성 사이에 존재하는 이론적 관계를 그래프로 잘 요약해서 보여 준다. 앞 장에서처럼 여기에서도 직선으로 표시했는데, 그 이유는 이 함수가 두 요인 간의 관계에 그대로 들어맞기 때문이 아니라 그래프가 나타내는 개략적 특성을 강조하기 위해서이다. 누군가는 이 요인들 간의 관계를 잘 확인해서 이 함수를 조금 더 구체화하려고 하겠지만, 정확한 함수의 모양은 원래 부조화의 크기를 재는 척도를 어떻게 규정짓느냐에 따라 달라진다.

하지만 〈그림 6-1〉은 특정 정보원이 부조화를 증가시킬 것으로 예상

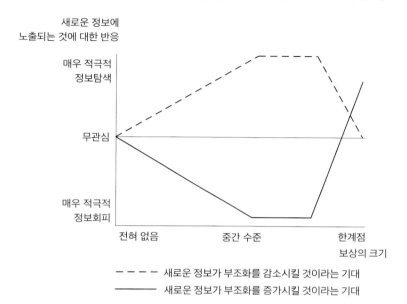

〈그림 6-1〉 새로운 정보를 찾는 행동과 부조화의 크기 사이의 관계

하는지 아니면 감소시킬 것으로 예상하는지에 따라 각각 다른 양상의 그
래프를 보여 주는데, 각 그래프는 각 예측조건에서 부조화의 강도가 증
가함에 따라 이 정보원에 대한 노출행동이 어떻게 변하는지를 간략하게
잘 보여 준다. 새로운 정보가 부조화의 크기를 증가시킬 것이라고 예상
하는 경우에는 부조화 강도가 매우 낮거나 부조화 강도의 한계점에 있는
경우를 제외하면 대체로 그 정보원을 접하려 하지 않는다.

　새로운 정보가 부조화를 감소시킬 것이라고 예상하는 경우에는 부조
화의 강도가 증가하여 한계점 근처에 도달할 때까지 새로운 정보를 찾아
나서는 경향이 증가한다. 새로운 정보가 부조화 강도를 감소시킬 것이라
고 예상할 경우, 부조화 강도의 최고조 근처에서는 정보를 찾아 나서는
경향이 감소하는 것으로 표시된다.

그래프의 마지막 부분에 대해서는 좀더 자세히 설명할 필요가 있을 것 같다. 그래프의 기울기가 하향하는 부분은 앞에서 언급한 이론에 의해 설명되거나 도출되는 것이 아니라 부가적 가설로 지금 제시된 것이다. 그 핵심은 어떤 상황에서 부조화가 최고조에 다다르거나 그 근처에 이르렀을 때에는 어떤 새로운 정보가 부조화의 크기를 감소시킨다고 할지라도 자신의 부조화를 다루는 것이 불편하기 때문에 그대로 둘 것이라고 가정해 본 것이다. 따라서 새로운 인지요소를 추가하는 일은 이렇게 부조화가 큰 사람에게는 그다지 만족스런 작업이 아니고, 조화를 이루는 인지요소를 찾아 나서려는 적극적 행동이 그렇게 많지 않을 것이다. 또한, 이와 같은 새로운 정보에 대한 회피 가설이 없다는 것도 발견하게 된다. 그래프가 하향하는 부분은 그렇다고 정보를 거부하지도 않는 무관심의 지점인 영점까지만 그어져 있다.

새로운 정보에 대한 비자발적이고 강제적인 접촉

지금까지 다룬 논의는 주로 새로운 정보에 자발적으로 접근하거나 회피하는 행동에 초점을 맞추었다. 하지만 우리는 자신의 인지부조화를 증가시키는 정보를 비자발적으로 접하는 상황도 고려해야 한다.

부조화가 최고조에 달하는 지점을 제외하면 사람들은 보통 부조화를 증가시키는 정보는 적극적으로 회피한다고 했다. 이러한 지금까지의 논의를 살펴보았다면, 부조화를 증가시키는 정보에 비자발적으로 새롭게 노출되는 상황에 대한 질문이 생기는 것은 당연하다.

이와 같이 비자발적으로 정보에 노출되는 현상이 발생하는 상황 중에서 몇 가지를 아래에서 자세히 살펴보자.

(1) 우연히 접하는 경우

만약 관련된 인지요소들로 구성된 하나의 인지체계에 부조화가 전혀 없거나 거의 없다면, 앞에서 이미 언급한 것처럼 새로운 정보를 회피하려는 의도가 거의 없거나 전혀 없을 것이 분명하다. 이와 같은 상황에서는 단순히 우연한 접촉기회를 통해 전체적으로 조화를 이루는 체계에 부조화가 발생하는 것도 생각해 볼 수 있는데, 실제로 그럴 수 있을 것 같기도 하다. 어느 정도의 부조화가 이미 존재하고 그래서 본인이 어느 정도 주의를 기울이는 상황에서는 이 경우처럼 우연히 정보를 접했다고 부조화가 증가하는 일이 자주 일어나지는 않을 것 같다.

(2) 직접적 관련이 없는 다른 이유로 접하는 경우

어떤 이유에서 특정한 인지요소에 자신을 노출시켰는데, 자신이 찾던 그 정보와 함께 불행히도 자신이 추구하지 않았을 뿐만 아니라 처음의 의도와도 상관없는 정보에 노출되기도 한다. 이러한 상황은 이미 상당한 수준의 부조화가 있는 경우에도 부조화가 증가하는 빈번한 상황 중 하나이다. 물론 이러한 상황은 광고제작자들이 즐겨 사용하는 것으로, 특히 텔레비전이나 라디오 광고에서 많이 발생한다. 사람들은 특정한 프로그램에 관심이 있어서 텔레비전을 보지만 자신의 관심을 끄는 프로그램과 전혀 상관없는 광고에도 노출된다. 말하자면 이러한 방식으로 최근에 특정 회사의 자동차를 구입한 사람은 경쟁사의 제품을 격찬하는 사람의 말에 귀를 기울이는 자신을 발견하게 된다.

(3) 강제로 접하는 경우

때로는 새로운 정보를 얻고 결과적으로는 새로운 사실을 알게 되는 과정이 강제로 발생하기도 한다. 이러한 일은 아주 다양한 방식으로 발생하는데, 어떤 사건이나 사실은 이미 모든 사람에게 너무 잘 알려져서 어떤 사람이 그 사실에 대해 모르는 것이 불가능한 경우도 있다. 예를 들면, 핵무기가 존재한다는 사실을 모르는 성인을 미국에서 찾기란 매우 어렵다.

또한, 미리 예측하지 못한 어떤 행동의 결과로 인해 새로운 지식이 강제로 발생하는 어떤 경험을 할 수도 있다. 예를 들면, 얼음이 덮인 길을 주의하지 않고 걷다 보면 미끄러져 넘어질 수 있다. 이 사건은 분명 이 사람에게 영향을 미칠 것이다. 이와 같이 강제로 정보를 접했을 때 항상 부조화가 발생하는 것은 아니지만, 보통 이러한 경우가 나타나면 부조화가 종종 발생한다.

(4) 다른 사람들과 상호작용하는 경우

자신의 주위에 있는 사람들은 부조화의 잠재적 원인이 된다. 이 부조화의 크기는 그들의 의견이 우리와 얼마나 다르냐에 따라 결정된다. 잠재된 것이 우연히 드러나거나 주위 사람들이 단초를 제공하기도 한다. 예를 들면, 방금 어떤 행동을 한 사람은 자신의 행동에 대한 타인의 지지를 구하고 싶어서, 또는 그냥 단순히 말을 하고 싶어서 자신의 행동을 다른 사람에게 말한 것이다. 그런데 그 말을 들은 사람들 중에 한 명이 무심히 그의 행동과 부조화를 이루는 다양한 정보나 의견을 제시할 수도 있다. 이와 비슷한 일은 어쩌면 현재의 부조화를 낮추려고 다른 사람의 동의를 구하던 중에 예기치 않게 인지체계에 부조화를 야기하는 상황에서 가장 빈번히 발생한다. 이 부분은 제8장에서 훨씬 더 자세히 다루겠다.

새로운 부조화를 일으키는 인지가 발생하는 다양한 경우가 지금까지 나열된 것에 모두 포함되지는 않는다. 그리고 앞에서 제시한 범주들이 서로 중복되지 않는 상호 배타적이라고 할 수도 없다. 여기서는 다만 그러한 상황이 아주 다양한 형태와 방식으로 발생함을 보이고자 했다. 부조화를 야기하는 인지로부터 자신을 보호할 수 있을 정도로 상황을 충분히 통제하는 것은 거의 불가능하고, 그러한 상황을 미리 예상하는 것도 불가능하다. 부조화를 줄이려는 시도가 성공하리라는 보장은 전혀 없으며, 그러한 의도로 시작된 행동이 부조화를 줄이기는커녕 오히려 증가시키기만 하는 경우도 있다. 그러면 현재 자신이 가진 지식과 부조화를 이루는 정보를 자신의 의지와 상관없이 알게 되었을 때 사람들은 어떻게 행동할까?

누군가가 일련의 일상적 사태 속에서 현재 자신이 가진 인식체계와 조화되지 않는 인지요소를 발생시키는 정보를 읽거나 듣고 그러한 대화에 참여하도록 강요받았을 때 어떤 반응을 보일지 한 번 생각해 보자.

일단 이러한 부조화를 접하면 그는 당연히 앞 장에서 언급한 방법으로 그 부조화를 감소시키려고 시도할 수도 있다. 그런데 우리는 이 부조화 인지요소의 영향을 처음 단계에서 효과적으로 처리함으로써 부조화 요소가 기존의 인지요소에 단단히 자리 잡지 못하게 할 수 있으리라고 기대할 수 있다. 또한, 부조화를 발생시키는 인지요소에 계속 노출되거나 그것을 잘못 해석하고 받아들이는 것을 피하고 막으려는 시도를 할 수도 있고, 새로 발생한 부조화를 없애고 더 이상 부조화가 발생하지 않도록 하는 다른 기술이나 전략을 사용할 수도 있을 것이다.

이와 같이 강제로 부조화 인지요소를 접하는 경우는 아주 다양한데, 쿠퍼와 야호다(Cooper and Jahoda, 11)는 이 중에서 몇 가지를 소개한다. 이들은 다양한 시기에 이루어진 수많은 연구에서 편견이 있는 사람들이 편견퇴치 캠페인에 어떻게 반응하는지에 관심을 두고 연구했다. 또한, 실험상황에서 이렇게 비자발적으로 편견퇴치에 관한 캠페인에 직면하였을 때 어떤 현상이 발생할지에 관심이 있었다(15쪽). 쿠퍼와 야호다가 그들의 여러 연구로부터 얻은 결론은 피험자들은 "자신의 생각과 배치되는 것처럼 보이는 의견을 듣고 싶어 하지 않았고, 그래서 굳이 자신을 변호하거나 자기 잘못을 인정할 필요가 없었다"는 것이었다(15~16쪽). 이하는 연구자들이 실험상황에서 관찰한 것으로서 부조화를 회피하기 위해 피험자들이 사용한 방법들이다.

(1) 처음에는 캠페인 내용을 바로 이해하지만 이어지는 일련의 추론과정에서 오해가 발생한다. 홍보 내용에 대한 올바른 초기 지각 후의 과정을 설명하면서 연구자들은 이 과정을 다음과 같이 몇 개의 작은 단계로 나누었다.

"현재의 문제와 관련한 자신의 입장에 대한 비난을 확인하는 단계, 캠페인 내용에 명시된 편견에 관한 특수한 사례로부터 자신을 분리시키는 장치를 고안하는 단계, 그리고 이러한 과정에서 처음에 했던 올바른 이해를 상실하는 단계 등이다. 분명히 이러한 과정은 자주 발생하는데, 마지막 두 단계가 진행되는 동안 응답자들은 무의식적이고 교묘한 장치를 사용하기 시작한다"(18~19쪽).

달리 말하면, 캠페인 내용을 올바로 이해했을 때 예기치 않게 발생한 초기의 부조화가 이 과정을 통해 제거된다.

(2) 캠페인의 전체 메시지를 무효화하기

이 과정은 분명 피험자가 처음에 올바른 인식을 너무 공개적이고 명확하게 말해서 효과적으로 왜곡하거나 그에 따른 오해를 용인할 수 없을 때 빈번히 발생한다. 연구자들은 그 과정을 다음과 같이 설명한다.

"응답자들은 표면적으로는 캠페인의 메시지를 받아들이지만 한두 가지 방법을 통해 자신에게는 해당하지 않는 것으로 만든다. 일반적 원리는 인정하지만 자신의 편견에는 예외임을 주장한다. 또는 개별 문제 자체는 타당하다고 인정하지만 현재 논의의 대상이 되는 이 사회적 소수자 집단을 포함하는 것은 일상적 생활 모습을 잘 반영하지 못한다고 말한다"(19쪽).

이렇게 해서 다시 처음에 강제적 노출로 발생했던 부조화가 사라진다.

(3) 기존의 인지체계와 일치하는 잘못된 초기 지각

이 전략에 해당하는 피험자들은 모두 초기에 캠페인 내용을 제대로 이해했다고 볼 수 없었다. 쿠퍼와 야호다는 이 상황을 다음과 같이 설명했다.

"편견이 있는 사람의 지각은 자신의 편견에 가려져서 자신과 다른 참조틀이 제시하는 문제를 자신의 시각에 맞추기 위해 변형시킨다. 자신이 범하는 실수를 알아차리지 못하고 캠페인의 내용을 자신의 참조틀에 끼워 맞추려 한다"(20쪽).

물론 이 설명만으로는 피험자들이 부조화에 즉흥적으로 반응했는지, 아니면 잠재적 부조화를 야기하는 정보를 전혀 알아차리지 못했는지를 알아내는 것은 쉽지 않다. 어떤 사람은 이것이 전자의 경우이며 초기 이해가 정확했던 두 사례와 달리 이러한 유형의 반응은 주로 이 영역에서 이미 어느 정도의 부조화를 겪는 사람에게서 찾아볼 수 있다고 생각한다. 이미 부조화가 있으면 부조화가 증가하지 않도록 더 신경을 쓰게 되고, 따라서 이와 같은 방식으로 즉흥적으로 반응할 수 있다는 것이다.

위에서 기술한 절차들이 효과적으로 작동한다면 그만큼 비자발적으로 접한 정보나 논의의 효과가 상대적으로 줄어드는 것이 분명하다. 즉, 강제로 어떤 정보를 접하게 하는 것은 부조화가 증가하지 않게 하는 개인의 방어기제를 끌어내고 활성화하는 것까지만 성공할 것이다.

요약

제 6장에서는 아래에 제시한 두 개의 질문을 검토하는 데 주된 노력을 기울였다.

(1) 현재 존재하는 부조화와 그 부조화의 크기는 새로운 정보를 찾거나 회피하는 행동에 어떻게 영향을 미치는가?

(2) 일반적 상황이라면 회피했을 정보나 논의를 어쩔 수 없이 접하게 되었을 때 어떤 반응을 보이는가?

새로운 정보에 대한 자발적 노출의 함의는 조화를 이루는 새로운 인지요소를 추가함으로써 부조화를 감소시킬 수 있다는 사실에서는 물론, 이미 앞에서 언급한 부조화에 관한 일반 이론과 부조화 감소를 위한 압력으로부터 쉽게 도출될 것이다. 만약 부조화를 증가시키는 정보를 의도하지 않은 계기로 접하면 부조화를 감소시키기 위해 평소에 사용하는 절차뿐만 아니라 새로운 정보가 기존의 인지체계에 뿌리내리지 못하도록 하는 즉각적 방어절차가 작동한다.

제7장

자의 또는 타의에 의한 새로운 정보습득 :
경험적 연구자료

누가 자발적으로 새로운 정보를 찾아 나서고 그것에 귀를 기울이는가 하는 것은 꽤 오래된 질문이다. 정보전달이나 캠페인, 홍보, 또는 이와 유사한 일들과 관련된 문제를 생각할 때면 언제나 즉각적으로, ① 이런 문제의 당사자는 누구인가?, ② 평소에는 잘 만날 수 없는 이 사람들을 어떻게 만날 것인가?, ③ 이들에게 이 정보가 분명히 필요하다고 어떻게 확신할 수 있는가 등과 같은 질문을 하게 된다.

대부분의 사람들은 자발적 청중의 특성을 좌우하는 데 작동하는 강력한 선택요인들(selective factors) 이 있다는 것을 알고 있다. 이와 같은 선택적 특성(selectivity) 에 관한 주장은 자주 발견할 수 있는데, 예를 들어 클랩퍼(Klapper, 32) 는 다음과 같이 말했다.

… 자기선택 현상(phenomenon of self-selection) 13) 은 지금까지의 대중매체

---

13) 〔옮긴이 주〕 자기선택(self-selection) 은 개인이 자신의 선택으로 특정 집단에

의 영향에 관한 연구가 밝힌 가장 기본적 과정이라고 말할 수도 있다. 어떤 대상의 인지적 혹은 심미적 수준에 따라 작동하든, 정치적 성향이나 다른 수많은 측면의 영향을 받든 자기선택의 과정은 동일한 결과에 대한 두 가지 모습을 보여 준다. 그것은 첫째, 모든 대중매체는 이미 특정 제품에 관심을 둔 대중들의 관심을 끄는 것에 불과하며, 둘째, 성향이 상반되거나 평소 그 제품에 관심이 없었던 다수 사람들의 관심은 끌지 못한다는 사실이다(제1장, 16~17쪽).

이와 같은 논평이나 주장, 그리고 일반화는 아주 많았지만 이러한 말을 뒷받침하는 자료는 상대적으로 부족했다. 이 장의 남은 부분에서는 이러한 질문들에 관한 자료를 제시할 것이다. 여기서 제시된 자료가 항상 원하는 만큼 설득력 있는 것은 아니지만 그래도 현재로서는 최선으로 보인다. 이 장의 마지막 부분에서는 자발적으로 정보를 취득하는 것과 부조화의 크기 사이의 관계에 대한 예측을 구체적으로 검증하는 실험과 그 결과를 제시하며 결론을 맺을 것이다.

소속되는 것을 말한다. 이때 특정 집단에 대한 개인의 선택은 자신의 특성의 영향을 받아서, 집단의 성격이 연구자의 예상과 달라진다. 예를 들어, 특정 제품에 대한 매스미디어의 광고효과를 연구한다고 했을 때, 광고를 본 사람들의 집단은 다른 집단과 달리 자기 선택에 의해 이미 이 제품에 관심이 있던 사람들로 구성될 수 있어 매스미디어 고유의 영향을 평가하기 어려울 수 있다. 이와 같은 자기선택의 문제는 사회학, 심리학, 경제학 등 많은 사회과학 연구에서 특정 변인의 인과성을 검증할 때 중요한 문제를 야기한다.

행동 전 정보탐색

우리는 앞 장에서 이미 살펴본 것처럼 어떤 정보가 앞으로 자신의 행동에 필요하거나 그럴 가능성이 있다고 느끼는 사람 중 일부는 그 정보를 적극적으로 찾아 나선다는 사실을 기억할 것이다. 이 사실이 매우 설득력 있고 명백한 것처럼 들리지만, 이와 같은 주장에도 경험적 증거가 필요하다. 그 이유는 행동 전 상황(preacton situation)에서 정보를 탐색하는 것으로 해석될 수 있는 자료들은 많이 있지만, 그 인과관계의 방향성을 구분하기는 어렵기 때문이다. 그래서 이 자료 중 대부분은 설득력이 매우 떨어진다. 예를 들면, 투표하는 사람이 하지 않는 사람보다 정치적 문제나 사건에 대해 더 잘 알고 있다는 사실을 보이는 증거가 꽤 많이 있다고 해 보자. 이 결과를 투표하려는 사람, 즉 어떤 행동을 곧 수행할 사람이 그 행동에 관련된 정보를 탐색했다는 식으로 해석할 수 있다. 하지만 동시에 이 인과성을 정반대로도 해석할 수도 있는데, 즉 정치적 문제나 사실에 대해 잘 알게 되면서 투표나 선거에 참여할 동기가 더 많이 생겼다고도 말할 수 있다.

이와 같은 해석의 모호성이나 이로 인한 설득력 부족 현상은 우리가 관심을 둔 가설과 관련된 자료에서 흔히 발견된다. 현재 우리가 관심을 둔 문제와 관련된 자료를 여러 가지 다양하게 제시하기보다는 두 개만을 선택해서 논의할 것이다. 다행히 그중 한 자료에는 통제집단이 있어 해석을 분명하게 할 수 있다.

제2차 세계대전 중 미국에서는 국민들 사이의 부주의한 대화로 인해 적에게 중요한 정보를 넘길 위험성이 있음을 국민들에게 경고하는 캠페

<표 7-1> 지역안보 캠페인의 효과성 연구

	총 응답자 수	자신에게 유용한 정보가 있다고 느끼는 응답자 비율
지역안보 캠페인에 대해 알고 있다	300	34
지역안보 캠페인에 대해 모른다	100	15

인이 있었다. 이 안보 캠페인은 다양한 매체를 통해 대중에게 이 메시지를 전파하려고 노력했다. 라디오와 신문에서 홍보를 계속했고 이 메시지를 퍼뜨리기 위해 수많은 포스터도 제작하여 배포했다. 전쟁정보부에서는 다양한 측면에서 이 안보 캠페인의 효과성을 평가하기 위해 여러 연구를 실시했다. 이 연구들 중에서 두 개는 추후 행동과 관련된 정보를 사전에 탐색하는 행동에 관한 자료를 포함한다.

첫 번째 연구는 플로리다주 잭슨빌(Jacksonville, Florida, 57)의 주민 400명을 대상으로 한 설문조사였다. 이 도시에서는 꽤 오랫동안 집중적인 지역안보 캠페인이 실시되었다. 면접자들은 각 응답자가 그 지역의 캠페인에 대해 잘 알고 있는지를 확인했고, 또한 자신에게 다른 사람에게는 말하면 안 되는 중요한 정보가 있는 것 같은지를 질문했다. 이 설문조사의 결과가 <표 7-1>에 제시되어 있다. 이 지역안보 캠페인에 자발적으로 참여한 사람들 중에서 34%는 자신에게 유용한 정보가 있다고 대답했다. 그 지역안보 캠페인에 대해 모르던 사람들 중에서는 15%만이 자신에게 그러한 정보가 있다고 응답했다.

이 연구에는 비자발적 청중을 대표하는 통제집단이 없었고, 그래서 이에 대한 해석이 모호할 수밖에 없었다. 다른 사람에게 말하면 안 되는 정보가 자신에게 있다고 느끼거나 있을지도 모른다고 생각하는 사람들이 안보 관련 캠페인에 자신을 자발적으로 더 많이 노출시키는 것이라고 생각할 수도 있고, 반면에 어떤 이유에서 안보 캠페인을 접한 사람이 그 영향을 받아서 자신에게 유용한 정보가 있다는 사실을 인식하게 되었다고 생각할 수도 있다. 예를 들어, 만약 처음에 한 설명이 맞다면, 이 안보 캠페인을 꼭 알아야 하는 사람들을 정확하게 찾아 이 정보를 효과적으로 전달했다고 결론을 낼 수도 있다.

해석에서 애매성이 많은데도 이 연구를 논의하는 데에는 두 가지 이유가 있다. 첫 번째 이유는 이처럼 인과성의 애매성 때문에 이런 자료가 우리의 연구목적에 전혀 쓸모없게 되는 예시를 구체적으로 보이기 위함이다. 또 다른 이유는 이 연구와 통제집단이 있어서 해석상의 모호함이 없는 연구로부터 얻은 자료를 비교하기 위해서이다. 다음에 소개할 연구에는 《개인적 정보 교환》(*A Personal Message*, 56)이라는 제목으로 발행된 안보 관련 홍보책자의 효과성을 평가하기 위해 두 마을을 대상으로 실시한 조사의 결과가 담겨 있다. 이 책자에는 정보의 보안을 위해 어떤 점을 주의할 것인지, 그리고 왜 그 점을 주의해야 하는지에 대한 설명이 있고, 특히 다음과 같은 점을 강조한다.

(1) 적의 첩자들은 따로 있을 때에는 전혀 위험하지 않은 작은 단위의 정보나 조각 정보를 모으고 그것들을 연결해서 일을 한다.

(2) 이 작은 단위의 정보들은 친구나 사촌, 또는 삼촌 등에게 말하는 방식으로 연쇄적으로 전달된다.

(3) 적은 수백 명이 이미 알고 있는 사실도 사람들이 말을 하지 않으면 모를 수 있다.

(4) 어떤 핵심단어는 적들이 가장 알고 싶어 하는 정보를 아주 잘 요약해 주기도 한다. 예를 들어 부대의 이동, 선박의 운항, 생산품 등과 관련

해서 장소, 방법, 때, 수량, 종류 등이 이러한 핵심단어가 될 수 있다.

(5) 신문이나 라디오에서 밝힌 내용을 말하는 것은 안전하다. 하지만 당신이 누군가로부터 듣거나 직접 본 것을 말하는 것은 위험하다.

이 연구는 뉴욕 주에 있는 H마을과 C마을에서 이루어졌다. 두 마을은 모두 인구수가 약 1만 6천 명가량이었다. H마을에서는 민방위대가 《개인적 정보 교환》이라는 팸플릿을 배포했다. C마을에서는 그 팸플릿을 배포하지 않았다. H마을에서는 이 민방위 대원들의 친인척들 중에서 521명을 인터뷰했고, C마을에서는 603명을 인터뷰했다. C마을에서는 인터뷰할 때 매 여섯 번째 사람에게 팸플릿을 주고 읽게 해서 총 100명이 팸플릿을 읽도록 했다. 팸플릿을 읽은 C마을 주민은 그다음 날 인터뷰했다. H마을에는 팸플릿을 배포한 기간 동안에 읽은 사람이 아주 많았다. 521명의 응답자 중에선 78명이 팸플릿을 보았다고 응답했다. 이 78명의 응답자는 물론 자발적 청중을 대표한다. C마을에서는 위에서 설명한 절차를 통해 100명을 표집하여 그 팸플릿을 읽게 했는데, 이들은 결국 비자발적 청중에 해당한다.

미래의 행동과 관련된 정보를 탐색하는 것에 관한 가설과 일치하는 방향으로 예측하면, 다른 사람에게 말하면 안 되는 정보가 없는 사람들은 팸플릿에 있는 내용을 보는 데 흥미가 적을 것이라고 예상할 수 있다. 달리 말하면, 그 팸플릿에서 얻으리라 기대하는 정보가 자신의 미래 행동과 별다른 연관이 없을 것이다. 하지만 중요한 정보에 접근했고, 그래서 그러한 정보를 알고 있다고 생각하거나 또는 그런 정보를 알고 있을지도 모른다고 생각하는 사람들은 자발적으로 팸플릿에 담긴 정보를 보려고 할 것이다. 왜냐하면 그 팸플릿을 통해 얻는 지식이 미래의 행동과 관련

〈표 7-2〉 안보 팸플릿의 효과성에 대한 연구

질문 : "당신은 자신이 전쟁과 관련해서 발설하면 안 되는 어떤 것을 알고 있다고 생각하십니까?"

	응답자 수	응답자 비율	
		예 또는 모름	아니요
H마을 자발적 청중 비청중	78 443	33 18	67 82
C마을 비자발적 청중 비청중	100 503	20 16	80 84

이 있을 수 있기 때문이다.

이 연구에 참여한 응답자들은 "당신은 자신이 전쟁과 관련해서 발설하면 안 되는 정보를 알고 있다고 생각하십니까?"라는 질문을 받았다. 〈표 7-2〉에서는 H마을 자발적 청중, H마을 비청중, C마을 비자발적 청중, C마을 비청중 등 네 집단에 속하는 응답자들이 이 질문에 어떻게 대답했는지 그 결과를 보여 준다. 자발적 청중 중에서 33%는 자신에게 전쟁에 관련된 중요한 정보가 있다고 생각하거나, 그런 정보가 있는지 없는지 확신이 없었다. 같은 질문에 대해 C마을의 비자발적 청중 중에서는 20%만이 같은 대답을 했다. 이 둘 사이의 차이는 5% 신뢰수준에서 유의미했다. 비청중 집단의 경우에는 각각 18%와 16%였다.

비자발적 청중과 비청중 집단의 응답 비율을 비교하면 팸플릿을 읽는 것 자체만으로 사람들이 자신에게 발설하면 안 되는 중요한 정보가 있다고 느끼지는 않는다는 것을 분명히 알 수 있다. 결국 자발적 청중 속에 그러한 사람의 비율이 더 높은 것은 팸플릿을 읽어서라기보다는 중요한 정보가 있다는 사실 자체가 그 팸플릿을 읽게 했다고 결론 내려야 할 것이다. 달리 말하면, 자신이 중요한 것을 안다고 느끼거나 또는 그런지 어떤지 확신이 서지 않는 사람들, 그래서 팸플릿과 관련된 행동을 미래에 할 가능성이 있는 사람들이 자발적으로 팸플릿을 읽고 정보를 습득하는 빈도가 더 높았다.

정보탐색을 통한 부조화 감소

그럼 이제 다시 이 책의 주된 관심사인 인지부조화 이론이 어떤 함의가 있는지의 문제로 돌아가자. 앞 장에서 논의한 사실, 즉 부조화가 발생하면 기존의 인지요소들과 일치하는 새로운 인지요소를 산출하는 정보를 적극적으로 찾아 나서고 부조화를 증가시키는 정보는 피하려고 한다는 것을 기억할 수 있을 것이다. 이와 같은 문제에 관해서 라디오 청취자나 신문독자 등을 대상으로 방대한 규모의 연구가 진행되었으나, 상대적으로 분명한 해석이 가능하고 우리의 가설에 부합하는 자료는 그리 많지 않다. 사실 우리에게는 이러한 기준에 부합하는 연구라고 할 만한 것이 하나밖에 없는데 이 연구에 대한 해석에도 여전히 반론의 여지가 있다.

라자스펠트(Lazarsfeld, 33) 가 보고한 이 연구는 일련의 교육용 라디오 프로그램 청취자들에 관한 것이었다. 아래에는 라자스펠트가 자신의 연구에서 발견한 내용을 요약한 것을 인용했다.

> … 이른바 교육 프로그램이라는 것도 이러한 경향에서 자유롭지 않다. 얼마 전에는 우리나라에 사는 다양한 국적의 이민자들이 어떻게 모두 미국 문화를 형성하는 데 기여했는지를 여러 회에 걸쳐 소개한 프로그램이 있었다. 이 프로그램의 목적은 서로 다른 민족을 포용하기를 가르치는 것이었다. 하지만 각 회의 프로그램의 청취자는 주로 그 회의 프로그램에서 다루는 민족에 속한 사람들처럼 보였다. 이 프로그램이 이민족에 대한 포용을 가르칠 기회는 거의 없었는데 그것은 자기선택(*self-selection*)으로 인해 각 방송분의 청취자는 해당 방송의 내용을 알고 있는, 즉 방송에서 소개하는 민족의 사람들이었고 자신들이 이미 알던 사실을 들었기 때문이다(69쪽).

분명 이것은 부조화를 감소시킬 것 같은 정보를 적극적으로 찾아 나서는 것에 관한 가설과 일치한다. 미국에 사는 소수민족 집단의 구성원들에게는 자신이 소수민족의 일원이라는 사실과 부조화를 이루는 인지요소가 많을 것이라는 추측은 크게 틀리지 않는다. 결국 우리의 가설에 따르면, 이 사람들은 특정 소수민족의 구성원으로 사는 자신의 현실과 일치하는 인지요소를 만들 정보를 주리라고 기대하는 방송 프로그램을 청취하도록 매우 강하게 동기화될 것이다. 이 소수민족 집단이 미국 문화에서 중요하다든가 미국 문화에 중요한 기여를 했다는 사실을 아는 것은 이 집단의 일원으로 사는 것과 조화를 이룬다.

　이와 관련하여 인용할 만한 다른 연구들이 많이 있기는 하지만, 이 연구들은 모두 해석상 모호성의 문제가 있다. 누군가가 정치적으로 자유주의 성향의 사람들이 보수성향의 신문을 읽는 경향이 있다는 사실을 발견했다고 했을 때, 정치성향이 신문 선택에 영향을 주었는지, 아니면 신문이 그의 정치적 견해에 영향을 주었는지 분명하게 밝히기 어렵다. 또한, 다양한 신문 독자들에게 부조화가 있다거나 없다고 말할 수도 없다. 이러한 자료는 부조화 이론의 함의와 일치하지만 이를 확증하는 강한 증거를 제시하는 것은 아니다.

　현재의 논지와 관련 있는 또 다른 연구 하나를 제3장에서 이미 다루었다. 이는 엘리히 등(Ehrlich et al., 13)의 연구이다. 연구자들은 새 자동차를 구입한 후에 부조화가 발생하면 금방 구입한 자동차의 장점을 자세히 알려 주는 광고를 읽게 된다는 것을 발견했다. 또한, 이 연구를 의사결정 후의 상황과 관련하여 부조화 이론의 함의와 연결하여 논의했다. 이 연구는 현재의 논의에서도 여전히 유효한데 이 연구가 부조화를 줄이기 위해 적극적으로 정보를 찾아 나서는 것을 다루기 때문이다.

자발적 청중의 복합적 특성

청중들이 모두 같은 이유로 특정 정보에 귀를 기울이느냐 하는 점에서 보면 물론 대부분의 자발적 청중 집단은 동질적이지 않다. 예를 들어, 어떤 강연을 보면 그 강연의 청중 몇몇은 어떤 의사결정을 하기 전에 관련 정보가 필요하기 때문에, 몇몇은 부조화를 줄이려는 의도에서, 그리고 몇몇 그 강연의 내용과 상관없는 동기에서 참석한다. 청중들의 특성에 관한 연구 대부분은 사실 이 모든 요인들의 복합적 작용을 모두 반영하는 경향이 있다. 그러한 연구에서는 구체적 동기를 분명하게 분리해서 명확하게 설명하기 어렵기 때문에, 아주 분명하고 확실한 자료를 얻을 수 없다. 하지만 이러한 연구 중에 하나를 살펴서 이러한 연구가 현재 논의 중인 이론에 어떤 종류의 정보를 제공하는지, 그리고 어느 정도 수준의 증거를 제시하는지를 알아보자.

이 연구는 일반 대중이 홍보나 광고 캠페인을 얼마나 인지하는지에 관한 수많은 연구 중에서 아주 전형적인 연구다. 일반 대중이 어느 정도는 그러한 홍보 캠페인에 자발적으로 참여할 수 있기 때문에 우리가 고려하는 가설이 적절해야 하고, 홍보 캠페인을 접한 사람과 접하지 않은 사람을 구별할 수 있도록 효과가 제대로 드러나야 한다.

이와 같은 연구에서 가장 유관한 자료는 특정 사항에 대한 정보나 지각과 '그 문제에 대한 관심'(interest in the matter) 이라고 할 수 있는 다른 변인과의 관계에 대한 응답자료이다. 어떤 것에 대한 관심 (interest in some-thing) 이라는 말은 물론 매우 모호해서 보통 아무것도 분명하게 가리키지 않는다. 때로는 관심의 크기를 잰다는 것이 미래에 일어날 행동의 중요성을 재는 것이거나, 아니면 현재의 행동이나 반응의 중요성을 재는 것이라고 가정할 수도 있다. 자료를 현재 이론에 맞춰 살펴보는 것은 이와 같은 가정을 어느 정도 수준까지 세우느냐에 달려 있다.

이 이론에 비추어 그러한 자료를 해석하는 데에는 또 다른 어려움도 있다. 그런 연구에서 제시된 자료는 단지 두 변인 사이의 연관성만 보여 줄 뿐 인과성의 방향에 대해서는 말해 주지 않는다. 우리가 현재 다루는 이론에서는 부조화가 존재하면 선별적이고 자발적인 정보습득 행동으로 이어진다고 말한다. 그런데 이러한 유형의 자료는 인과성을 다른 방향으로 해석할 수도 있다. 이 이론과의 직접적이고 명확한 관계를 수립하는 데 어려움이 있지만, 우리는 그러한 연구를 하나 다룰 것이다. 물론 우리가 논의하고자 하는 연구는 위에서 언급한 어려움이 가장 적은 것이다.

미시간의 '설문조사연구센터'(Survey Research Center, 53)에서는 미국 암 학회에서 시행한 한 캠페인에 대한 대중의 인지도에 관한 연구결과를 발표했다. 연구에서는 암과 관련한 이 캠페인을 얼마나 알고 있는지에 대한 질문과 함께 어떤 질병이 '가장 위험하다'고 생각하는지에 대해 물었다. 〈표 7-3〉은 암을 가장 위험한 병이라고 지목하는 것의 여부와 암 관련 캠페인에 대한 인지도 사이의 관계를 보여 준다.

이 관계를 해석하기 전에 암을 가장 위험한 질병이라고 말한 사람의 느낌과 반응을 먼저 생각해 보자. 이렇게 대답한 응답자의 74%는 암은 불치병이고 치명적이기 때문이라고 그 이유를 설명했다. 그러면 암을 가장 무서운 질병이라고 답하는 것이 암을 두려워하는 것을 나타내거나, 아니면 적어도 이와 관련된 미래의 행동, 말하자면 암에 걸리지 않기 위한 행동을 하리라는 것을 의미한다고 가정해 보자. 만약 이것이 사실이라면 암이 가장 위험한 병이라는 의견과 암에 관한 캠페인에 대한 인지도 사이의 관계는 이 이론과 일치할 것이다. 미국 암학회의 캠페인은 암을 예방하기 위해 필요한 행동에 관한 정보를 제공했으며, '암에 대한 두려움'과 일치하는 인지요소를 제공했을 것이다. 그렇다면 그 질병을 두려워하거나 이와 관련되는 행동을 할 여지를 보인 사람들은 이 캠페인을 통해 정보를 얻으려 할 것이고 그래서 이 병을 두려워하지 않거나 그와 관련된 행동을 할 여지를 보이지 않은 사람들보다 암에 대한 캠페인을 훨씬 더 잘 알고 있을 것으로 예상할 수 있다.

자발적 청중은 이 같은 복합적 특성을 보이게 마련인데, 〈표 7-3〉의 자료는 분명 이 두 요인을 잘 반영한다. 이런 방식으로 해석했을 때 이 데이터가 우리의 이론을 잘 지지한다는 것을 쉽게 알 수 있다. 또한, 이 데이터를 한꺼번에 해석하기 위해서는 수많은 가정과 억측이 필요하리라는 것도 쉽게 알 수 있다.

사람들이 두려움을 줄이려고 하기보다는 '두렵게 만드는' 정보를 찾아 나선다고 하면 어떤 독자들은 놀라거나 이상하게 여길 것이다. 하지만 여기서 얘기하고자 하는 바는 만약 어떤 대상을 두려워한다는 인식과 그와 관련된 지식 사이에 부조화가 존재한다면, 그리고 만약 이 두려움이 변화에 대한 저항을 의미한다면, 두렵게 만드는 정보를 찾아 나서는 일이 일어날 것이다. 이는 그 정보가 부조화를 감소시키기 때문이다. 이 부분에 대한 더 자세한 논의는 제 10장에서 다루겠다.

비자발적 정보습득에 대한 반응

지금부터는 다시 어떤 사람이 자신의 인지체계에 부조화를 증가시킬 정보에 강제로 노출되었을 때 어떤 반응을 보일 것인지에 관심을 집중해 보자. 앞 장에서, 만약 부조화를 이미 겪고 있는 사람은 새로운 정보로부터 자신을 보호하려고 새 정보를 경계한다고 했던 것을 기억할 것이다. 앞으로 우리는 이러한 과정과 관련된 자료를 제시하는 3개의 연구에 대해 논의할 것이다.

(1) 첫 번째 연구는 잘못된 지각을 통하여 부조화를 피하는 것과 관련된다. 강제로 새로운 정보를 접했을 때, 이 부조화를 처리하는 가장 빠르고 어쩌면 가장 효과적인 방법은 주어진 자극을 잘못 지각하거나 회피하는 것이다. 물론 사람들이 자신이 이미 믿는 것과 일치하는 정보를 인식하고 해석한다는 것은 이미 잘 알려져 있다.

하스토프와 캔트릴(Hastorf and Cantril, 24)의 연구는 부조화를 일으킬 가능성이 있는 정보에 비자발적으로 노출될 때 일어나는 이러한 반응의 최종 결과에 관한 자료를 제공한다. 이 연구자들은 어떤 사건에 대해 의견차가 발생하는 상황을 이용했는데, 이러한 상황은 주로 동일한 사건에 대해 서로 다른 견해가 미치는 영향을 연구할 때 사용된다. 아래의 글에서 연구자들은 두 집단 사이의 의견차이가 처음에 어떻게 일어나는지를 아주 잘 묘사한다.

1951년 11월 23일 아주 화창한 토요일 오후에 다트머스대학 미식축구팀은 프린스턴의 팔머 스타디움에서 프린스턴대학 미식축구팀과 시합을 했다. 이 경기는 두 팀 모두에게 그해 마지막 경기였다. 또한, 프린스턴 미식축구팀의 경우에는 그때까지 전승을 기록했고, 모든 미국인의 주목을 받으며 최근 〈타임〉(TIME)지의 표지인물이 된 프린스턴 팀의 카츠마이어 (Kazmaier) 선수의 마지막 경기였기 때문에 좀더 특별한 의미가 있었다.

경기 시작 후 몇 분이 채 지나지 않아 이 경기가 아주 격렬하게 되리라는 것을 분명히 알 수 있었다. 경기 심판들은 계속 호루라기를 불어 댔고 양 팀에 벌칙을 주었다. 제 2쿼터에서는 프린스턴의 중요 선수 한 명이 코를 다쳐서 교체되었고, 제 3쿼터에서는 다트머스 선수 한 명이 다리가 부러져 교체되었다. 프린스턴이 이긴 이 시합의 공식기록에 따르면, 다트머스는 70야드의 벌칙을, 프린스턴은 25야드의 벌칙을 받았는데, 양 팀이 동시에 벌칙을 받아서 벌칙 야드가 적용되지 않은 경우도 많았다.

말할 필요도 없이, 시합 후 곧바로 서로에 대한 비방이 난무하기 시작했다. 이 시합은 즉시 양 팀의 선수와 코치, 양 대학의 학생과 교직원들, 그리고 시합을 직접 보지는 않았지만 최근 선수 보조금이나 상업주의 등을 접하면서 대형 미식축구 리그의 문제점에 민감해진 양 대학의 동문이나 일반인들도 관심을 두게 되었다. 시합과 관련된 논쟁이 몇 주간 계속되었다.

이 시합과 관련된 논쟁을 확대시킨 요인 중 하나는 이 문제를 집중적으로 다룬 각 대학의 신문이나 그 지역의 신문들이었다. … (129쪽).

문제를 요약하면, 프린스턴의 신문들은 다트머스 팀이 고의로 거칠게 시합했고 프린스턴의 그 유명 선수에게 부상을 입히려 했다고 비난했다. 이에 대해 다트머스의 신문들은 그 선수의 부상은 우연한 사고였으며 특별한 것이 아니었다고 반박했다. 또한, 이 사고 이후 결과적으로 프린스턴 팀이 고의적으로 거칠고 과격하게 시합하기 시작했다고 주장했다. (그 시합이 있은 지 일주일 후) 이 연구가 실시되었을 때에는 이미 〈표 7-

〈표 7-4〉 동일 사건 지각에서 서로 다른 의견의 영향

질문 : 당신은 그 시합이 깨끗하고 공정하게 이루어졌다고 생각합니까? 아니면 불필요하게 과격하고 혼탁했다고 생각합니까?		
응답	다트머스 학생의 응답 비율 (N=163)	프린스턴 학생의 응답 비율 (N=161)
깨끗하고 공정했다	13	0
거칠었지만 공정했다	39	3
거칠고 혼탁했다	42	93
모르겠다	6	4
질문 : 어느 팀이 먼저 과격한 경기를 시작했다고 생각합니까?		
프린스턴	2	0
두 팀 모두	53	11
다트머스	36	86
두 팀 모두 아니거나 무응답	9	3

4〉에서 보는 것처럼 두 학교에서의 의견이 분명하게 나뉘어 있었다.

두 학교 학생들의 의견 사이에는 아주 큰 차이가 있음을 분명하게 볼 수 있다. 프린스턴 대학 학생들은 거의 대부분 그 시합이 거칠고 혼탁했으며, 다트머스가 먼저 과격한 경기를 시작했다고 생각했다. 한편, 다트머스 대학 학생들은 그 경기가 다소 거칠었지만 그렇게 혼탁하지는 않았다고 생각했다. 또한, 이 학생들은 양 팀이 동시에 거친 경기를 시작했다고 보는 경향이 있었다.

이 두 대학 학생들 중에서 약 50명에게 그 경기를 녹화한 영상을 보여주었다. 이 학생들에게는 경기를 보는 중에 규칙을 어기는 장면을 발견하면 적을 수 있도록 기록지를 주고 쓰도록 했다. 〈표 7-4〉에는 학생들이 화면을 보면서 발견한 반칙의 수를 평균한 값을 제시한다.

〈표 7-4〉와 〈표 7-5〉를 보면 학생들이 시합 영상을 볼 때 그 문제에 대해 자신의 의견과 일치하는 방식으로 경기를 보려 했다는 것을 분명히 알

〈표 7-5〉 경기 영상을 보면서 확인한 반칙 수

집단	다트머스 팀에 대한 반칙		프린스턴 팀에 대한 반칙	
	평균	SD	평균	SD
다트머스 학생(N=48)	4.3*	2.7	4.4	2.8
프린스턴 학생(N=49)	9.8*	5.7	4.2	3.5

* 4.3과 9.8의 차이는 1% 신뢰수준에서 유의미했다.

수 있다. 그 시합이 조금 격렬했고 두 팀이 동시에 격렬한 시합을 시작했다고 생각하는 다트머스 학생들은 더 적은 수의 반칙을 발견했고 이 수치는 두 팀 모두에 비슷했다. 하지만 그 시합이 아주 격렬했을 뿐만 아니라 혼탁했으며 다트머스 선수들이 먼저 거칠게 시합했다고 생각하는 프린스턴 대학의 학생들은 다트머스 선수들이 프린스턴 선수보다 2배 정도 더 많은 반칙을 범했다고 보고했다. 결국 이들은 어떻게든 부조화를 발생시키거나 증가시키지 않으려 했다.

(2) 두 번째 연구에서는 어떤 정보에 비자발적으로 노출되었을 때 부조화를 야기하는 그 정보를 무효화하려는 반응을 다룬다. 어떤 사람이 비자발적으로 새로운 정보를 접했더라도 이런저런 방법으로 그 정보를 무효화시킴으로써 그 정보를 통해 야기되는 부조화를 최소화할 수 있다. 어쩌면 이를 위한 가장 쉬운 방법은 단순히 그 정보를 사실로 받아들이지 않는 것이다.

최근에 발간된 신문이나 잡지에서 담배와 폐암의 관계에 관한 기사를 읽는 것은 새로운 정보를 비자발적으로 알게 되는 상황과 유사하다고 할 수 있다. 우리는 당연히 이 기사가 많은 사람들에게 배포되기 때문에 대부분의 흡연자가 원하든 원치 않든 이 정보에 노출되었을 것이라고 가정할 수 있다. 또한, 이 정보가 너무나 단순하여 '오지각'(misperception) 이 일어나기 어려우리라고 추측할 수 있다. 그래서 결국 이 사실을 알게 됨으로써 인지부조화가 발생할 사람들에게서 불신이나 의심을 관찰할 수 있을 것으로 기대할 수 있다. 흡연이 폐암 발생에 영향을 준다는 지식은 분명히 계속 담배를 피우는 행동과 부조화를 이룬다. 또한 대부분의 흡연자에게는 담배 끊기가 쉽지 않은 것이 분명하다. 그래서 흡연자들 사이에서는 발표된 연구결과에 대한 의심이 발견될 것으로 기대할 수도 있다.

여론조사 기관 미네소타 폴(Minnesota Poll)이 1954년 2월에 실시한 조사에서 이와 관련된 자료를 찾아볼 수 있다. 이 조사에서는 흡연습관에 관한 질문과 함께 다음과 같은 질문을 했다.

"최근 흡연이 폐암의 원인인지에 관한 과학적 연구보고서가 발표되었습니다. 당신은 흡연과 폐암의 관계가 증명되었다고 생각하십니까, 아니면 증명되지 않았다고 생각하십니까?"

여기서 흥미로운 점은 흡연과 암의 관계가 밝혀졌다는 사실을 받아들이는 것에 대해서 흡연자와 비흡연자를 비교하는 것이다.

하지만 그 자료를 제시하기 전에 이를 해석하는 것과 관련해서 주의할 점이 몇 가지 있다. 어떤 의견이 있는 것의 여부와 실제로 그 의견과 관련된 행동을 하는 것 사이의 관계를 살펴보는 대부분의 경우, 이 관계의 인과적 방향성에 대한 해석이 어느 정도는 모호할 수밖에 없다. 우리 모두는 인지가 행동의 방향을 결정한다는 것을 당연하다고 받아들일 것이다. 이에 따라 결국 행동과 어떤 의견(이 있고 없고의 여부) 간의 관계는 인지가 행동을 결정한다는 인과의 방향에 의해 결정된다고 볼 수 있다. 하지만 부조화 이론은 동일한 관계에 대한 인과성을 정반대방향으로 예언한다. 인과성의 방향을 분명히 확인하고 해석에서의 어떤 모호함도 제거하기 위해서는 그 행동이 그 의견이 있기 어느 정도 미리부터 존재했다는 것을 분명히 말할 수 있어야 한다.

여기서 제시할 흡연자와 비흡연자에 관한 자료는 다행히도 인과성의 방향을 분명하게 해석할 수 있다. 이 조사가 실시되기 1년 전에는 담배를 피우는 것과 폐암 사이의 연관성이 증명되었는가라는 질문에 대한 의견이 분명한 사람이 없었다. 그전에는 이 문제와 관련해서 발표된 연구가 없었기 때문이다. 만약 지난 한 해 사이에 담배를 끊었다고 보고한 사람들을 표본에서 모두 뺀다면 연구보고서가 출간되기 전부터 담배를 피웠거나 피우지 않았던 사람들, 즉 그들의 행동에 변화가 없었던 사람들만 남을 것이다. 총 585명의 응답자 중에서 최근 1년 안에 담배를 끊었거나 (11명) 끊기 위해 심각하게 노력했으나 실패하였다고 (21명) 답한 사람은 모두 32명 (5% 약간 넘는 수준) 이었다.

이들을 분석에서 제외함으로써 실제적으로 자료에는 영향을 주지 않으면서 해석은 상당히 명확하게 할 수 있었다. 즉, 흡연과 폐암 문제에 관한 의견 사이에 어떤 관계가 있다 하더라도 그 의견이 그에 따른 행동을 결정했다고 할 수 없을 것이다. 우리는 물론 부조화 이론에 기반을 두고 흡연자가 자신이 계속 담배를 피운다는 사실과 상당히 부조화를 이루는 인지를 일으키는 이 연구보고서의 영향을 회피할 것이라고 예상할 것이다. 결국 우리는 담배를 피우는 사람들이 흡연과 폐암의 관계가 증명되었다는 사실을 덜 믿는다는 것을 알게 될 것이다. 이 문제에 관한 많은 연구결과물이 담배를 많이 피우는 사람이 폐암에 걸릴 위험이 가장 높다는 사실을 강조하기 때문에, 담배를 더 많이 피우면 피울수록 그 사실을 더 잘 믿지 않을 것이라고도 예상할 수 있다. 〈표 7-6〉에서는 이에 관한 자료를 보여 준다.

<표 7-6> 흡연과 폐암의 관계에 관한 응답자들의 의견

(전체 응답자 수에 대한 비율)

집단	흡연과 폐암의 관계에 대한 의견 비율		
	증명되었다	증명되지 않았다	의견 없음
비흡연자(N=348)	29	55	16
약한 흡연자(N=59)	20	68	12
중간 수준 흡연자(N=105)	16	75	9
심한 흡연자(N=41)	7	86	7

이 자료에서 두 가지 사실이 분명해 보인다. 담배를 더 많이 피우면 피울수록 흡연행동과 부조화를 이루는 정보를 받아들이기를 거부하는 경향이 더 커지고, 그 사실에 대해 분명한 견해를 보이는 경향이 더 커진다. 그래서 심한 흡연자 중 86%가 흡연과 폐암의 관련성이 증명되지 않았다고 생각하는 반면, 7%만이 그 사실이 증명되었다고 생각하였고, 분명한 의견이 없는 사람도 7%밖에 되지 않았다. 흡연과 폐암의 관련성이 증명되었다고 생각하거나 분명한 의견이 없는 응답자의 비율은 심한 흡연자에서 중간 수준의 흡연자와 약한 흡연자를 거쳐 비흡연자로 가면서 조금씩 증가하는 추세를 보인다. 이 자료에서 분명히 알 수 있는 것은 어떤 한 행동에 빠진 사람은 인정할 경우 자신의 행동에 관한 인지에 부조화를 야기할 정보는 끝까지 거부한다는 사실이다.

(3) 비자발적으로 어떤 정보에 노출되었을 때 일어나는 반응에 관한 세 번째 연구는 부조화를 일으키는 정보의 망각에 대한 것이다. 새롭게 부조화가 발생하는 것을 어느 정도 막기 위한 또 하나의 방법으로 독자들은 비자발적으로 접한 정보를 잊어버리는 방법을 떠올렸을 수도 있다. 그러나 비자발적으로 접한 정보를 잊는 것이 쉽지 않다. 왜냐하면 이 정

보가 부조화를 유발한다는 사실 때문에 더욱 또렷해지기 때문이다. 하지만 만약 이 새로운 정보가 비교적 짧고 일상생활 중에 이 정보를 떠오르게 하는 것이 없다면 선택적 망각현상을 관찰할 수 있다.

월렌(Wallen, 52)은 이러한 현상을 매우 분명하게 보여 주는 실험을 했다. 이 실험의 절차를 짧게 설명하면 다음과 같다.

피험자에게 40개의 형용사가 적힌 단어목록을 주고 자신을 잘 설명하는 단어와 그렇지 않은 단어를 표시하도록 했다. 일주일 후에 앞서 보여 준 것과 동일한 형용사 리스트를 받았는데, 이 단어목록에는 다른 누군가가 그 피험자를 평가한 것으로 보이는 평가값이 표시되어 있었다. 이 단어목록에 표시된 평가척도는 미리 계획한 것으로 각각의 피험자가 동의할 만한 것이 반 정도 되고 동의하지 못할 만한 것이 반 정도 되도록 했다. 48시간이 지난 후, 피험자들에게 이 가짜 평가표를 기억하도록 했다. 이렇게 함으로써 피험자들이 인지부조화를 야기하는 정보를 강제로 접하게 했다. 물론 이것은 예를 들어 자신을 '융통성 있다'고 표시한 피험자가 타인이 자신을 '융통성이 없다'고 표시한 것을 알게 되었을 때, 이 두 인지요소 간에 부조화가 발생할 것이라고 가정하고 있다.

이 연구의 회상검사 결과를 보면 부조화를 야기하는 정보가 든 문항을 더 잘 잊는 경향이 있음을 분명히 알 수 있다. 이 사실은 피험자 자신의 평가와 타인의 평가가 일치하는 항목과 일치하지 않는 항목에서 각각 틀린 것의 비율을 비교하면 가장 잘 알 수 있다. 피험자 본인의 평가와 타인의 평가가 일치하는 항목의 경우에는 회상에 실패한 비율이 각각 14.5% (어떤 형용사가 해당 피험자의 특성을 잘 설명한다고 평가한 경우)와 16.7% (어떤 형용사가 해당 피험자의 특성에 부합하지 않는다고 평가한 경우) 였다. 두 평가가 일치하지 않는 경우, 즉 피험자는 자신의 특성을 잘 설명하는 적절한 형용사라고 생각하였지만 외부 평가자는 그렇지 않다고 하거나 또는 그 반대의 경우에는 회상 과제에서의 실수 비율이 각각 25.6%와 22.3%였다. 동일한 검사를 일주일 후에 다시 실시하였을 때도 같은 결과가 두드러지게 나타났는데, 피험자는 인지체계에 부조화를 일으키는 정보를 잊는 경향이 있었다.

이 연구를 통해 알게 된 다른 많은 사실들도 언급할 필요가 있다. 연구자들은 또한, 피험자들에게 제시된 형용사들이 바람직한 특성인지 여부를 평가하도록 했다. 형용사가 바람직한 특성을 나타내는지 아닌지 하는 것은 회상능력에 별다른 영향을 주는 것 같지 않았다. 적어도 현재로서는 회상률에 영향을 주는 중요한 요인은 분명히 두 평가가 일치하는지 여부였고, 개별 형용사가 바람직한 특성을 나타내는지와는 상관이 없었다. 그리고 피험자에게 주어진 두 번째 평가값이 피험자 자신에 대한 것이 아니어서 부조화가 발생하지 않았던 통제집단의 결과 또한 흥미로웠다. 통제집단의 경우에는 두 평가치가 일치하는 것과 일치하지 않는 것이 회상에 어떠한 영향도 주는 것 같지 않았다.

새로운 정보가 제시되고 일정한 시간이 흐른 후 회상하도록 하면 부조화를 일으키는 정보의 경우에는 그것을 잊게 되는 경향이 뚜렷하다는 결론을 내릴 수 있다.

비자발적 노출에 의한 부조화의 성공적 발생

사람들은 자신이 생각하기에 부조화를 증가시킬 것 같은 새로운 정보는 접하려 하지 않는 경향이 있다는 사실과 어쩌다 억지로 또는 의도하지 않게 그러한 정보를 접하더라도 자주 잘못된 지각, 불신, 또는 이와 유사한 과정을 통해 그 정보의 영향을 없애려고 한다는 사실을 종합하면, 개인의 어떤 의견이 현재 자신의 행동이나 일단의 태도나 생각과 일치하는 경우에는 그것을 바꾸기가 매우 어렵다는 결론을 얻을 것이다. 이것은 분명한 사실이다. 하지만 우리는 부조화 이론의 맥락에서 볼 때, 어떤 경우에 의견변화가 일어날지에 대해 질문해 볼 수 있다.

부조화를 산출하거나 증가시킬 가능성이 있는 정보를 회피하는 행동은 그 정보에 대한 기대(이것은 말로 표현되지 않을 수도 있다)나 그 정보에 대한 사전평가의 영향을 받는 것이 분명해 보인다. 그래서 어떤 사람이 실제로는 부조화를 증가시키는 정보가 부조화를 감소시킨다고 기대하거나 평가하는 상황을 만들 수 있다면, 훨씬 강력한 부조화를 얻을 것으로 예상할 수 있다. 만약 기존에 지닌 의견과 부조화를 일으키는 데 성공한다면 의견을 바꿀 확률이 더 높아진다. 즉, 이렇게 부조화가 발생한 사람은 기존의 의견체계의 일부를 변경함으로써 부조화를 감소시킬 것이다.

에윙(Ewing, 14)은 이 점과 연관된 연구를 발표했다. 그는 피험자들에게 아주 설득력 있는 글을 하나 읽게 했는데, 이 글에는 포드 자동차회사에 아주 비우호적인 사실이 적혀 있었다. 이 글은 포드 자동차에 대한 피험자들의 처음 의견보다 훨씬 더 비우호적인 내용이었다. 이것과 내용이 완전히 동일한 글을 모든 피험자들에게 제시하였는데, 이 글을 잘 읽었다면 기존 의견에 부조화가 발생할 것으로 기대되었다. 즉, 이 보고서를 읽고 나면 피험자에게 기존의 인지체계와 부조화를 일으키는 인지요소가 발생했을 것이다.

이 연구에는 다음과 같은 두 종류의 조건이 있다.

[조건 1] 이 조건에 속한 피험자들에게 주어진 글은 다음과 같은 문장으로 시작하였다.

"수많은 사람들이 포드 자동차회사가 최악의 상황에 있는 '대기업'(Big Business)을 대표한다고 지적했다. 하지만 아래의 사실 중 몇 가지를 보면 이러한 주장이 정당화되기 어려움을 알 수 있다"(80쪽). 즉, 이 조건의 피험자들은 앞으로 읽을 글이 포드사에 우호적 내용일 것으로 기대하게 유도되었다. 그래서 사전에 포드사에 우호적이었던 사람들은 자신의 기존 신념체계와 부조화를 일으키는 정보를 접할 것이라고 기대하지 못하고 심리적으로 자신을 방어하지 못했을 것이다.

[조건 2] 이 조건에 속한 피험자들에게 주어진 글은 앞의 조건과 정반대의 기대를 하도록 다음과 같은 문장으로 시작하였다.

"수많은 사람들이 포드 자동차회사가 최고의 상황에 있는 '대기업'을 대표한다고 지적했다. 하지만 아래의 사실 중 몇 가지를 보면 이러한 주장이 정당화되기 어려움을 알 수 있다"(80쪽).

이 도입문장으로 이 조건의 피험자들은 자신이 읽을 글이 포드사에 비우호적 내용을 담았으리라고 기대하도록 유도된 것이다. 사전에 포드사에 우호적이었던 피험자들은 이 글을 읽으라고 강요받았을 때 부조화가 발생하지 않도록 주의하였을 것이다. 여기서 한 번 더 강조할 것은 두 조건에서 글의 내용은 동일했고, 포드사에 대한 피험자들의 기존 의견보다 훨씬 더 비우호적인 글이었다는 점이다. 만약 [조건 1]에서 피험자를 속

<표 7-7> 자료를 읽은 후 의견의 순변화량

	의견의 순변화량	
	첫 진술에서 두 번째 진술로 변화	두 번째 진술에서 세 번째 진술로 변화
조건 1 : 표현된 글의 의도가 피험자의 의견에 동의하는 경우	2.37	.15
조건 2 : 표현된 글의 의도가 피험자의 의견에 동의하지 않는 경우	1.35	-.92*

* 음수 표시는 의견변화가 실제 실험자료로 사용된 글이 의도한 것과 다른 방향으로 일어난 것을 의미한다.

이는 데 성공해서 부조화를 일으킬 수 있었다면, 그 글을 읽은 후에 의견 변화를 보인 사람의 수가 〔조건 2〕에서보다 〔조건 1〕에서 더 많을 것으로 기대해 볼 수 있다.

실험에서 설득력 있는 글을 읽기 전에 각 피험자들은 관련된 문제에 대해 자신의 의견을 밝히라는 지시를 받았다. 그리고 글을 읽고 난 직후에 피험자들에게 다시 자신의 의견을 기록하도록 했다. 이틀 후에 세 번째로 같은 문제에 대한 피험자들의 의견을 확인했다.

〈표 7-7〉은 이 실험에서 얻은 자료를 보여 준다. 이 자료를 보면 피험자가 읽은 글에서 표현된 의도가 포드사에 호의적이고(피험자들은 일반적으로 호의적임), 글의 내용이 비호의적인 경우에 이 글이 피험자의 의견을 포드사에 더 비호의적인 방향으로 바꾸는 데 성공했음을 알 수 있다. 게다가 이 의견변화가 세 번째 측정에까지 계속 유지되었다.

글의 내용과 글에 드러난 화자의 취지가 모두 포드사에 호의적이지 않았을 경우에는 변화의 정도가 훨씬 작았고, 이틀 후에는 전혀 변화가 없었다. 첫 번째 측정에서 세 번째 측정에 이르기까지의 의견변화에서 두

<표 7-8> 글의 특성에 대한 긍정적 응답의 비율

실제 본문의 내용보다 처음의 의견이 더 호의적인 정도	조건 1		조건 2	
	N	호의적 반응의 비율	N	호의적 반응의 비율
거의 없음	4	0	5	100
조금	25	36	41	22
보통	13	50	26	15
매우 많이	26	55	24	8

집단 간의 차이는 1% 신뢰수준보다 훨씬 더 통계적으로 유의미하게 나타났다.

이 자료는 우리가 이론적으로 함축한 사실, 즉 (처음에 밝힌 글의 취지를 피험자들의 의견과 일치하게 만들어서) 피험자들이 처음에 자신이 접한 정보가 자신의 기존 의견에 부합될 것이라는 기대와 인상을 받은 경우에는 이 글의 주장이 성공을 거둘 것이라는 예상이 정확하다는 것을 증명한다.

글의 취지를 처음에 밝히는 것이 이와 같은 방식으로 작용했다고 해석할 수 있는 것은 이 글을 읽고 어떻게 느꼈는지, 즉 편향되었는지, 논리적인지, 실제로 관찰한 내용과 일치하는지, 믿을 수 있는 글이었는지 등의 질문에 대한 피험자들의 응답자료를 통해 더욱 확실하게 뒷받침되기 때문이다. <표 7-8>은 피험자들이 실제 글 속에 나타난 의견과 자신의 기존 의견 사이에 있는 다양한 수준의 차이에 대해 호의적 반응(편향되지 않았다거나 논리적이라거나 또는 자신의 관찰과 일치하는지, 믿을 만한지 등)을 보인 응답자의 비율을 보여 준다.

피험자들이 그 글의 특성을 호의적으로 평가한 것은 글의 실제 내용에 따른 것이 아님이 분명하다. 두 집단은 모두 동일한 본문을 읽었다. 하지만 그 글을 호의적으로 평가한 비율은 도입문과 본문 사이의 관계를 서로 다르게 한 [조건 1]과 [조건 2]에서 완전히 상반된 결과를 보였다. 진술

의도가 결정적 요인인 것으로 보인다. 〔조건 1〕의 경우에는 초기 진술문이 실제 본문의 내용과는 아주 많이 다른 의견을 지닌 사람의 생각과 가까웠던 반면에, 〔조건 2〕에서는 초기 진술문이 실제 본문의 내용과 크게 다르지 않거나 조금 차이가 나는 의견을 지닌 사람의 최초 의견과 가까웠다. 그러면 글의 특성에 대한 긍정적 평가를 한 비율은 피험자가 가진 최초 의견과 글의 진술 의도가 얼마나 가까우냐에 매우 큰 영향을 받은 것이다. 이 둘의 차이가 클수록 긍정적 평가의 비율은 더 작아진다.

정보에 노출되는 것에 관한 실험

우리는 지금까지 어떤 정보에 노출될 가능성이 있거나 필요성이 생겼을 때 개인의 행동에 대한 부조화 이론의 함의를 길게 논의했다. 또한, 이 이론의 설명을 지지하는 연구결과도 많이 제시하였다. 그러나 우리가 논의한 연구들 중에 몇몇은 해석에 모호한 면이 있다. 그래서 나는 다누타 엘리히(Danuta Ehrlich)와 피터 쉰바흐(Peter Schoenbach)의 도움을 받아 부조화와 정보에 대한 노출 사이에 존재하는 모든 관계를 구체적으로 검증하기 위해 실험연구를 하나 실시하였다.

이러한 유형의 행동에 대한 이 이론의 구체적 함의를 짧게 살펴볼 필요가 있다. 간략하게 살피기 위해서 행동 자체의 변화가 어렵기 때문에 행동과 관련한 인지가 잘 바뀌지 않는 상황일 때, 다른 인지와 현재의 행동에 대한 지식 사이에 발생하는 인지부조화에만 한정해서 살펴볼 것이다. 우리는 다음과 같은 상황을 예상할 수 있다.

(1) 기존의 인지가 현재 논의대상이 되는 행동에 대한 지식과 완전히 또는 대체로 조화를 이룬다면 (기존 인지와 행동의 관계로 인해) 새로운 정보를 습득할 동기가 없을 것이다. 그러면 이러한 상황에서는 자발적으로 새로운 정보에 노출하는 모습을 찾아볼 수 없거나 찾아보기 힘들 것이다. 다른 한편으로는 적극적으로 정보를 회피하려는 모습도 없을 것이다.

(2) 만약 일반적 인지와 현재 논의대상이 되는 행동에 관한 인지요소 사이에 어느 정도의 부조화가 발생하였다면 부조화를 감소시키거나 부조화의 증가를 막기 위한 적극적 행동이 있을 것이다. 그래서 만약 어떤 정

보원이 부조화를 감소시키거나 그 행동과 조화를 이루는 새로운 인지요소를 제공할 가능성이 있으면 이 정보원에 자신을 노출시킬 것이다. 만약 이 정보원이 부조화를 증가시킬 가능성이 있는 것으로 보이면 이 정보에 노출되지 않으려고 적극적으로 노력할 것이다.

(3) 만약 행동변화에 대한 저항보다 부조화가 더 커지면 행동이 변할 것이다. 이렇게 해서 부조화가 제거되고 예전 행동에 대한 지식과 부조화를 이루는 것은 당연히 새로운 행동에 대한 지식과 조화를 이룬다. 만약 부조화가 행동변화에 대한 저항력을 거의 덮을 만큼 충분히 커지면 현재로서 부조화를 제거하는 가장 쉬운 방법은 행동을 변화시키기 위해 그 부조화를 충분히 늘리는 것이라고 기대할 수 있다. 이와 같은 상황에서 사람들이 **부조화를 증가시키는 정보에 자신을 노출할** 수 있다. 하지만 이는 부조화가 극도로 커져서 한계까지 다다른 경우에만 일어난다. 물론 두 인지요소 사이에 발생되는 최대 부조화는 저항력이 조금 덜한 인지요소가 변화에 저항하는 힘의 크기와 같다. 지금까지의 짧은 요약은 〈그림 6-1〉에 그래프로 표현된 것을 말로 간단히 설명한 것에 지나지 않는다.

이와 같은 이론의 여러 함의를 검증하기 위해서 실험을 계획하였는데, 그 실험은 다음과 같은 조건을 충족시켜야 한다.

(1) 실험에 참여하는 피험자에게는 지속적이면서 변화에 어느 정도 저항력이 있는 행동이 있어야 한다. 하지만 이 행동은 분명히 변화할 수 있는 것이어야 한다.

(2) 이와 같은 환경 속에서 일어나는 사건은 실험으로 조절되어야 한다. 그래서 어떤 사람에게는 이 행동에 관한 지식과 인지조화를, 다른 사람에게는 같은 행동에 대한 인지부조화를 야기해야 한다.

(3) 각 피험자에게는 특정 시간에 자신의 행동과 관련하여 추가정보를 획득할 기회가 부여되어야 한다.

이 실험의 기본적 구조는 단순하다. 도박하는 상황을 활용했는데 피험자는 어느 편에서 게임할 것인지를 결정해야 한다. 행동변화에 대한 저항력을 일으키기 위해서 다른 편으로 옮길 때 벌칙이 주어졌다. 피험자가 이기거나 지는 확률을 조정함으로써 조화 또는 부조화가 일어나게 했다.

이 실험에는 108명의 피험자가 참여했다. 피험자는 모두 자발적으로 참여한 미네소타대학의 학부 남학생들이었다. 실험은 한 번에 한 명씩 참여하여 진행되었다. 피험자가 도착해서 실험실에 들어오면 자신을 관찰자라고 소개하는 연구자를 만난다. 이후로 관찰자는 이 실험에 전혀 관여하지 않는데, 그는 단지 실험이 진행되는 동안 피험자가 한 말을 모두 기록하고 새로운 정보를 접한 시간을 기록한다. 실험자가 피험자에게 전달하는 말은 다음과 같다.

실험을 시작하기 전에 먼저 우리 실험에 대해 설명해 드리겠습니다. 우리는 도박 상황에서 사람들이 어떻게 행동하는지를 연구하고 있습니다. 이 실험을 위해서 2인용 카드게임을 고안했습니다. 우리 두 사람이 게임을 하게 될 것입니다. 이 게임에서는 양편에 각각 서로 다른 조건이 있습니다. 한쪽 편이 다른 편보다 더 좋습니다. (규칙이 적힌 종이를 제시하면서) 먼저, 이 종이에 적힌 이 게임규칙에 익숙해지면, A편과 B편 중 하나를 선택해야 합니다. 그리고 우리는 돈을 걸고 게임하는데, 먼저 당신에게 2달러 50센트를 주고 시작할 것입니다. 이 돈은 당신이 실험에 참여한 수고비로 드리는 것으로 생각해도 됩니다. 이 게임에서 얼마를 따든 당신이 가질 수 있습니다. 당신이 잃은 것은 우리가 가질 것입니다(이 시점에서 돈을 피험자에게 준다. 그리고 게임규칙이 적힌 종이도 준다).

　이제 이 게임규칙이 적힌 글을 읽으세요. 이 지시문과 관련해서 질문이 있으면 주저 말고 말씀해 주세요.

이때 피험자가 읽은 지시문은 다음과 같다.

게임규칙:

이 게임은 두 사람이 A편과 B편으로 나누어서 한다. 매 게임이 시작되기 전에 카드를 섞고, 이 중에 7장을 뽑아서 책상 위에 펼쳐 놓는다. 7장의 카드에 적힌 숫자 값을 모두 더한다. 카드의 점수는 다음과 같이 정한다. 에이스-1점, 듀스-2점, 삼-3점 등으로 해서 10점까지 증가한다. 10 이상의 카드와 그림으로 된 카드는 모두 10점으로 정한다. 물론 7장의 카드를 합한 것의 최댓값은 70점이 될 것이다.

　종합점수가 48점 이하가 되면 A가 이긴다. A는 이길 때마다 자기가 건 돈만큼만 상금으로 받는다(매 게임을 시작하기 전에 얼마를 걸 것인지를 먼저 말해야 한다). 만약 49가 되면 무승부이다. 카드점수 합계가 50 이상이 되면 B가 이긴다. B가 이겼을 때 받는 상금은 다음과 같다. 50~54점일 경우에는 자신이 건 돈만큼만 받고, 55~59점이 되면 자신이 건 돈의 2배를 받고, 60~64점이 되면 건 돈의 4배를, 마지막으로 65~70이 되면 건 돈의 8배를 받는다.

　따라서 이 내용을 정리하면, 총점이

　48 또는 그 이하인 경우 A가 이기고 B는 진다.

　49 아무도 승자나 패자가 되지 않는다.

　50~54　B가 이기고 A는 진다 1-1

　55~59　B가 이기고 A는 진다 2-1

　60~64　B가 이기고 A는 진다 4-1

　65~70　B가 이기고 A는 진다 8-1.

피험자가 게임 설명을 읽으면 연구자는 다음과 같은 절차를 따른다.

이제부터 우리는 게임을 모두 30번 할 것입니다. 즉, 카드를 섞어 7장을 뽑아 펼치는 것을 30번 한다는 것입니다. 매번 새로운 게임을 시작하기 전에 얼마를 걸어야 합니다. 자유롭게 5센트에서 25센트 범위 안에서 내기 돈을 걸 수 있습니다.

가급적 공정하게 게임하기 위해서 30번 게임을 하는 동안에 원하는 때에 딱 한 번 다른 편으로 바꿀 수 있는 기회가 있습니다. 하지만 마음을 바꾸기로 했을 때에는 벌금을 1달러 내야 합니다. 결국 당신도 알다시피 게임을 시작하기 전에 정확한 선택을 하는 것이 중요합니다.

경험에서 볼 때 충분한 시간을 갖고 신중히 생각한다면 정확한 선택을 하는 것이 그렇게 어렵지 않습니다. 그럼 이제 결정을 내리기 전에 시간을 갖고 충분히 생각해 보세요. 종이와 연필이 있으니 계산할 필요가 있으면 사용하도록 하세요.

피험자가 결정을 내리면 연구자는 그가 자신의 결정을 단단히 확신하는지를 확인했다. 그러고 나서 피험자에게 1부터 30까지 수가 적힌 종이를 건넸다. 피험자는 돈을 직접 주고받는 대신 이 종이에 매번 게임할 때마다 딴 액수와 잃은 액수를 기록해서 언제든지 자신에게 돈이 얼마가 있는지 알 수 있게 했다. 그러고 나서 연구자는 카드를 만들어 게임을 시작할 준비를 했다. 매 게임을 시작하기 전에 피험자에게 그 게임에서 얼마를 걸 것인지를 물었다. 그 후 연구자는 카드를 섞어서 피험자에게 카드를 잘라 가지게 하고는 7장의 카드를 펼쳤다.

게임을 12번 한 후에 연구자는 10에서 70까지의 모든 값의 누적확률을 표시한 것이라고 하면서 그래프를 하나 만들었다. 그리고 연구자는 피험자에게 "이 그래프를 통해서 각 값에 대한 정확한 확률을 계산할 수 있고, 그래서 어느 쪽을 선택하면 얼마나 더 좋은지를 정확하게 알 수 있다"고 말했다. 만약 정확하게 해석한다면 이 그래프는 피험자가 지금까지 잃는 쪽에서 게임을 계속하고 있었다는 것을 말해 준다. 물론, 각 피험자가 처음에 선택한 것에 따라 다른 그래프가 제시된다. 연구자는 피험자에게 그래프를 사용하는 방법을 예를 들면서 상세하게 설명한다. 피험자가 그래프를 충분히 잘 사용함을 확신할 수 있을 때까지 확실하게 가르쳐 준다. 그러고 나면 피험자에게 다음과 같이 말한다.

지금부터 이 그래프는 당신이 가져도 됩니다. 이 그래프를 사용하고 안 하고는 완전히 당신 자유입니다. 원하는 만큼 이 그래프를 더 연구할 수 있습니다. 다시 게임을 시작할 준비가 되면 알려 주세요.

그러고 나서 연구자는 피험자가 그래프를 숙지하고 게임을 계속할 준비가 되었다고 말할 때까지 기다린다. 관찰자는 피험자가 혼자서 그래프를 숙지하는 데 사용한 시간을 기록한다. 피험자가 더 이상 그래프를 보지 않고 게임을 계속하려고 할 때 실험이 종료된다. 실험이 끝나고 나면 연구자는 피험자에게 여러 가지 질문을 하고, 연구의 목적에 대해 설명한다. 모든 피험자는 실험참여에 대한 사례로 2달러 50센트를 받았다.

위에서 설명한 방법으로 어떻게 우리가 원했던 상황을 만들 수 있었는지를 점검하면서 다시 한 번 요점을 확인해 보자.

(1) 행동 변경에 대한 저항기제 만들기

게임에서 한쪽이 다른 쪽보다 더 유리하다고 믿는 피험자가 자신이 어느 쪽에서 게임할 것인지를 선택했다. 시간을 두고 잘 생각하면 옳은 결정을 할 수 있다고 연구자가 강조하였기 때문에 이것은 피험자가 나중에 자신이 틀렸다는 것을 인정하기 어렵게 만들었고, 결국 행동을 바꾸기 어렵게 했다. 행동 변경을 더 어렵게 하기 위해 언제든지 마음을 바꿀 수 있지만 마음을 바꾸어 다른 편을 선택하면 1달러의 벌금을 지불하게 했다.

(2) 자신의 행동과 일치하거나 불일치하는 인지 생성하기

물론 현재 논의의 관심이 되는 행동은 처음에 피험자가 선택한 편에서 계속 게임을 진행하는 것이다. 12번째 게임을 마쳤을 때에는 이득과 손실에서 큰 범위가 생성되었을 것이다. 돈을 많이 딴 피험자에게는 게임 경험이 자신이 처음에 선택한 쪽이 더 좋은 쪽이라는 자신의 인지에 큰 영향을 미쳤을 것이고, 이 인지는 자신이 지금까지 한 행동에 대한 지식과 조화를 이룰 것이다. 한편, 돈을 계속 잃은 피험자는 자신이 처음에 선택한 편에서 계속 게임을 한 것과 부조화를 이루는 상당히 많은 정보를 얻었을 것이다. 즉, 이 실험을 통해 자신의 행동에 대한 지식과 개인의 관련 인지 사이의 부조화의 수준 차이가 넓은 범위로 펼쳐지게 할 수 있었다.

(3) 정보획득 기회 제공

12번째 게임이 끝났을 때 제시된 그래프는 피험자가 자신이 처한 상황에 대한 새로운 정보를 획득할 수 있는 명백하고 분명한 기회였다. 피험자는 이 그래프를 통해 지금 하고 있는 게임에 적용되는 확률을 정확히 알 수 있다는 말을 들었다. 이 그래프가 어떤 정보를 제공할지에 대한 기대는 당연히 어느 정도 지금까지 자신이 경험한 것에 따라 결정될 것이다. 이 점에 관해서는 부조화 이론이 예측하는 바를 구체화할 때 더 자세히 다룰 것이다.

연구결과

이 실험의 핵심결과를 피험자가 그래프를 받았을 때 그의 인지체계에 발생한 조화 또는 부조화의 크기와 그래프를 살펴보는 데 들인 시간의 양 사이의 관계를 보여 주는 하나의 곡선으로 나타낼 수 있다. 기억하겠지만 관찰자는 스톱워치를 이용해서 피험자가 얼마나 오래 그래프를 살펴보았는지를 재었다. 여기에는 물론 많은 오차가 개입될 것이다. 어떤 피험자는 그보다 덜 능숙한 피험자가 5분 동안 얻은 정보를 1분 안에 얻을 수 있을 것이다. 부조화의 크기 측정도 역시 약간의 문제점이 있었다. 돈을 따고 잃는 것은 매 상황에서 피험자의 경험을 반영하기 때문에 이것이 인지체계의 조화와 밀접한 관계가 있다는 것은 분명하다.

하지만 매 게임에서 돈을 다르게 걸 수 있도록 했기 때문에, 12번째 게임이 끝났을 때 가지고 있는 돈과 처음에 가지고 있던 돈 2달러 50센트와의 차이를 구해서 이를 다시 열두 게임에 평균적으로 건 돈의 액수로 나눈 값이 가장 적절한 부조화 측정치가 될 것이다. 이 두 측정치의 관계를 나타내는 자료가 〈표 7-9〉와 〈그림 7-1〉에 제시된다.

그래프를 보는 데 쓴 시간의 양과 부조화의 크기 사이에는 다소 복잡한 함수관계가 있음이 분명하다. 이것은 사실 〈그림 6-1〉에 그래프를 붙인 것이라고 볼 수 있다. 피험자에게 주어진 그래프에 어떤 정보가 있을지에 대한 피험자의 기대는 게임을 하면서 피험자가 경험한 것에 따라 결정되기 때문에 자료는 '부조화 감소 기대' 그래프를 따른 것에서부터 '부조화 증가 기대' 그래프를 따른 것으로 바뀐다. 이러한 기대의 변화는 〈그림 7-1〉의 가로축의 −5 근처에서 일어난다.

그러면 이러한 관계가 어떻게 부조화 이론이 예측한 것과 일치하는지

⟨표 7-9⟩ 부조화와 그래프 주시 시간의 관계

부조화 척도 간격 (평균 내기 액수당 수입)	피험자 수	그래프 주시 시간(초)	주시 시간 표준편차
+ 3.0 이상	7	90.7	63.6
+ 2.99 ~ + 1.11	15	178.3	121.0
+ 0.99 ~ - 1.00	9	173.3	129.1
- 1.01 ~ - 3.00	14	308.5	141.1
- 3.01 ~ - 5.00	18	239.9	195.5
- 5.01 ~ - 7.00	7	94.1	43.3
- 7.01 ~ - 9.00	3	43.0	23.6
- 9.01 ~ - 11.00	4	122.5	110.3
- 11.01 ~ - 13.00	6	155.5	46.8

⟨그림 7-1⟩ 새로운 정보에 노출된 시간

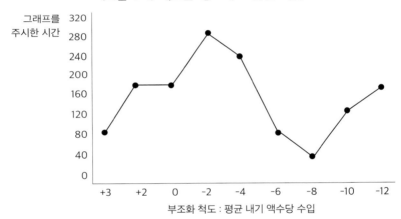

짧게 살펴보자.

(1) 이론은 만약 인지체계와 행동이 대체로 조화를 이루면 그래프를 살펴서 새로운 정보를 획득하고자 하는 동기가 거의 일어나지 않거나 전혀 발생하지 않을 것이라고 예측했다. 예상과 같이 부조화 척도의 양수

쪽 끝에서는 그래프를 살펴보는 시간이 그리 크지 않았다. 즉, 피험자의 경험이 자신의 행동에 대한 지식과 조화를 이루는 경우에는 그래프를 보는 데 시간을 많이 쓰지 않았다. 하지만 어떤 사람은 이 부분의 예측은 단지 부분적으로만 확증된 것으로 볼지도 모른다. 왜냐하면 그래프를 살펴보려는 동기가 전혀 없거나 거의 없을 경우라면 평균 175초가량 그래프를 본 것은 너무 오래 본 것이라고 할 수 있기 때문이다. 그래프를 보는 시간이 훨씬 짧아야 했다고 생각할 수도 있다. 이 점에 대해서는 나중에 다시 논의하겠다.

(2) 이론은 인지체계와 행동에 대한 인식이 부조화를 이룰 경우에는 피험자가 그래프를 살펴봄으로써 부조화를 줄일 것이라고 기대하여 그래프를 보는 시간이 상당히 길 것이라고 예측했다. 실제로 중간 수준의 부조화 값$(-1.00 \sim -5.00)$에서 그래프를 보는 데 들인 시간이 최고조에 달하는 것을 알 수 있다. 게임을 하면서 얻은 경험으로 인해 이들은 처음에 자신이 선택한 편에서 계속 게임을 하는 것과 중간 정도의 부조화를 이루는 인지를 갖게 되었다. 그러나 그들은 그 그래프가 자신이 바른 편에 속해 있음을 알려줄 것이라는 희망을 품을 수 있었다. 만약 이들이 그 그래프에서 그러한 정보를 발견하면 이 정보는 부조화를 감소시킬 것이고, 결국 피험자는 이러한 정보를 찾는 데 더 많은 시간을 들인 것이다.

(3) 이론은 인지체계와 행동이 부조화관계일 경우 그래프에 어쩌면 기존의 부조화를 더 증가시키는 정보가 있다고 여기면 이 그래프를 적극적으로 회피하려 할 것이라고 예측했다. 부조화의 크기가 꽤 큰 사람들은 $(-5.00 \sim -9.00)$ 이 게임이 자신의 인지체계에 상당히 큰 부조화를 야기하는 것을 경험했다. 게다가 이 피험자들은 이 경험이 꽤 일관적이었고, 그래서 이 그래프의 정보가 자신들이 제거하고자 노력했던 부조화를

더욱 증가시킬 것으로 예상했다. 그 결과 그들은 그래프를 보지 않으려 했다. 실제로 이 피험자들의 평균 그래프 주시 시간은 아주 짧았다.

(4) 이론은 만약 인지체계와 행동에 대한 지식 사이의 부조화가 아주 커져서 행동변화를 막는 힘의 최대치에 가까이 가면, 부조화를 제거하는 가장 쉬운 방법으로 부조화를 순간적으로 더 증가시켜 행동변화를 막는 힘보다 더 크게 만들 것이라고 예측했다. 그래서 게임에서 다른 편으로 옮겨 가면 부조화가 제거될 것이다. 부조화 강도 척도에서 −12.00이라는 값은 12번의 게임에 평균적으로 건 돈의 12배를 잃었다는 의미가 되므로 이 값은 분명 행동변화를 막는 힘의 최대치에 가까운 것이라고 생각할 수 있다. 실제로 우리는 부조화의 크기가 이 값에 가까이 감에 따라 그래프를 보는 시간이 증가했음을 알 수 있다.

다시 말해서, 〈그림 6-1〉의 이론적 그래프와 〈그림 7-1〉을 비교하면, 어떤 피험자가 자신의 부조화의 크기가 중간 정도 되는 어느 한 지점에서 부조화에 대한 기대를 바꾸어 부조화 감소에서 부조화 증가로 마음을 바꾸었을 때 나타날 것으로 예상된 바로 그러한 데이터가 실제로 나타난 것을 발견할 수 있다.

이 관계가 너무 복잡하기 때문에 비모수 변량분석 결과 부조화 크기 변화에 따른 그래프 주시 시간의 차이가 1% 신뢰수준에서 통계적으로 유의미하다는 점을 확인해 두는 것도 유용하다. 이웃하는 구간 사이의 차이 검증에서도 최초 증가, 이어지는 감소, 그리고 마지막의 증가 양상이 모두 5% 신뢰수준에서 통계적으로 유의미하다는 것을 확인할 수 있었다.

전체적 유의도 수준과 인접한 구간 사이의 차이에 대한 유의도가 높기 때문에 부조화 척도와 그래프 주시 시간 사이의 함수를 그린 모양이 우연히 나타난 것이 아니라고 어느 정도 확신해도 될 것이다.

이제부터는 그래프 주시 시간이 부조화 척도의 양의 방향 맨 마지막 부분에서 비교적 길었던 현상으로 다시 돌아가 이 문제를 조금 더 깊이 생각해 보자. 이론적으로 보면 이 부분에서는 새로운 정보를 탐색할 동기가 거의 없을 것으로 예상되기 때문에, 다른 요인이 개입하지 않았다면 이 값이 상당히 낮을 것으로 예상할 수 있다. 실제로 우리는 이 값을 현저하게 높아지게 만든 복잡한 요인이 하나 있는 것을 분명히 확인할 수 있다. 앞에서 설명한 실험절차를 떠올려 보면, 피험자가 제대로 그래프를 보았다면 이 그래프가 피험자에게 처음에 그가 선택한 쪽이 잘못된 선택이라는 것을 알려 준다는 점을 기억할 것이다. 부조화 척도에서 양의 극단 지점에 있는 피험자 중에는 연구자가 주었기 때문에 그래프를 잠시 살펴보고, 그래서 그것이 옳다고 여겨서 그때까지 아주 조화로운 상태였던 인지체계에 약간의 부조화가 생긴 경우가 많을 것이다. 이것은 비자발적 노출의 경우와 완전히 일치한다.

이것이 사실이라면 그래프를 보는 동안 그래프의 특정 부분을 잘 살핀 것을 보여 주는 어떤 말을 한 사람이 다른 사람들보다 훨씬 더 오래 그래프를 보았을 것이라고 예상할 수 있다. 하지만 이는 부조화 크기가 양의 방향으로 극단에 속한 사람들에게만 해당한다. 〈표 7-10〉은 사례수가 너무 적지 않을 정도로 충분히 크게 범위를 잡아 피험자를 두 집단으로 나누었을 때 각 집단의 평균 주시 시간을 보여 준다.

〈표 7-10〉에 나타난 자료를 보면, 부조화 척도에서 양의 값에 있는 피험자들의 경우(0이 들어 있는 구간도 포함해서) 어느 정도 그래프를 제대로 해석한 것으로 보이는 사람들이 그래프를 더 오래 주시한 것이 분명해 보인다. 여기서의 차이는 5% 신뢰수준의 비모수 검증에서 유의미하게

<표 7-10> 그래프 특성 지각과 그래프 주시 시간 사이의 관계

부조화 척도 구간	그래프를 바로 이해한 피험자		그 외	
	사례수	평균 주시 시간	사례수	평균 주시 시간
+10.99 ~ -1.00	14	200.5	17	121.3
1.01 ~ -5.00	15	247.3	17	289.8
5.01 ~ -3.00	11	109.3	9	112.1

나타났다. 부조화 척도에서 음수 값을 가진 피험자들은 반대방향으로 다른 경향성을 보였다. 이 차이는 통계적으로 유의미하게 나타나지는 않았다. 그런데 척도의 양의 방향으로 끝부분에서 발견되는 놀랍게 긴 평균 주시 시간은 그래프 자체에서 기인된 부조화 때문에 생긴 결과라는 것이 분명해 보인다.

부조화 이론에 따른 자료해석이 올바르다면 피험자들이 자발적으로 말한 것과 그래프를 보고 다른 편을 선택하기로 마음을 바꾼 피험자의 숫자에서도 이를 지지하는 증거가 있어야 한다.

먼저, 그래프를 보는 동안 피험자가 어떤 말을 했는지 살펴보자. 피험자 각자가 그래프를 잘못 파악한 것을 드러내는 말을 했는지 여부, 즉 이 그래프를 자신들이 그때까지 더 좋은 편에서 게임을 계속했음을 말해 주는 것으로 보았는지를 판단할 수 있다. 부조화 이론에서 보면 이러한 현상을 자신의 부조화를 감소시키기 위해 그래프를 참조한 피험자나(-1.01~ -5.00 구간) 부조화가 증가할 것이 두려워 그래프를 보지 않으려 한 피험자들(-5.01~-9.00)에게서 자주 볼 수 있을 것으로 예측할 수 있다. 이 두 구간에 속한 피험자들 중 26%에게서 그래프를 잘못 읽었음을 드러내는 말을 들을 수 있었다. 돈을 따고 있었고 그래서 부조화가 거의 없었던 사람들 중에서는 16% 정도만 그래프를 잘못 읽은 것을 드러내는 말을 했다. 맨 마지막 두 구간(-9.00~-13.00)에 속한 피험자들, 즉 행동을 바꾸기 위해 일시적으로 부조화를 증가시킬 것으로 보이는 사람들 중에는 그래프를 잘못 읽은 사람이 아무도 없었다.

이론에 따르면 마지막 두 구간(-9.00~-13.00)에 속한 피험자의 대부분은 그래프를 살펴본 후 게임에서 다른 편으로 옮겨 갈 것으로 예상할 수 있다. 실제로 이 구간의 피험자들 중 60%가 그래프를 본 후 다른 편으로 옮겨 갔는데, 부조화 값이 음수인 다른 구간(-1.01~-9.00)에 속한 피험자들 중에서는 35.7%만 다른 편으로 옮겨 갔다. 물론, 부조화 척도의 양수 구간에 속한 피험자들 중에서 그래프를 읽은 후 마음을 바꾼 사람은 극소수였다(겨우 10%만 바꿈).

그래프를 잘못 읽은 사람의 비율에서의 차이든 행동을 바꾼 사람의 비율에서의 차이든 통계적으로 유의미하지는 않았지만 그 현상 자체는 이론과 일치한다. 하지만 누군가는 맨 마지막 두 구간의 경우 이론에서는 이에 속한 모든 사람이 행동을 바꿀 것으로 예측했는데 왜 고작 60%만 행동을 바꾸었는가 하고 질문할 수도 있다. 그런데 우리는 행동을 바꿀 때에 1달러 벌금을 내야 했고, 이들은 게임에서 너무 많이 져서 12번째 게임을 마쳤을 때에는 남은 돈이 조금밖에 없었다는 것을 기억할 필요가 있다. 이들 중 대부분이 1달러보다는 더 가지고 있었지만 그렇게 많은 돈은 아니었다. 이들 중 많은 사람이 그래프를 보고 나서 행동을 바꾸고 싶었지만 돈이 조금밖에 없어서 벌금까지 낼 수는 없었다고 말했다. 나머지 다른 사람들도 같은 생각이지만 말하지 않았을 것이다.

요약

제 7장에서는 부조화 감소 과정의 한 측면, 즉 기존의 인지체계에 일치하는 새로운 인지요소를 획득하고 불일치하는 것은 회피하는 것에 관한 자료를 다루었다.

먼저, 계몽운동이나 정보 제공, 또는 대중매체에 대한 선택적 노출과 관련된 많은 자료가 부조화 감소를 위한 시도의 맥락에서 해석될 수 있음을 보았다. 하지만 불행히도 이 자료의 대부분은 인과성이 모호하고 부조화 이론을 지지하는 강력한 증거로 보기에는 부족하다.

새로운 정보를 자발적으로 접한 사람들의 반응에 관한 자료는 다행히도 조금 더 나았다. 부조화가 있을 때 사람들은 오(誤)지각이나 타당성을 부정하는 방법 등과 같은 기제를 사용해서 부조화를 증가시키는 정보의 영향을 피할 수 있다. 심지어 강제적으로 이러한 정보를 접했을 때에도 이 방법을 사용할 수 있다. 만약 어떤 정보원이 인지부조화를 야기할 것을 예상하지 못해서 그 부조화를 회피하도록 경계하지 못한 경우에는 이 정보의 영향은 훨씬 더 클 것이다.

인지부조화 이론의 이와 같은 함의들을 검증하기 위해 고안된 실험의 결과를 통해서 현재 존재하는 부조화의 크기와 개인이 특정 정보원에 자신을 노출할지 여부를 결정할 때 새로운 정보원와 관련한 기대 사이에 어떤 상호작용이 발생하는지를 특히 분명하게 알 수 있다.

제8장

사회적 지지의 역할 : 이론

사회집단은 개인의 인지부조화의 주요 근원인 동시에 그에게 존재하는 부조화를 줄이거나 없애는 주요한 매체이다. 다른 사람들이 그에게 전달하는 정보와 의견들은 기존의 인지와 부조화를 이루는 새로운 인지요소들을 유발할 수 있다. 한편, 부조화를 없애는 효과적 방법 하나는 그가 획득하여 유지하고자 하는 인지요소에 동의하는 다른 사람들을 찾았을 때에만 때때로 얻을 수 있는 다른 인지요소를 선택하고 기존의 인지요소들을 버리는 것이다. 그러므로 사회적 의사소통과 사회적 영향의 과정은 불가피하게 부조화가 생성되고 감소하는 과정과 복잡하게 얽힌다.

사회적 과정들과 사회적 지지가 부조화 감소에 미치는 역할에 대해 부조화의 이론이 내포하는 의미를 자세히 설명할 수 있는 가장 편리한 방법은 내가 이미 발표한 사회적 영향과정(*social influence processes*)과 관련된 몇 가지 이론들(15, 17)의 개요를 간략하게 살펴보는 것이다. 하지만 단순히 사회적 영향에 대한 이론의 개요를 되풀이하기보다는 부조화 이론과 관련지어 설득력 있는 이론이 될 수 있도록 새로 구성하고자 한다.

특정 주제나 의견에 대해 한 집단의 구성원들 사이에 불일치가 발생하고 이를 그 구성원들이 인지하면 반드시 인지부조화가 발생한다. 구체적으로 어떤 것들이 서로 부조화를 이루는지 자세히 살펴보도록 하자. 어떤 개인의 특정한 의견에 대응하는 인지요소들은 다른 사람의 의견은 그와 반대라는 사실을 아는 것과 분명히 부조화를 이룬다. 한 사람이 조그만 풀밭을 보고 그것이 녹색이라고 생각한다고 하자. 이때 색맹이 아닌 다른 사람이 그것이 갈색이라고 주장한다면 이 사실은 그의 지식과 부조화를 이룬다. 물론, 이러한 인지요소들 간의 관계를 부조화를 이룬다고 지칭하는 것은 부조화의 개념정의와도 일치한다. 즉, 다른 사람이 풀밭의 일부가 갈색이라고 말하는 것을 아는 것은 자신이 그것을 녹색이라고 생각하는 것에서 도출되지 **않을** 것이다.

비슷한 예로, 어떤 사람이 북쪽의 추운 겨울 기후가 건강에 매우 좋고 사람을 활기차게 한다고 확신한다면, 이러한 인지요소들은 다른 어떤 사람들은 그러한 기후가 살 만하지 않다고 생각한다는 사실에 대한 인식과 부조화를 이룬다.

이와 같이 의견이 다르다는 것을 공공연하게 표현함으로써 발생하는 부조화의 크기는 어떤 요인의 영향을 받을까? 앞에서 부조화의 크기에 영향을 미치는 요인들로 논의했던 변인들을 여기서도 중요하게 살펴볼 수 있겠다. 구체적으로 말하자면, 다른 사람의 의견이 나와 다름을 알고 발생하는 총부조화는 물론 현재 논의되는 의견에 대응하는 인지요소들과 조화를 이루는 인지요소가 얼마나 많이 있느냐에 달려 있다. 이 의견과 관련하여 조화로운 관계의 수가 더 많을수록 의견의 불일치로 생기는 부조화의 크기는 더 작을 것이다. 조화로운 관계의 수로 하나의 총합 값을 구할 수 있는데, 이미 앞에서 논의한 것처럼 이 값은 이 관계에 포함된 요소의 중요성에 따라 가중치가 부여된다. 이 사실은 우리가 다른 사람들과 의견 불일치로 인해 발생하는 부조화의 강도에 영향을 미치는 두 개의 중요한 요인이 무엇인지 구체적으로 밝힐 수 있게 한다.

⑴ 주어진 의견이나 신념, 또는 지식과 조화를 이루는 객관적, 사회적 영향을 받지 않는 인지요소가 많으면 많을수록 의견 불일치의 표현은 더 적은 강도의 부조화를 만든다. 그러므로 의견의 내용이 '검증이 가능한 물리적 실재'(testable physical reality)에 관한 것이라면 사회적 불일치로 인한 부조화는 거의 없을 것이다. 만약 어떤 사람이 유리는 깨지기 쉽다고 믿는다면 이 신념과 조화를 이루는 수많은 인지요소를 실험으로부터 얻을 수 있기 때문에 누군가가 반대견해를 피력하더라도 비교적 작은 부조화만 발생할 것이다. 반면에 누군가가 환생(還生)을 믿는다면 이 믿음과 조화를 이루는 '물리적 실재'에 대응하는 인지요소가 거의 없다. 그래서 누군가가 반대의견을 표현하면 이 사람의 인지체계에는 아주 큰 부조화가 발생할 것이다.

⑵ 어떤 사람의 기존 의견에 이미 동의하는 사람의 숫자가 많으면 많을수록 다른 의견을 개진하는 사람에 의해 생기는 부조화의 정도는 약해진다. 누군가가 이미 자신과 의견이 같음을 알기 때문에, 그 의견에 동의하는 사람의 수가 더 많아지면 그 의견에 대응하는 인지와 조화를 이루는 인지요소가 더 많아진다. 즉, 어떤 집단에서 누군가의 의견에 한 명이 반대하고 여러 명이 동의한다면, 그 사람에게 생기는 전체 부조화의 강도는 모든 사람이 반대할 때보다 훨씬 더 약해진다.

물론, 부조화의 크기는 부조화와 관련된 인지요소들의 중요성에 영향을 미치는 변인들에 의해서도 영향을 받는다. 그 인지요소들이 더 중요할수록 부조화의 강도도 더 커진다. 사회적 의견 불일치라는 맥락에서 우리는 다른 사람들이 믿는 것에 대한 지식에 대응하는 인지요소들의 중요성에 영향을 미치는 요인들을 찾아내야 한다.

그런 요인들 중에 한 가지는 특정한 문제에 다른 의견을 제시하는 개인이나 집단과 이 문제와의 관련성(relevance)이다. 이 의견에 대한 특정 개인이나 집단의 연관성이 높을수록 이들의 의견에 대한 지식에 대응하는 인지요소들의 중요성이 더 커지고, 의견 불일치를 표현함으로써 발생하는 부조화의 크기가 더 커지게 된다. 만일 반대의견을 개진하는 사람이 그 문제를 매우 잘 알고 있거나 전문가라면, 반대의견과 자신의 의견 사이의 부조화의 강도는 커지게 된다. 반대 목소리가 표출된 의견이 반대의견이 표현된 집단과 아주 관련이 깊고 이 집단에 중요하다면, 부조화의 강도는 개인의 경우와 마찬가지로 커진다. 여기서 관련성의 의미는 이 의견이 의견을 표현한 집단 본래의 관심 영역에 포함된다는 것이다.

인지요소들의 중요도에 영향을 미치고, 그래서 부조화의 크기에도 영향을 미치는 것이 명백한 또 다른 변인은 다른 의견을 제시하는 개인이나 반대의견을 표출하는 집단의 매력도(attractiveness)이다. 이 변인은 집단에 대해서 언급할 때, 흔히 결속력(cohesiveness)이라고 불린다. 즉, 구성원들을 끌어들여 집단에 속하도록 만드는 총체적 매력을 뜻한다. 어떤 개인이나 집단이 본인과 다른 의견을 표시했을 때, 만약 이들이 그에게 어떤 의미에서 중요하거나 매력적이라면, 자신의 의견과 이에 상충하는 의견이 있다는 사실 사이에는 평소보다 더 큰 부조화가 발생하리라고 예상하는 것이 타당해 보인다.

부조화의 강도에 영향을 미치는 또 다른 요인은 말하자면 의견 불일치의 수준 그 자체이다. 한 사람은 '검정색'이라고 하고, 다른 사람은 '흰색'이라고 말한다면 그 의견의 불일치와 각자의 인식의 부조화의 강도는 '검정색'과 '어두운 회색'이라고 이야기하는 것보다 커진다.

예를 들어, 청소년 범죄를 다루는 유일한 방법은 어떠한 법 위반에 대해서든 엄격한 훈육과 강력한 처벌을 하는 것임을 확신하는 사람이 있다고 하자. 만일 그의 친구 중 하나가 훈육은 반드시 타당해야 하고 처벌은 부드럽고 정상을 참작할 만한 요소들을 고려해야 한다고 주장한다면, 아마도 그에게 약간의 부조화가 생길 것이다. 그러나 만일 그 친구가 청소년 범죄를 다루는 유일한 방법은 사랑과 친절이라고 한다면, 그 부조화의 강도는 매우 커질 것이다. 우리는 여기서 인지요소의 묶음들 사이에 있는 부조화를 다루고 있다. 두 묶음에 속한 인지요소들 사이에 부조화를 이루는 관계가 많으면 많을수록 부조화 총량은 더 커질 것이다.

사회적 의견 불일치에 기인한 부조화의 감소

이론에 따르면, 부조화가 존재하면 그 부조화를 줄이려는 압력이 생기는데 이 압력의 크기는 부조화의 크기에 따라 결정된다. 여기서 부조화 감소가 일어나는 방식은 다른 맥락에서 이미 논의된 방법과 비슷하다. 아래에는 사회적 의견 불일치(*social disagreement*)에 기인한 부조화를 감소시키는 3가지 방법이 잘 나타난다.

(1) 개인의 의견을 바꾸어 다른 사람이 믿는 것과 자신의 지식을 밀접하게 연결시켜 부조화를 감소시키거나 혹은 완전히 없앨 수 있다. 자신의 의견에 동의하는 사람이 많지 않다면 자신의 의견을 바꿈으로써 효과적으로 부조화를 줄이게 된다(자신의 의견을 바꾼 뒤에는 자신의 원래 의견에 반대한다). 이는 다른 맥락에서 부조화를 줄이기 위해 사용하는 방법인 기존의 인식 바꾸기와 매우 유사하다.

(2) 부조화를 줄이는 다른 방법은 반대하는 사람이 의견을 바꾸고 자신의 의견에 따르도록 설득하는 것이다. 이것은 환경을 바꾸어 그 환경을 반영하는 인지요소들을 바꾸는 방법과 같다. 사회적 의견 불일치가 야기한 부조화의 맥락에서 볼 때, 이것은 부조화를 감소시키려는 압력을 가장 잘 보여 주는 현상이다. 이 처음 두 방법은 함께 일반적인 사회적 영향의 과정을 보여 주는데, 이 과정을 통해 의견의 불일치가 존재하던 집단에서 의견 통일을 향한 움직임이 나타난다. 따라서 부조화 이론의 관점에서 사회적 영향과정에 관한 이론을 재구성함으로써 통일성(*uniformity*)을 향한 움직임을 상당히 쉽게 이끌어 낼 수 있다.

(3) 다른 사람의 의견이 나와 다름을 아는 것과 자신의 의견 사이의 부조화를 줄이는 또 다른 방법은 어떤 식으로든 상대방이 자신과 비교할 만한 대상이 아니게 만드는 것이다. 이 방법은 아주 다양한 형태를 취할 수 있다. 의견차의 원인으로 상대방의 성격이나 경험, 또는 동기가 아주 다르기 때문이라고 하거나, 아니면 심지어 그 사람의 의견을 무시하거나 하찮은 것으로 치부해 버릴 수도 있다.

말하자면 내가 어떤 풀밭을 녹색이라고 생각하는데 누군가가 이 풀밭이 갈색이라고 주장하는 경우에, 만약 이 사람이 색맹이라는 것을 알면 이때 발생한 부조화를 효과적으로 없앨 수 있다. 이 풀밭이 녹색이라는 사실과 색맹인 사람이 이 풀밭이 갈색이라고 주장하는 사실을 아는 것 사이에는 부조화가 존재할 수 없다. 비슷한 예로, 하늘을 나는 비행접시가 다른 행성에서 온 우주선이라고 믿는 사람이 있다고 하자. 다른 어떤 사람이 그런 비행접시는 존재하지 않는다고 말했을 때, 비행접시의 존재를 믿는 사람이 의견이 다른 그 사람을 어리석고 무례하며 사회성이 없는 고집스러운 사람이라고 믿는다면 인지의 차이로 인한 부조화는 줄어들 것이다.

이런 세 종류의 부조화 처리과정 — 자신의 의견을 수정하기, 상대방을 설득하여 의견을 수정시키기, 자신과 의견이 다른 사람에게 본인과 비교할 수 없도록 특별한 속성을 부여하기 — 에 모두 부조화를 줄일 가능성이 있기 때문에, 우리는 부조화의 강도가 증가함에 따라 이 세 종류의 처리과정의 강도가 모두 강화되는 것을 볼 수 있을 것이다. 즉, 의견차가 커질수록, 의견과 집단의 연관성이 커질수록, 의견과 조화를 이루는 인지요소들의 수가 줄어들수록, 자신과 다른 의견에 맞춰 자신의 의견을 바꾸려는 경향이 더 커지고, 의견이 다른 사람(특별히 가장 반대하는 사람)을 설득하려는 노력을 더 하며, 의견에 동조하지 않는 사람을 자신과 비교할 수 없도록 자신과 전혀 다른 속성을 부여하려는 경향이 강해진다.

여기까지는 전에 발표한 이론을 조금 바꾼 것으로, 실험연구를 통해 이미 잘 입증되었다. 사회적 영향과정에 관한 부조화 이론의 심화된 함의를 자세히 설명하기 전에 이 실험의 결과에 대해 잠시 논의해 보자.

여러 가지 실험을 통해서 부조화의 크기가 부조화 감소 압력이 이론적으로 예측되는 방향으로 발현하는 데 영향을 미친다는 것을 확인했다. 한 집단 내에서 의견이 불일치할 때 구성원들이 이 집단에 더 끌리도록 하면 구성원 중 일부가 의견의 불일치로 발생하는 부조화를 줄이기 위한 노력을 증가시킨다.

백(Back, 2)은 실험을 통해서 집단에 대한 구성원들의 끌림이 증가함에 따라 자신의 의견을 바꾸려는 경향과 다른 사람을 설득하려는 노력이 모두 증가함을 보였다. 백은 처음 만난 두 사람이 구성한 집단을 대상으로 실험했다. 이 중 절반의 집단에 속한 피험자들에게는 그의 집단과 집단에 함께 속한 상대방에게 매력을 느끼도록 하는 지시문을 주었다. 나머지 절반의 집단에 속한 피험자들에게는 집단 내 상대방에게 매력을 덜 느끼게 하는 지시문을 주었다. 그 외의 나머지 조건은 모두 동일하였다. 각 집단에 속한 두 피험자 각자에게는 모이기 전에 일련의 그림을 개인적으로 보여 주었다. 이때 각 피험자는 그들이 본 그림에 대한 해석을 썼다. 그 후, 이들은 다시 모여서 원하는 만큼 함께 논의하도록 하였다. 논의가 끝난 후에 따로 분리한 후 다시 한 번 그림에 대한 해석을 쓰게 했다.

각 피험자들의 의견이 함께 논의한 것의 영향을 받아 얼마나 많이 변했는지를 측정했다. 이것은 각 피험자가 쓴 두 번째 해석이 첫 번째 해석과 비교할 때 상대방이 해석한 방향으로 얼마나 많이 변화했는가를 통해 측정하였다. 매력이 높은 집단에서 관찰된 상대방의 의견과 가까운 방향으로 의견을 바꾼 평균 빈도는 매력이 낮은 집단에서 관찰된 평균 의견변화 빈도보다 더 컸다. 다시 말하자면, 의견의 불일치로 나타난 부조화의 강도가 커질수록(다른 의견을 주장하는 개인이나 집단의 매력이 더 크므로), 이 부조화를 줄이려는 방향으로 의견의 변화가 더 많이 일어난다.

각 집단의 두 피험자들 사이에 진행된 논의를 자세히 관찰함으로써 백은 상대방에게 영향을 미치려는 노력의 강도를 측정할 수 있었다. 그 자료는 집단의 매력이 커질수록 서로에게 영향을 미치려는 구성원들의 노력의 강도도 커진다는 것을 보여 주었다. 즉, 부조화의 강도가 커질수록 반대하는 사람의 의견을 바꾸어 부조화를 감소하고자 하는 시도가 더 빈번해진다는 것이다.

나와 동료들(18)은 실험을 통해 다른 맥락에서 백이 도출한 결과들을 확증했다. 이 실험에서는 6명 또는 7명으로 이루어진 집단을 활용하였다. 이전 실험처럼 이 실험에서도 몇몇 집단은 구성원들에게 아주 매력적이도록 조건을 만들었고, 다른 집단은 구성들이 집단에 매력을 덜 느끼도록 조절하였다. 실험에서는 각 집단 내에서 노사분쟁에 대해 토론하도록 했는데, 토론은 글을 써서 진행되도록 했다. 이런 방식으로 토론하게 함으로써 누가 누구에게 무엇에 관하여 썼는지에 대한 완벽한 기록을 얻을 수 있었다.

집단 내의 의견 불일치에 대한 지각 — 즉, 얼마나 많은 사람이 얼마나 많이 자신의 의견에 동의하지 않는가를 각각의 사람들이 인지하는 것 — 은 '의견조사 결과'를 왜곡함으로써 각 집단의 조건을 조절하였다. 각 피험자들에게 주어진 '의견조사 결과'는 다른 사람들이 그 주제에 대해 어떻게 생각하는지를 알린다고 밝힌 자료이다. 그 결과 낮은 매력을 지닌 집단에서보다 높은 매력을 지닌 집단에서 개인의 의견을 조절하는 일이 더 자주 일어났다. 또한, 높은 매력을 지닌 집단에 속한 피험자들은 낮은 매력을 지닌 집단에서보다 더 많은 단어를 사용하여 의견이 일치하지 않는 사람에 대한 영향력을 행사하려고 시도한 것을 볼 수 있었다.

색터(Schachter, 46)는 자신과 의견이 다른 사람들의 생각이 지닌 가치를 훼손함으로써 부조화를 감소시키는 것에 관한 실험을 발표하였다. 피험자들은 표면적으로는 청소년 범죄문제에 관심이 있는 사람들의 클럽 모임으로 처음 만났다. 피험자들로 구성된 클럽 중에서 절반은 클럽의 구성원이나 활동 측면에서 각 피험자들이 매우 호감을 느낄 수 있는 조건을 제공하였고, 나머지 절반의 클럽에는 다른 조건은 동일하지만 클럽이나 구성원에 대한 각 피험자들의 호감이 낮게 조건을 만들었다. 피험자들은 첫 모임에서 비행청소년의 사례에 대해 논의하였는데, 피험자들은 모두 이 비행청소년에게 사랑과 호의가 필요하다는 의견에 동의하는 경향을 보였다.

각 클럽에는 피험자들에게 알리지 않고 연구자가 고용한 3명의 유급참가자들을 포함시켰다. 모든 클럽에 이 유급참가자들을 포함시켰고, 그들은 모든 클럽에서 표준화된 행동규정을 따라 행동했다. 이들 중 한 명은 항상 피험자들의 의견에 동의하였고, 두 번째 사람은 그 사례에서 가혹한 처벌이 필요하다고 처음에는 주장하다가 논의가 계속됨에 따라 마음을 바꾸어 피험자들의 의견에 동의하였다. 세 번째 사람은 논의가 계속되는 동안 가혹한 처벌이 가장 좋은 방법임을 계속 주장하였다. 유급참가자들이 각 역할을 번갈아 가면서 맡도록 하여 유급참가자 개인 특성의 차이가 체계적으로 나타나지 않도록 하였다.

이 실험에서 얻은 중요한 측정치는 피험자들이 논의가 끝난 후에 평가한 두 가지 자료이다. 하나는 피험자들이 세 유급참가자들을 얼마나 나쁘게 평가했느냐는 것이고, 다른 하나는 이 3명을 클럽 구성원으로 계속 포함시킬 것이냐는 질문에 대한 피험자들의 평가이다.

전체의 의견에 항상 동의했던 유급참가자와 처음에는 반대했지만 의견을 바꾼 유급참가자의 경우에는 어떤 조건에서도 그들을 헐뜯거나 같은 클럽의 구성원이 되는 것을 거부하는 모습을 발견할 수 없었다. 하지만 계속해서 반대하는 사람의 경우에는 그 사람을 비난하거나 클럽 구성원으로 받아들이기를 거부하는 모습을 분명히 볼 수 있었다. 또한, 집단과 다른 의견을 낸 사람을 거부하는 정도는 매력이 낮은 집단에서보다 매력이 높은 집단에서 더 강하게 나타났다. 다른 말로 하자면, 사람들은 집단의 의견과 불일치하는 의견을 내는 사람을 거부함으로써 부조화를 감소시키려고 하며, 이러한 거부행동의 수준은 집단 전체와 다른 의견을 냄으로써 발생한 부조화의 크기에 달렸다는 사실에 대한 증거를 발견한 것이라고 할 수 있다.

동일한 실험에서 색터는 특정 주제에 대한 집단의 관련성을 다르게 조작하였다. 피험자 집단 중에서 몇몇에는 위에 언급한 것처럼 청소년 범죄에 대해 논의하기 위해서 모였음을 분명히 하였다. 그러나 다른 집단의 경우에는 피험자들에게 그들은 다른 목적으로 모였는데, 실험을 위해서 '이번 한 번만' 청소년 범죄에 대해 논의하는 것이라고 하였다. 그리고 이를 다시 반복하지 않을 것임을 주지시켰다. 이와 같은 차이 이외에는 조건이 모두 동일하였다.

결과를 살펴보면, 토론주제가 해당 집단과 크게 연관성이 없을 때, 그리하여 의견의 불일치함에 따라 생기는 부조화의 강도가 약할 때에는 끈질기게 반대하는 사람에 대한 거부 강도도 상대적으로 적었다.

또한 이 실험을 통해 얻은 자료에 따르면, 자신의 의견과 조화를 이루는 인지요소가 많으면 많을수록 다른 사람이 이 의견에 반대한다는 사실을 앎으로써 생기는 총부조화의 강도는 더 약해진다. 예를 들어, 호흐바움(Hochbaum, 26)의 실험을 살펴보자. 그는 피험자 중에 절반에게는 특정 주제에 대한 그들의 의견이 타당하다는 증거를 미리 제시하였다. 나중에 이 주제에 대해 다른 사람들이 다른 의견을 제시했을 때, 이 피험자 집단은 사전에 자신의 의견의 타당성에 대한 증거를 받지 못한 사람들에 비해 의견을 바꾸는 빈도가 현저하게 낮았다.

실험 형태는 달랐지만 내가 다른 동료들(18)과 실시했던 실험에서도 동일한 효과를 관찰할 수 있었다. 우리의 실험에서 보면, 집단 내의 몇 사람이 자신과 의견이 동일하다는 사실을 아는 피험자는 집단 내 모든 사람의 의견이 자신과 다르다고 생각하는 피험자보다 타인의 반대의견에 영향을 훨씬 덜 받았다. 이와 같은 사실은 매우 명백하기 때문에 더 이상 길게 설명할 필요가 없을 듯하다.

아직 더 살펴볼 증거들이 남았는데, 이는 의견 불일치의 극단성(extremity)과 그로 인해 야기되는 부조화의 강도 사이의 관계에 대한 것이다. 필자와 티봇(Festinger and Thibaut, 20), 그리고 제라드(Gerard, 23)가 발표한 실험은 모두 의견의 불일치 강도가 더 극단적으로 심해짐에 따라 부조화의 강도와 부조화를 감소시키려는 압력이 증가한다는 것을 제시한다. 이 두 실험에서 피험자들은 특정 주제에 대해 토론했는데, 이 토론의 과정에서 각 집단의 피험자들은 다양한 의견을 밝혀 넓은 범위의 의견이 개진되도록 했다. 이 토론은 의견을 적은 노트를 통해 진행되도록 하여 누가 누구에게 영향력을 미치려고 했는지 간단히 확인 가능한 믿음직스러운 자료를 얻을 수 있었다.

각각의 실험에서 타인의 의견을 바꾸도록 영향력을 미치려고 시도하는 의사소통의 대부분은 그 사람과 가장 첨예하게 대립하는 사람을 향했다. 다시 말해 자신의 의견과 다른 사람의 의견을 바꿈으로써 부조화를 줄이려는 시도는 가장 큰 부조화를 이끌어 내는 반대의견을 개진하는 사람을 향해 가장 강하게 나타났다.

이제 사회적 영향과 의사소통의 과정에서의 부조화의 함의에 대해 더 깊이 논의해 보자. 이번 장에서 지금까지 논의한 이론은 한 집단 내에서 공개적으로 의견 불일치를 표현함으로써 발생한 부조화를 줄이려는 노력으로 진행된 사회적 절차(social process)를 다루었다. 하지만 누군가는 해당 사회집단의 외부에서 발생한 인지부조화를 지닌 사람이 이 집단 내에서 사회적 영향과정에 노출되었을 때 어떻게 반응하는지를 살펴볼 수도 있다. 부조화가 어디에서 어떻게 일어났는지에 상관없이 사회집단은 그 부조화를 감소시키는 잠재적 자원으로 사용될 수 있음은 명백해 보인다. 몇 가지 의견에 대한 사회적 지지를 얻음으로써 사람들은 자신의 의견과 조화를 이루는 인지요소들을 추가할 수 있고, 그 결과 부조화의 총량을 감소시킬 수 있다.

결국 어떤 사람이 두 묶음의 인지요소들 사이에 상당히 큰 부조화를 겪고 있다면, 그 부조화를 줄이기 위한 시도로서 그는 의사소통과 사회적 영향과정을 시작할 것이다. 그는 다른 사람들이 자신의 의견에 동의한다는 사실을 알고자 할 것이고, 그럼으로써 새롭게 조화로운 인지요소를 추가한다. 또한 이미 다른 사람들이 자신의 의견에 동조한다는 것을 앎으로써, 또는 의견에 동의하도록 다른 사람을 설득함으로써 가능할 수도 있다. 어쨌든 사람들 속에 존재하는 부조화는 사회적 상호작용 속에서 어떤 문제와 주제가 다루어지는지와, 그래서 그것이 이 집단과 유관한 문제가 될 것인지 아닌지를 결정하는 하나의 결정요인(determinant)이다.

예를 들어, 어떤 사람이 최근에 새 차를 샀다고 하자. 그리고 의사결정 후 부조화를 겪는다면, 사람들은 일반적으로 그가 자신의 최근 자동차 구매에 대하여 그가 아는 다른 사람들과 이야기할 것이라고 예상한다. 만일 자신과 같은 차를 가진 누군가를 안다면, 그 차를 구매한 사실을 그 사람에게 알릴 것이라고 예상해 볼 수 있다. 그렇게 해야만 자신의 결정과 조화를 이루는 인지를 획득하고 자신감을 갖게 되기 때문이다. 그는 심지어 다른 차를 가진 사람들에게서도 그가 산 차가 매우 좋은 것이라는 동의를 얻고 싶어 할 수도 있다. 하지만 만일 그의 친구 중 몇몇이 그 차가 매우 좋지 않은 것이라고 주장한다면, 그는 계속해서 납득할 때까지 논의하고자 할 것이다.

바로 위의 문단에서 이미 시사한 바와 같이 부조화의 존재는 사람들 사이에서 의사소통과 사회적 영향과정의 내용을 결정하는 것, 즉 무슨 주제에 대하여 이야기할 것인지와 더불어 의사소통의 방향성에 대해서, 즉 누구와 이야기할 것인지에도 또한 영향을 미친다. 다른 사람들과 의견이 다름으로 인해 야기되는 부조화를 제외하고 특정한 의견과 연관이 있는 인지의 대부분이 그 의견과 조화를 이룬다면, 그 사람의 대화와 영향을 미치려는 시도는 주로 의견이 일치하지 않는 사람의 의견을 바꾸려는 방향으로 나타나게 된다. 더 나아가 이러한 영향력을 미치려는 시도는 주로 집단 내에서 가장 반대하는 사람들을 향하게 되는데, 이것은 더 큰 의견의 불일치가 그의 인지에 더 큰 부조화와 반응하기 때문이다. 그러나 어떤 의견에 대응하는 인지들과 이미 존재하는 많은 인지요소들 사이에 상당한 부조화가 있다면 영향력을 강하게 미치고자 하는 방향은 보다 복잡해질 것이다.

한편, 공개적으로 의견이 다르다고 말하면서 생긴 부조화는 다른 의견을 내놓는 사람에게 영향을 미치려는 시도를 통해 줄어들 수 있다. 반면에 이미 존재하던 인지부조화는 그 질문에 대한 의견에 동의하는 사람들과 대화하여 그 의견과 조화를 이루는 인지요소들을 추가함으로써 그 강도를 줄일 수 있을 것이다. 그렇다면 사람들은 집단 내에서 의견이 다름을 표명함으로써 야기되는 부조화를 제외한 관련 인지들이 대부분 조화를 이룰 때, (영향을 미치고자 시도된) 대화는 주로 의견에 동조하지 않는 사람들 쪽을 향하리라고 기대할 것이다. 그러나 관련된 인지들 사이에 상당한 양의 부조화가 존재한다면, 이미 자신의 의견에 동조하는 사람들과 대화하고자 하는 경향이 나타나고 특히 그들의 의견을 들으려는 경향이 있을 것이다.

부조화가 존재할 때 부조화를 줄이고자 하는 (그리고 부조화가 추가로 늘어나는 것을 막고자 하는) 압력이 존재하고, 다른 사람과의 의견 일치와 불일치가 이미 존재하는 부조화를 감소시키거나 증가시킬 수 있기 때문에, 사람들은 영향력을 미치고자 하는 시도가 어떤 상황에서 "성공할 것이다, 또는 성공하지 못할 것이다"라고 말할 수 있다.

일반적으로 부조화를 감소시키기 위해 개인에게 발휘되는 영향력은 부조화를 증가시키는 영향력보다 그의 의견을 바꾸는 데 성공할 확률이 더 높다. 즉, 만약 어떤 사람에게 그의 의견과 부조화를 이루는 인지요소들이 이미 많이 있다면, 그의 의견을 다른 방향보다는 이 인지요소들과 조화를 이루는 방향으로 바꾸도록 영향을 미치는 것이 더 쉬울 것이다. 담배를 많이 피우면서 담배 피우는 것이 건강에 어느 정도 해롭다고 믿는 사람이 있다고 하자. 그를 설득할 때, 담배가 전혀 해롭지 않으며 해롭다고 주장하는 자료들은 부적절하다고 설득하는 것이, 담배가 '어느 정도 해로울 뿐' 아니라 분명히 치명적이라고 설득하는 것보다 더 쉽다.

앞으로 계속되는 논의에서 부조화가 존재할 때 사람들은 종종 계속 주장하려는 의견에 대한 사회적 지지를 얻고자 시도한다는 사실을 알게 된다. 사회적 지지를 얻을 때 부조화는 상당히 줄어들고 어쩌면 없어질 수도 있다. 그러나 다른 사람으로부터 얻는 그러한 동의를 기대할 수 없다면, 부조화는 그 상태를 유지하거나 아니면 증가할 수도 있다. 그러한 사회적 지지가 부조화를 감소시키려는 시도로 이루어질 때, 그 시도의 성공은 사회적 영향과정이 성공하는 것과 같다고 할 수 있다.

그러면 이제 인지부조화를 줄이기 위해 사회적 지지를 얻는 데 성공할 것인지 여부를 결정하는 요인에 대해서 알아보도록 하자.

사람들이 계속 유지하고 싶어 하는 의견에 사회적 지지를 얻는 가장 확실한 상황은 말을 건넨 사람의 의견이 우연히 자신과 같을 때이다. 만일 그렇지 않다면 사회적 영향과정이 일어날 것이다. 만약 제기된 의견이 상대방의 기존의 인지와 크게 관련이 없다면 이 상황은 상당히 단순해진다. 이 경우에는 상대방에게 부조화가 전혀 일어나지 않거나 일어나더라도 조금 일어날 것이며, 그들의 의견을 바꾸려 할 때 저항이 그리 크지 않을 것이다.

예를 들어, 엄격한 부모가 있다고 하자. 이 부모는 그의 훈육에 대한 자식들의 반응을 포함하여 많은 것을 알고 있고, 이러한 지식들은 엄격한 훈육이 좋은 것이라는 자신의 믿음과 자신이 엄격한 훈육방법을 사용한다는 사실에 대한 인식과 부조화를 이룬다고 하자. 그는 아마도 다른 사람들에게 엄격한 훈육이 좋은 것이라고 확신시킴으로써 이러한 부조화를 줄이려는 시도를 할 수도 있다. 만일 그의 친구들에게 자녀가 없다면, 이러한 의견은 그들이 알고 있는 다른 의견과는 별다른 연관이 없으므로 쉽게 그들을 설득할 수 있을 것이다.

일반적으로는 특정한 의견이 다른 사람들의 인지와 관련이 있는 경우가 더 많다. 이와 같은 상황에서는 이전에 언급한 것처럼 의견이 다르다는 표현을 들었을 때 부조화가 일어나거나 증가하는 사람들에게는 의견을 바꾸는 데 아주 큰 저항이 발생한다. 이 경우에 의견의 변경여부는 발생한 부조화가 의견을 바꿀 때 생기는 저항을 이길 만큼 충분히 큰가에 달려 있다. 누군가의 의견을 바꾸는 것은 각 사람의 인지부조화 강도에 달려 있다.

이와 같이 의견이 일치하지 않음으로 생기는 부조화는 집단의 매력이 크고 그 의견이 집단과 연관이 있을 때 더 커지기 때문에, 다른 집단보다 이러한 집단에서 의견변화가 더 잘 일어날 것이다. 부조화를 감소시키기 위한 시도로 사회적 영향과정을 시작하는 사람이 타인의 동의를 얻고 결국 부조화를 감소시킬지, 또는 어쩌면 자신의 의견을 도리어 바꿀 정도로 부조화의 증가를 겪을지는 복잡한 상호작용의 결과에 좌우된다.

사회적 지지를 획득함으로써 부조화를 감소시키는 상황 중에서 특별히 흥미로운 유형 한 가지를 자세히 살펴보자. 함께 어울리는 상당히 많은 사람들이 모두 동일한 상황에 있을 때, 즉 이들 모두가 동일한 방법으로 감소시킬 수 있는 같은 부조화를 겪고 있을 때, 사회적 지지를 특히 쉽게 얻을 수 있다. 예를 들어, 동시에 같은 차를 새로 구입한 사람들이 있다고 하자. 이 사람들이 이 차가 다른 차에 비해 월등히 나을 뿐 아니라 전체적으로 완벽한 기계라고 서로를 설득하는 것은 분명 쉬울 것이다. 다수의 사람들에게 동일한 부조화가 존재하는 상황이 생기는 경우에는 매우 놀랍고 흥미로운 집단적 현상을 관찰할 수 있을 것이다.

많은 사람들에게 동일한 인지부조화를 일으키는 상황들을 먼저 생각해 보자. 그리고 이러한 부조화를 줄이려는 압력의 결과로서, 그리고 이와 같은 특수한 부조화를 감소시키는 과정에서 사회적 지지가 쉽게 도출되는 특별한 상황의 결과로서 관찰할 수 있으리라고 예상되는 현상들을 분석해 보자.

때때로 어떤 사건의 경우 아주 강력하게 주목을 끄는 특성이 있어서 이 사건과 관련 있는 모든 사람들에게 동일한 반응이나 행동을 일으키는 경우가 있다. 동시에 이 흥미로운 사건에 대한 반응에 대응하는 인지와 기존의 인지가 부조화를 일으키는 사람들이 많이 있을 수 있다. 만일 이와 같은 상황이 발생한다면 거의 동일한 인지부조화가 발생한 사람들이 많이 생길 수 있다.

예를 들어, 심각한 홍수의 위협으로 마을 전체주민이 그들의 집을 떠나야 한다고 하자. 이 마을 사람들은 모두 이 사태로 겪을 불편함에 대하여 비슷하게 인지할 것이다. 이주로 인한 불편함에 대한 인지는 집을 비워야 한다는 사실과 부조화를 이루고, 전부 또는 거의 대부분의 사람들이 이와 동일한 부조화를 느낄 것이다. 무슨 방법이든 이러한 부조화를 줄이기 위해 고안하고 사용한 것에 대부분의 사람들이 동일하게 만족할 가능성이 아주 높고, 결국 이와 같은 부조화 감소 시도는 쉽게 사회적 지지를 획득할 것이다. 예를 들어, 그들은 위협적 홍수가 닥칠 것이 확실하고 큰 재난을 겪을 것이라고 서로를 확신시키거나 또는 서로가 그러한 불편함이 즐거운 기쁨이 될 것이라고 설득하려고 할 것이다.

다수의 사람들에게 동일한 부조화가 발생하는 현상은 부정할 수 없고 논란의 여지가 없는 정보가 매우 광범위하게 믿어지는 신념이나 의견과 부조화를 이루는 경우에도 나타날 수 있다. 예를 들어, 많은 사람들이 반대파 정치세력이 선거에서 이긴다면 경제공황이 온 나라를 뒤덮을 것이라고 확신한다고 하자. 그 반대파가 선거에서 이기고 경제가 파탄이 나지 않을 뿐 아니라 경제상황이 더 나아질 수도 있다. 이럴 경우, 그 사람들에게 경제적 측면에서 발생한 사실과 권력을 차지한 반대파의 정책과 정치적 가능성에 대한 그들의 의견 사이에 부조화가 생긴다. 또 다른 예는 종교의 영역에서 찾아볼 수 있다. 예를 들어, 매우 많은 사람들이 서기 1천 년에 새로운 시대가 도래할 것이라고 믿었다. 이 해가 아무 일도 없이 지나가자 이러한 믿음이 있던 사람들의 인지에는 상당하고 동일한 부조화가 생겼다. 다시 한 번 말하지만, 이러한 상황에서는 서로 연관이 있고 동일한 인지부조화로 고통받는 다수의 사람들이 조화로운 인지를 위해 사회적 지지를 얻어 내기는 매우 쉬울 것이다.

그러한 상황에서 부조화를 줄이기 위한 압력의 독특한 현상에 대한 논의를 진행하기 전에, 때때로 광범위하고 동일한 인지부조화를 일으킬 수 있는 또 다른 형태의 상황에 대해 이야기해 보자.

단체나 조직은 때때로 일련의 결정에 자신들의 입장을 표명하곤 한다. 물론, 행동의 시점에 단체나 조직에 속한 대부분의 사람들은 의심할 바 없이 그 행동에 주로 조화를 이루는 인지를 하고 있다. 독립적으로 발생하든 또는 그 결정에 대한 결과로서 발생하든 나중에 나타나는 상황은 이 행동이 실행되고 계속된다는 사실과 부조화를 이루는 새로운 인지를 생성할 수 있다. 이와 같은 상황에서는 이 집단 내의 모든 또는 대다수의 사람들이 비슷한 부조화를 느낄 수 있다. 물론, 많은 사람들이 동일한 부조화를 느낀다고 해서 동일한 부조화가 널리 퍼져 있다는 것은 아니다. 하지만 한 개인의 경우, 그가 알고 지내는 많은 사람들이 그와 같은 동일한 인지부조화를 겪고 있다는 것은 아마도 사실일 것이다.

예를 들어, 20~30가구로 이루어진 마을 사람들이 함께 집을 지어 협력 공동체를 세우기 위한 목적으로 얼마간의 토지를 샀다고 하자. 이런 일을 추진하는 과정에서 그들이 토지를 구매한 사실과 구매하는 과정에서의 노력과 인지부조화를 일으키는 많은 종류의 정보를 습득할 수 있다. 토지에 필요한 설비를 들여오는 비용이 너무 비싸고, 집을 짓는 데 들어가는 비용이 예상을 넘어서고, 또한 도로 상태가 심각한 것으로 드러나는 것과 같이 생각지도 못한 일이 발생할 수도 있다. 그들이 실행 중인 계획을 변경하기가 매우 어렵거나 불가능하다고 여겨지는 상황이라면, 부조화를 줄이고자 하는 압력은 직접적으로 그 계획과 부조화를 이루는 인지를 바꾸어 그 계획과 조화를 이루는 새로운 인지를 획득하는 쪽으로 가게 된다. 다시 말해 집단 내의 모든 또는 대다수의 사람들이 같은 부조화를 느끼기 때문에 사람들의 부조화를 줄이기 위한 사회적 지지를 획득하는 것은 그다지 어렵지 않은 일이다.

위에서 동일한 인지부조화를 동시에 많은 사람들이 겪는 여러 유형의 상황을 논의한 것은 이와 같은 현상이 일어날 가능성을 모두 밝히려고 한 것은 아니다. 말하고자 하는 바는 이런 종류의 일이 자주 일어나진 않겠지만 그렇다고 극단적으로 희귀하지도 않다는 것이다. 물론, 이런 상황에서도 우리가 지금까지 논의한 부조화 감소를 위한 모든 방법이 실제로 사용될 것이다. 이러한 상황에 대해 특별한 관심을 두는 것은 이러한 특수 조건하에서 부조화를 감소시키려는 압력이 많이 발생하는 현상이 흔하지 않은 일이기 때문이다. 이러한 현상들을 일반적으로 집단현상(*mass phenomena*) 14) 이라 칭한다.

이어지는 논의에서는 이러한 집단현상에서도 개념적 수준에서 이미 논의한 부조화를 감소시키려는 압력이 발현됨에는 별다른 차이점이 없음을 보이고자 한다. 여기서 차이점이라면 사회적 지지를 쉽게 얻을 수 있기 때문에, 일련의 효과들의 정도나 범위가 때때로 매우 인상적이라는 것이다.

---

14) 〔옮긴이 주〕 옮긴이는 집단현상을 '집단적 인지부조화 현상'과 함께 사용하였다.

소문의 전파

　'소문'(*rumor*)이라는 말은 일반적으로 사람과 사람 사이에 입으로 전해지는 정보의 내용과 관련하여 사용된다. 종종 이 '소문'이라는 단어에는 허위라는 의미가 내포된다. 그러나 여기서 정보의 진실 여부는 별 관심거리가 아니다. 우리가 관심을 두는 것은 그 소문이나 어떤 정보가 널리 퍼지기 위해 충족해야 할 조건들이다. 그러한 조건들 중 상당수는 매우 분명하기 때문에 알기 쉽다. 일단 어떤 정보의 내용을 어떤 사람이 인지하면(아마 여러 사람이 동시에 인지할 수도 있고), 이 사람으로 하여금 다른 사람들에게 이야기하고 싶은 충동을 일으키는 무언가가 반드시 있게 마련이다. 그 소문이 계속해서 널리 전파되기 위해서는 그 소문을 들은 많은 사람들이 그것을 다른 사람에게 이야기하고 싶은 충동을 느껴야 한다. 또한, 그 소문이 널리 퍼지기 위해서는 많은 사람들이 간접적이든 직접적이든 간에 서로 관련지을 수 있는 비슷한 상황에 놓여야 한다. 즉, 다른 사람에게 이야기하기 위해서는 그 정보에 비슷하게 영향을 받아야 한다는 뜻이다.

　이러한 논의가 많은 사람들에게 동일한 부조화가 존재하는 것이 이러한 조건들이 충족되고 그래서 소문이 널리 퍼질 수 있는 **유일한** 상황임을 의미하는 것은 아니다. 사실 소문을 널리 퍼지게 하는 다른 요인들, 예를 들면 비슷한 상황에 있는 사람들 사이의 미래에 대한 광범위한 불확실성 같은 것이 있음은 의심의 여지가 없다. 하지만 여기에서는 광범위하고 동일한 부조화가 존재하는 것이 널리 퍼지는 소문을 만드는 **하나의** 상황임을 제시하고, 더 나아가 부조화를 감소시키기 위한 시도로 소문이 생겨나고 퍼질 때 이 소문의 내용과 속성에 대해서 특정한 사실을 예측할 수 있음을 보이고자 하는 목적이 있다.

좀더 상세히 살펴보자. 어떤 부정할 수 없는 정보가 사람들의 인지에 영향을 미쳤다고 하자. 그리고 이 정보가 이에 대응하는 모든 사람들의 인지요소와 이들의 신념이나 의견과 갈등을 일으킨다고 하자. 만일 그 의견이나 신념이 너무 견고해서 바꿀 수 없는 것이 아니라면 새로운 의견 을 선호하여 선택함으로써 부조화는 사라진다.

만일 한 가지 또는 그 이상의 이유로 의견을 바꾸는 데 저항이 심하다 면 그 부조화를 줄이는 것에는 두 가지 방법이 있다. 사람들은 그 새로운 정보와 조화를 이루는 인지요소를 바꾸려고 시도할 것이다(요점은 새로운 정보의 타당성을 부인하는 것이다). 아니면 현재 의문시되는 자신의 믿음 과 조화를 이루는 더 많은 인지요소를 획득하고자 할 것이다. 어느 방향 이든, 이후 같은 부조화를 겪는 다른 사람들과 이야기를 나누며 사회적 지지까지 얻은 시도가 부조화를 만족스럽게 줄일 수 있다. 이러한 사회 적 지지는 사람들이 받아들이는 믿음과 조화를 이루는 새로운 인지를 가 능하게 함으로써 부조화를 감소시킨다. 이런 식으로 전해진 새로운 인지 에 대한 내용은 쉽게 퍼질 것이고 널리 받아들여지는 소문이 될 것이다.

실재를 부정하기

많은 사람들이 자신의 의견이나 신념과 반대되는 명확한 증거들이 있음에도 그 의견이나 신념을 유지하는 것을 종종 볼 수 있다. 이러한 상황들은 짧은 기간 동안 일어나는 사소한 현상에서부터 집단망상(*mass delusion*)이라고 할 수 있는 현상까지 모든 범위에 걸쳐 있다. 예를 들어, 많은 독자들은 일요일에 소풍 가기로 한 사람들이 그날 비가 올 것이라는 일기예보를 신뢰하지 않는 것을 목격한 적이 있을 것이다. 이 사람들은 소풍을 준비하는 동안 서로의 믿음을 지지한다. 결국 그들은 그날 소풍 가고, 어쩌면 비구름이 몰려올 때까지도 일기예보를 믿지 않을 것이다. 현실의 증거와 상충하는 이 신념은 때로 비가 오기 시작하는 그 순간까지 유지된다. 비슷한 예로, 어떤 이론을 믿는 과학자 집단은 그 이론이 틀렸다는 증거가 산더미처럼 많다고 해도 자신들끼리 서로 지지하며 그 이론을 믿는다고 알려진다.

위에서는 우리가 좋은 현실감을 지닌 사람들에게 일어나는 현상을 논의하고 있음을 강조하기 위하여 의도적으로 다소 진부한 예를 들었다. 즉, 실재(*reality*)의 영향은 매우 강력하다. 실재는 인지가 진실하게 반응하도록 강력한 압력을 가한다. 좋은 현실감을 지닌 사람들이 실재와 반대되는 믿음과 의견을 유지하는 것은 매우 어려운 일이다. 아마도 그런 믿음을 유지하는 경우 실재를 부인하는 일이 일어날 수도 있다.

너무도 중요하고 바꾸기 어려운 몇 가지 인지사실을 알고 있는 사람이 있다고 하자. 이는 그의 삶에서 매우 가치 있는 부분을 유지하게 하는 신념체계이며, 그가 이러한 자신의 신념체계를 바꾸는 것은 많은 갈등의 소지가 된다는 사실도 알고 있다고 하자. 이는 아마도 그가 취한 여러 가지 매우 중요한 삶의 양식과 관련된 인지요소들의 집합체일 수도 있다. 이러한 행동양식은 스스로에게 바꿀 수 없다고 다짐한 것일 수도 있다.

만일 어떤 사건이 일어나서 그가 지닌 이 중요한 인지에 강한 부조화를 일으켰다고 해보자. 이러한 상황에서, 그가 원래 지녔던 인지사실과 조화를 이루는 요소들을 더 획득하여 부조화를 감소시키려는 노력이 물거품으로 변한다면, 그러한 부조화를 일으키는 사건의 정당성을 부정함으로써 부조화를 감소시키려 할 것이다. 그러나 이 실재가 매우 명확하여 그 사람의 인지사실에 직접 영향을 미친다면 그렇게 하기 어려울 것이다. 예를 들어, 빗속을 걸어가면서 비에 젖을 때, 지금 비가 오는 것이 아니라고 자신을 설득하기는 매우 어려울 것이다. 사람에게 직접 영향을 미치는 실재는 우리 대부분에게 매우 강력한 설득력을 지닌다.

부조화를 느끼는 사람은 그 사건의 진실 여부를 다른 사람과 이야기하려고 시도한다. 만약 빗속을 걷는 어떤 사람에게 비가 온다는 사실이 무슨 이유에서든 강한 인지부조화를 일으켰고 그가 그 사실을 부인하려 한다면, 그는 아마도 동료에게 비가 오는 것이 아니라 나뭇잎에서 물이 몇 방울 떨어진 것뿐이고 이는 이미 전에 온 비로 생긴 것이라고 말할 것이다. 그러나 그 동료가 실재의 영향력에 이미 충실히 반응하며 동일한 부조화로 고통받지 않는다면 그의 의견에 강하게 반대할 것이다. 그리고 그 동료는 그가 비가 온 것이라고 믿기를 바랄 것이다. 서로 연관이 있는 다수의 사람들이 좀더 쉬운 방법으로는 풀리지 않는 동일한 부조화를 지니고 있을 때, 그들은 서로를 지지함으로써 비가 전혀 오지 않았다는 의견을 유지할 수 있다. 만일 모든 사람이 그렇게 믿는다면 그것은 확실한 사실일 것이다.

집단적 개종활동

독자들은 이미 개종(改宗) 활동이 왜 그리고 어떻게 부조화를 감소시키려는 압력의 발현인가를 분명하게 알고 있을 것이다. 분명히 대규모 개종활동은 개념상으로는 어떤 의견을 다른 사람에게 납득시키려는 개인의 행위와 성격이 다르지 않다. 그러한 영향을 미치고자 하는 시도 또는 대규모 개종활동이 성공적이라면 이 의견이나 신념체계로 새로이 개종한 사람이나 이전부터 신봉하던 사람들은 조화로운 인지관계를 추가하고, 이 신념체계와 부조화를 이루던 것을 감소시킨다. 하지만 우리는 여전히 집단적 개종활동(mass proselyting)에서 어떤 조건일 때 부조화가 발생하고 이 부조화를 감소시키려는 압력이 발현되는지를 살펴보아야 한다.

교제하는 많은 사람들이 일련의 신념을 공유하고, 이 신념은 이런저런 이유로 그들에게 매우 중요하여 바꾸기 어려운 상황을 상상해 보자. 또한, 어떤 사건이 발생하거나 새로운 정보를 알게 되어 그들의 신념체계에 심각한 부조화를 일으켰지만, 이 부조화의 강도는 신념체계 전부를 폐기할 정도는 아니라고 해보자. 좀더 구체적으로 부조화를 일으키는 정보는 명확하고 부정할 수 없는 것이어서 그 진실성을 부정할 수 없을 정도로 매력적이라고 해보자. 요약하자면, 두 인지요소 사이에 심각한 부조화가 존재하며 둘 다 매우 변화하기 힘들기 때문에 계속해서 변하지 않는 상태로 유지된다는 것이다. 다시 말하면, 이러한 조건에서는 부조화가 이와 관련된 인지요소들을 변화시킴으로써 감소되지 않는다. 오직 신념체계와 부합하는 새로운 인지요소들을 추가함으로써 부조화를 줄일 수 있다.

앞에서 설명한 바와 같이 사람들은 자신의 신념체계와 조화를 이루는 새로운 인지에 대한 지지를 얻기 위해 자신과 같은 부조화를 겪는 사람들을 찾으려고 한다. 그러한 새로운 인지에는 부조화를 일으키는 사건에 대한 설명, 새로이 확인한 사실, 그리고 이 신념체계와 조화를 이루는 새로운 증거 등을 포함한다. 우리는 이미 동일한 부조화를 지닌 사람들과 같이할 때 새로운 사실들에 대한 지지를 쉽게 얻을 수 있음을 살펴보았다. 부조화를 줄이려는 이러한 시도를 지지하지 않는 사람들에게 둘러싸이는 불행한 상황에서는 이 신념체계를 버리는 단계에 이를 때까지 이 신념에 동조하지 않는 사람들에 의해 부조화가 증가할 것이다. 그러나 그가 동일한 부조화를 지닌 사람들과 함께한다면, 이러한 부조화는 어느 정도 선까지 줄어들 것이고 그 신념은 계속 유지될 것이다.

우리가 주장한 것처럼 초기에 발생한 부조화가 극단적으로 강력하다면 위와 같은 과정을 통해서 줄어들 것이라고 말하기 어려울 것이다. 설명하고, 이성적으로 판단하고, 새로운 '증거'를 만들어 내는 인간의 능력이 대단하긴 하지만 여전히 한계가 있다. 자신의 신념체계와 부정할 수 없는 사건 사이의 부조화는 모든 새로운 조화로운 인지요소를 추가하면 더 작아지겠지만 여전히 남아 있을 것이다.

그렇다면 부조화를 더 줄이기 위해 신념체계와 조화를 이루는 인지요소들을 얼마나 더 찾아내야 할 것인가? 분명 이는 이 신념체계가 사실이라고 더 많은 사람들을 설득함으로써 달성된다. 즉, 개종시키고 전향시켜야 한다. 그러므로 이러한 상황에서는 누구든 대규모 개종현상이 드러나는 것을 관찰할 수 있을 것이다. 만약 이들이 자신의 신념이 옳다고 전 세계를 설득할 수 있다면, 이 부조화는 분명히 무시할 만큼 작아질 것이다.

앞으로 두 장에서는 부조화의 발생과 감소에서 사회적 의사소통과 사회적 영향과정의 역할과 관련된 자료를 제시하겠다.

제9장

사회적 지지의 역할 :
사회적 영향과정에 관한 자료

　사회적 의사소통과 사회적 영향과정에 대한 내용은 그것의 범위와 관련된 자료의 양 모두가 실로 방대하다. 내가 부조화 이론에 대해 설명하거나 해석할 수 있는 영역에 대한 자료 모두를 이 장에서 다 줄 수는 없다. 특정 의견을 지닌다는 것과 다른 사람, 특히 자신과 유사한 사람의 의견은 정반대임을 아는 것이 부조화를 이룬다는 말이 맞는다면, 대중매체의 영향력이나 얼굴을 맞대고 만나는 집단들에 미치는 영향력에 대한 많은 자료들은 그 이론과 같은 선상에서 설명이 가능하다. 사람들이 의견이 맞는 사람들끼리 어울린다는 사실과 그들의 관점을 지지하는 신문을 읽는 것 등은 부조화를 감소시키거나 부조화가 증가하는 것을 막는 예로서 찾아볼 수 있는 것이다. 하지만 이러한 예들이 부조화 이론의 측면에서 아주 매력적이지만은 않다.

　이번 장에서는 부조화 이론과 가장 연관이 깊은 사회적 의사소통과 사회적 영향과정에 대한 증거를 제시하고 대안적 설명을 찾는 것의 어려움에 대하여 이야기하고자 한다. 여기에 사용된 자료들은 대략 두 부류로 나누어 볼 수 있다. 첫 번째는 사회적 의사소통 과정 중에 발생한 의견변화는 부조화를 줄이는 특성이 있다는 사실을 보여 주는 자료이고, 두 번째는 부조화의 생성은 의사소통과 사회적 영향과정의 시작과 수정으로 이어진다는 것을 보여 주는 자료이다.

부조화를 감소시키는 사회적 영향과정

먼저, 사회적 지지와 관련하여 부조화 이론의 전반적 함의를 이야기해 보자. 앞 장에서 이야기한 것처럼 어떤 사람이 부조화를 느끼면, 그 부조화를 줄이기 위해 다른 사람과의 사회적 의사소통 과정을 시도한다. 그는 그 부조화를 줄이기 위해 그가 얻고자 하는 사실에 동의하는 (또는 동의하도록 설득할 만한) 사람을 찾고자 노력할 것이다. 그의 노력이 성공적이라면, 일정한 시간 내에 그 부조화를 감소시키고자 하는 의견에서 변화가 일어날 것이다. 다른 말로 하자면, 두 가지 의견이 서로 조화를 이루고 있을 때보다는 서로 부조화를 이루고 있을 때에 이 두 의견 중 하나가 변경되는 일이 더 잘 발생한다.

이런 관점에서 자료를 살펴보면, 항상 사전에 주어진 두 개의 의견이 서로 부조화를 이루는지 아닌지를 결정해야 하는 문제가 존재한다. 분별하기 어려운 경우도 많이 있다는 것은 인정하지만, 매우 분명하게 알 수 있는 경우도 있다. 일정한 시간이 흐른 후에, 처음 시점에서 부조화를 이루는 두 개의 의견을 지녔던 사람들과 조화로운 의견을 지녔던 사람들을 비교할 수 있는 의견변화와 관련된 두 가지 예를 살펴보자.

립셋과 동료들(Lipset et al., 37)은 1940년 대통령 선거 유세기간에 두 번(8월과 10월)에 걸쳐서 면접조사를 한 266명의 유권자의 의견변화에 관한 자료를 제시하였다. 두 번 모두 응답자들에게 민주당인지 공화당인지 확인하고 그들이 윌키(Willkie)[15]를 지지하는지 반대하는지에 대해

---

15) 웬델 윌키(Wendell L. Willkie; 1892~1944)는 미국의 변호사였으며 정치 경력이 전혀 없었음에도 1940년 대통령 선거에서 공화당 후보로 지명되었다. 대

<표 9-1> 최초 부조화에 따른 의견변화

첫 면접조사에서의 의견	두 번째 면접조사에서 의견을 바꾼 사람의 비율	
윌키를 지지하는 공화당원 (N=135)	4.4	최초 조화
윌키를 반대하는 민주당원 (N=72)	5.6	
윌키를 반대하는 공화당원 (N=35)	34.3	최초 부조화
윌키를 지지하는 민주당원 (N=24)	50.0	

질문하였다.

〈표 9-1〉은 이 조사를 통한 결과이다.

이 자료를 보면, 실험 전에 피험자들의 부조화와 조화 상태가 어떠한지 분명히 알 수 있다. 공화당 후보에 호의적인 사람들은 자신을 공화당이라고 생각하고 그러한 의사를 분명히 한다. 공화당 후보에 반대하는 사람은 자신을 공화당원이라고 생각하는 사실과 부조화를 보인다. 비슷하게, 자신을 민주당원이라고 생각하는 사람들은 공화당 후보를 지지하는 것과 부조화를 이루고, 그 후보를 반대하는 것에 조화를 이룬다. 이 표의 첫 번째 열을 살펴보면, 예상한 바대로 다수의 사람들이 다른 사람들과 의견이 같다. 면접조사를 한 266명 중에서 오직 59명의 의견만이 부조화를 이룬다. 이와 비슷하게, 이미 예상한 바지만, 처음 의견이 다른 사람들과 조화를 이루는 사람들은 매우 적은 수치의 변화만을 보인다. 이 사람들 중 5%만이 두 달에 걸친 두 번의 면접조사 기간 중에 윌키 후보와 관련된 자신의 의견을 바꾸거나 그들의 정치적 성향을 바꾸었다.

반면에 처음부터 의견이 달랐던 사람들 중에서는 많은 수의 사람들이

통령 선거에서 이전의 그 어떤 공화당의 대통령 후보보다 더 많은 득표를 하였지만, 대통령 선거인단 획득 결과에서는 449 대 82로 민주당 후보인 프랭클린 루즈벨트에게 패배했다.

두 달이 지난 후에 자신의 의견을 바꾸었다. 윌키 후보에 반대하는 공화당의 경우에는 34%의 응답자가, 윌키 후보를 지지하는 민주당원의 50%가 의견의 변화를 보였다. 처음에는 부조화를 이루는 의견을 지녔다가 의견을 바꾼 모든 사람들은 모두 자신의 의견에서 부조화를 감소시키는 쪽으로 변화를 보였다. 그렇게 의견을 바꾼 사람은 24명이었는데, 그중 2명은 자신이 지지하던 후보의 정치적 성향에 따라 당에 대한 선호도를 바꾸었고, 나머지 22명은 자신의 정치적 성향에 따라 지지 후보를 바꾸었다. 물론, 이 결과는 놀랄 만한 것이 아니다. 후보자에 대한 인식을 바꾸는 것보다 지지 정당을 바꾸는 것의 저항이 더 강하기 때문이다.

블라우(Blau, 6)는 같은 유형의 의견변화에 대한 또 다른 예를 실험을 통해 제시했다. 이 연구는 코넬대학 944명의 대학생을 대상으로 1950년 봄과 1952년 봄에 인터뷰한 것이다. 다른 데이터를 통해 블라우는 국제 문제, 즉 전쟁을 방지하는 가장 효과적인 방법으로 응답자들이 국제협력을 옹호하는지 아니면 무력사용을 주장하는지에 대해 이전에 조사된 자료를 얻었다. 그는 또한 응답자들의 일반적 정치성향에 대한 자료도 확보했는데, 주로 그들이 1948년에 진보당(Progressive)인지 민주당인지 또는 공화당인지를 나타내는 것이었다. 블라우는 자유주의적 정치이념을 지닌 사람은 국제 문제에서 협력을 선호하고, 이 두 의견은 일반적으로 함께 나타난다고 했다. 비슷한 예로, 보수적 정치이념은 국제 문제에서 무력사용을 선호하는 쪽으로 나타난다. 의견의 조화 여부는 1948년 세 정당이 명시적으로 지지했던 내용에 근거해서도 동일한 결론을 내릴 수 있다. 블라우는 2년 동안 부조화를 감소시키는 방향으로 사람들의 의견이 변화하였음을 제시한다. 그의 저서에서 다음과 같이 기술했다.

국제 문제에 대한 입장과 관련된 점수분포가 1950년과 1952년 사이에는 거의 바뀌지 않았다. 하지만 이것은 그 변화가 서로 상쇄하는 방향으로 일어났기 때문에 눈에 잘 띄지 않은 것이다. 944명의 학생 중 5분의 1은 좀더 협력을 강조하는 쪽으로, 그리고 비슷한 규모로(18%)는 무력의 사용을 선호하는 쪽으로 변화하였다.

　이러한 변화를 면밀히 살펴보면, 일관성이라는 측면을 발견하게 된다. 진보적 정치철학은 협력을 강조한 입장과 연관이 되고 … 무력 사용을 강조한 입장은 진보적 이념과는 일치하지 않기 때문에, 진보적 정치공약에 매료된 학생들은 국제협력을 점점 선호하는 성향을 나타냈다. 1950년에 국제협력을 지지하지 않으며 진보당(Progressive)을 추종하던 학생들 중에서 47%가 협력을 좀더 지지하는 쪽으로 움직였다. 민주당과 공화당을 지지한다던 그룹에서는 27%와 32%만이 협력을 지지하는 쪽으로 움직였다(209~210쪽).

　시간이 지남에 따라 부조화를 감소시키는 방향으로 의견이 변한다는 사실을 다시 한 번 알 수 있다. 블라우는 또한 다른 내용에서 '일관성이 증가하는' 방향으로 동일한 형태의 의견변화에 대해 보고한다. 예를 들어, 2년에 걸쳐서 보수적 학생들은 전쟁을 방지하는 데 세계정부가 매우 중요하다는 생각에서 멀어지는 경향을 보인 반면, 자유주의적 학생들은 세계정부를 좀더 이해하는 방향으로 변화했다. 이 실험에서 조사자들의 전체적 경향은 세계정부에 대한 의존과는 멀어졌지만, 부조화를 줄이는 방향으로의 의견변화는 빈번하게 일어났다.

　그러나 위의 설명이 시간이 흐름에 따라 일어나는 의견의 변화가 부조화가 감소되는 경향을 보여 준다고 하기에는 불충분하다. 우리가 알 수 있는 중요한 점은 **다른 사람들로부터 동의**(*agreement from others*)를 얻는 것이 그러한 부조화의 감소가 일어나는 중요한 방법 중 하나라는 것이다. 두 번의 면접조사 기간 동안, 응답자들은 주위에 있는 사람들과 이 주제에 대해서 이야기했을 것이 분명하다. 그러므로 우리는 민주당원이자 윌키가 두 명의 후보 중에서 더 나은 사람이라고 생각했던 사람이 이 부조화를 감소시키기 위해 윌키가 그렇게 좋은 후보는 아니라고 자신을 설득하려 노력할 것으로 기대할 수 있다. 만일 어떤 사람들이 그에게 윌키가 능력이 없고 성격에 특별한 문제가 있다고 이야기한다면, 그는 윌키에 대한 자신의 생각을 바꿀 것이다.

결과적으로 우리는 부조화를 감소시키는 방향으로 의견변화를 일으키는 주요한 결정인자는 자신의 인지와 조화를 이루는 새 의견을 지지하는 사람을 발견하는 능력에 달렸다고 생각할 수 있다.

블라우의 연구는 여기서 좀더 발전시킨 주제와 관련된 자료를 제공한다. 블라우는 사회적 접촉이 거의 없는 사람들과 빈번한 사람들의 의견변화를 비교하였다. 어떤 사람이 사회적 접촉이 적을 경우, 그와 같은 정도로 그가 믿고자 하는 의견에 동의하는 사람을 찾기가 더 어려울 것은 자명한 일이다. 사회적 접촉이 빈번한 사람은 그런 사람들을 더 쉽게 발견할 수 있으므로, 부조화를 감소시키기 위해 자신의 의견을 좀더 자주 바꿀 수 있을 것이다. 블라우는 친구를 사귀는 데 어려움을 겪고, 캠퍼스 그룹에 속하지 않는 학생들이 캠퍼스 그룹에 속해 있거나 친구를 사귀는 데 어려움을 겪지 않는 학생들에 비해 시간이 지남에 따른 의견변화가 자주 일어나지 않는다는 것을 알아냈다. 예를 들어, 국제 문제에서 무력과 협력에 대한 선호의 측면에서 볼 때,

국제 문제에 대한 태도와 관련하여 대학에서 중요한 집단에 속한 학생들이

다른 사람들에 비해 자신의 의견을 더 잘 바꾸는 경향이 있음을 보였다. 예를 들어 남학생 동호회에 소속된 학생들은 의견변화의 방향에 상관없이 소속이 없는 학생들보다 더 쉽게 자신의 의견을 바꾸었다(211쪽).

세계정부에 대한 태도변화에서도 비슷한 결과를 볼 수 있다:

① 친구를 사귀는 데 어려움을 겪는 학생들의 3분의 1이 세계정부(world government)에 대한 지지가 낮아지는 방향으로 변화한 데 반해, 쉽게 친구를 사귀는 학생들은 거의 절반(48%)이 변화를 보였다. … ② 그러나 세계정부에 대한 선호도가 증감하는 방향에 따른 의견변화는 대학사회 내의 그 학생의 소속과 관련이 있다는 몇몇의 증거가 있다. 발견된 차이는 작지만, 일관된 형태를 보였다. … (211쪽).

요약하면, 이 연구자료들은 이론에서 예상하는 바를 지지한다. 이 두 의견 영역 모두에서 의견변화가 주로 부조화를 감소시키는 방향으로 일어나고, 사회적 접촉이 좀더 빈번한 사람들이 자신의 의견을 더 잘 바꾼다는 것을 알 수 있다.

이번 장에서 지금까지 논의한 자료가 이론적 예측과 일치하지만, 우리가 원하는 것보다 부조화 이론의 정확도를 떨어뜨릴 수 있는 특히 중요한 요인 하나가 통제되지 않았다. 구체적으로 지금까지 보고된 연구들에는 영향의 크기에 대한 통제나 측정이 이루어지지 않았고, 자신의 의견을 바꾼 사람들에게 행사된 영향의 방향도 통제되지도 측정되지도 않았다. 예를 들어, 윌키에 대한 자신의 태도와 부조화를 이루는 정당을 지지하는 사람들의 의견변화에 대한 자료를 살펴보면 도출된 결과에 대해 다른 해석도 가능하다.

공화당원들이 다른 공화당원들과 주로 어울리고, 민주당원들은 다른 민주당원들과 어울릴 것이라는 것은 당연한 생각이다. 이런 경우에 공화당원들 사이에서는 월키를 지지하는 의견이 대세이므로 월키에 반대하는 공화당원이 월키를 지지하는 의견에 빈번하게 노출될 것이다. 이와 유사한 예로, 월키를 지지하는 민주당원은 주로 다른 민주당원들로부터 월키에 대한 반대의견을 듣게 될 것이다. 이것이 사실이라고 할 때, 이러한 설득이 성공하는 경우가 여럿 나타날 것이고, 그 결과로 다른 사람들의 의견에 좀더 일치하는 쪽으로 자신들의 의견을 바꾸는 것이 그리 놀랄 만한 일은 아닐 것이다. 요점은 이 사람들이 부득이하게 접하는 설득력의 방향이 두 집단 내에서 다르게 나타나는 것은 당연하다는 것이다.

비록 설득력이 다소 떨어지긴 하지만, 블라우 자료에 대해 대안적 설명이 제시될 수 있다. 예를 들어, 동아리 구성원이 어느 방향으로든 자신들의 의견을 동아리에 속하지 않은 학생들보다 더 자주 바꾼다는 사실을 그들이 속한 집단 내의 지배적 의견으로 인해 타인으로부터 비구성원과는 다른 내용의 영향을 받는다는 해석으로 설명하기에는 무리가 따른다.

이와 같은 사실은 부조화를 이루는 의견을 가진 사람에게 어느 정도 선택적 특성(selectivity)이 있다는 사실을 받아들일 수밖에 없게 한다. 즉, 그는 그의 문제를 누구와 이야기를 나눌 것인지의 문제와 관련해서, 또는 다른 사람으로부터의 영향력의 방향 중에서 어느 방향에 더 쉽게 반응할 것인지의 문제와 관련해서, 아니면 두 문제 모두에 대해서 선택 특성을 행사할 수 있다. 따라서 이 자료는 부조화 이론이 시사하는 이와 같은 함의에 대해 더 큰 확증을 제공한다.

그렇지만 자신의 의견을 바꾸는 사람에게 영향력을 행사하는 방향에 대해 약간의 통제를 했다면 훨씬 더 좋았을 것이다. 이상적으로는 모든 사람들이 정확히 같은 정도로 다른 사람들에게 영향을 받는 상황에서, 처음에 부조화를 이루던 사람들의 의견변화에 대한 자료와 처음에 조화를 이루던 사람들에 대한 의견변화에 대한 자료를 비교하기를 원했을 것이다. 이와 같이 통제된 상황에서 결과를 해석하면 더 분명할 것이다. 물론 우리가 지금까지 논의한 연구들에서는 그렇게 정확하게 통제할 수 있는 가능성은 거의 없다.

그러나 이러한 조건들을 정확히 충족시킨 맥과이어[16]가 수행한 실험실 실험을 하나 소개하겠다. 이 실험에서는 92명의 대학생들이 일주일 간격으로 두 번의 모임에 참석하였다. 첫 번째 모임에서 학생들은 대학의 발전계획과 관련한 여러 가지 문제에 대해 학생들의 관점을 알아보고자 하는 조사의 일부로 질문지에 대한 답을 해야 했다. 그 질문지는 24개의 서로 다른 의견 또는 제안으로 구성되었다. 이 의견들은 3개씩 8개의 세트로 묶여서 각각 서로 연관된 삼단논법으로 구성되었다. 즉, 앞의 두 개는 전제이고 마지막 1개는 처음 두 개에서 논리적으로 도출되었다. 24개의 제안 모두는 미래의 계획 또는 일어날 만한 일들로 구성되었다.

다음은 맥과이어가 제시한 3개의 제안이 삼단논법을 통해 논리적으로 구성된 예이다.

(1) 정부는 국가 전체의 이익에 부합하는 학생징병 정책을 선택할 것이다.

(2) 국가 전체의 이익에 부합하는 학생징병 정책은 적어도 모든 학생들이 교육을 마칠 때까지 연기되어야 한다.

---

[16] 앞으로 언급할 실험의 분석을 위하여 원본 데이터를 제공해 준 윌리엄 맥과이어(William J. McGuire)에게 감사를 전한다.

(3) 정부는 적어도 학생들의 학업이 끝날 때까지 징병을 연기하는 정책을 택할 것이다.

실험에서 사용된 삼단논법 문장세트들은 두 개의 전제 중 하나만으로는 피험자가 결론을 도출할 수 없도록 구성되었다. 또한, 결론 중 4개는 앞의 예와 같이 피험자들에게 유리한 결과를 이야기하고, 나머지 4개는 불리한 결과에 대해 이야기한다.

24개의 문장은 다음과 같은 방법으로 나열되었다. 16개의 전제(삼단논법 세트별로 2개씩)를 먼저 나오게 하되, 임의로 구성하여 같은 세트에서 나온 2개의 전제 사이에 3개 이상의 다른 세트의 전제문장이 들어가도록 하고, 같은 세트에서 나온 전제가 질문지의 같은 면에 제시되지 않도록 한다. 전제들에 이어서 8개의 결론을 무작위로 나열한다. 물론, 피험자들에게는 전제와 결론의 차이점을 느끼지 못하도록 단순히 24개의 문장을 나열한 것처럼 보이게 하였다.

24개의 각 문장 옆에는 피험자가 이 문장이 설명하는 사건이 일어날 가능성을 표시할 수 있는 척도를 제시하였다. 이 척도는 0.5인치마다 세로선이 표시된 5인치의 가로선으로 되어 있다. 이 짧은 세로선은 우측부터 좌측으로 0, 10, 20, …, 90, 100 으로 표시되어 있다. 0 근처에는 '매우 불가능함', 그리고 100 근처에는 '매우 가능함'이라고 표시하였다. 피험자들에게 그 문장이 사실일 가능성이 어느 정도라고 생각하는지 스스로 척도에 표시하여 표현하도록 하였다.

두 번째 실험은 일주일 후에 이루어졌다. 이번에는 피험자 각자에게 4개의 설득력 있는 대화문을 주었다. 그리고 이미 기술한 24개의 문장으로 이루어진 질문지를 보도록 하였다. 피험자들이 읽도록 주어진 설득력 있는 대화문들은 허구의 인물인 해롤드 윌슨 박사(Dr. Harold Wilson)가 가공의 단체인 '국제 대학행정가연합'의 의장에 선출되어 기자회견을 할 때 기자들의 질문과 질문에 대한 윌슨 박사의 답변으로 이루어졌다. 각 대화문은 기자의 질문과 150~200자로 된 윌슨 박사의 답변으로 구성되었다. 각 대화문 상황의 질문은 8개 삼단논법 세트 중 한 세트의 전제에 대한 것이었고, 각 대답은 합리적이고 설득력 있는 일방적 주장이었다. 그 대답은 그 계획이 이루어질 가능성에 관한 논쟁을 하는 것이다. 다른 말로 하자면, 그 설득력 있는 글이 효과적이라면, 피험자는 그 일이 일어날 가능성에 대한 평가에서 실제로 더 후한 점수를 줄 것이었다.

　모두 8개의 대화문이 사용되었다. 각각은 삼단논법으로 된 세트 중 하나와 연관이 있었고, 피험자들은 8개 중에 4개만 볼 수 있었다. 피험자들이 본 4개의 글은 바람직한 결론과 관련된 전제를 다루는 것 2개와 그렇지 않은 것 2개로 늘 구성되었다. 각 대화문은 같은 숫자의 피험자들에게 제시되었다.

　결과를 논하기 전에 앞에서 구체적으로 기술한 조건을 이 실험이 어떻게 만족시키는지 생각해 보자. 예를 들어, 한 피험자가 한 세트에 있는 3개의 문장에 대해서 두 전제문장에는 상당히 발생 가능성이 높은 것으로 표시하고 동시에 이 전제들에서 논리적으로 도출되는 결론에는 발생 가능성이 낮다고 표시했다면, 이 사람에게 인지부조화가 있다고 결론을 내리는 것이 타당할 것이다.

　나는 지금 결론이 주장하는 가능성이 두 전제가 주장하는 가능성의 산물과 정확히 같지 않다고 해서 부조화가 존재한다고 말하고자 하는 것이 아니다. 무엇보다 먼저, 논리적으로 봐도 다른 전제들도 같은 결론을 함축할 수 있기 때문에 두 전제의 발생확률을 곱한 값보다 결론의 확률이 더 높을 수 있다. 또한, 나는 각 사람들이 가능성을 정확한 논리를 통해 생각한다고 주장하고 싶은 것도 아니다. 그러나 다음과 같이 주장하는 것은 타당할 것이다.

(1) 결론이 발생할 확률이 두 전제의 발생확률을 곱한 값보다 **더 크다**고 생각하는 사람들 중에는 전제 중 하나의 가능성을 증가시킴으로써 자신의 인지부조화를 감소시킬 수 있는 사람도 몇몇 있을 것이다. 그러므로 설득력 있는 대화문은 이와 같은 사람들의 부조화를 **감소시킬** 것이다.

(2) 결론이 발생할 확률이 두 전제의 발생확률을 곱한 값보다 **더 작다**고 생각하는 사람들 중에서 전제 중 하나의 가능성을 감소시킴으로써 그가 느끼는 인지부조화를 감소시킬 수 있는 사람도 몇몇 있을 것이다. 그러므로 설득력 있는 대화문은 이와 같은 사람들의 부조화를 **증가시킬** 것이다.

첫 번째 질문지에 대한 반응을 기초로 하여 사람들을 몇 개의 집단으로 나눌 수 있는데, 그중 몇몇은 한 방향으로 의견을 바꿈으로써 감소시킬 수 있는 인지부조화가 있고, 몇몇은 그 반대방향으로 의견을 바꿀 때 감소시킬 수 있는 인지부조화가 있다. 모든 대화문이 직접 연관된 전제의 가능성을 높이기 위한 주장을 하기 때문에, 이 대화문은 이 글을 읽은 사람들 중에서 일부에게만 부조화를 감소시키는 데 도움이 된다.

이제 결과를 살펴보자. 〈표 9-2〉는 첫 번째와 두 번째 질문지 사이에 피험자들이 밝힌 대화문과 연관된 전제들이 발생할 가능성에 대한 답변의 변화를 보여 준다. 이 자료는 첫 번째 조사와 두 번째 조사에서 결론의 발생 가능성에 대한 답변이 .10 이상 바뀌지 않은 경우만을 대상으로 한

<표 9-2> 대화문 관련 전제의 발생 가능성에 대한 평정치의 변화

	첫 질문지에서 대답한 결론의 발생 가능성 평정치	
	연관된 두 전제에 대한 발생확률을 곱한 값보다 큰 경우	연관된 두 전제에 대한 발생 확률을 곱한 값보다 작은 경우
바람직한 결론 　대화문 제시 조건 　대화문 비제시 조건	+12.4 + 1.6	-5.0 -8.1
바람직하지 않은 결론 　대화문 제시 조건 　대화문 비제시 조건	+20.0 + 5.9	+1.3 -5.0

것이다. 분명히 첫 질문지에 존재했던 어떤 부조화도 전제나 결론의 가능
성에 대한 의견의 변화로 인해 감소했다. 우리는 대화문과 관련된 전제들
에 대한 변화를 보고자 하므로 적어도 부조화 감소의 한쪽 방향이 배제된
상황으로 한정하는 것이 나을 것이다. 부조화 감소의 다른 두 방향을 모
두 배제하는 것, 즉 설득력 있는 대화문이 결론문장뿐만 아니라 전제문장
과도 관련이 없는 사례만을 분석하면 분석할 사례가 너무 적어진다.

먼저, 피험자들이 특정 전제문장과 관련된 설득력 있는 대화문을 받지
않은 경우를 생각해 보자. 이 경우에는 피험자 중 누군가가 단순히 부조
화를 줄이려는 압력을 받으면, 그 실험기간 동안(일주일) 전제가 바람직
한 결과와 연관된 경우와 바람직하지 않은 결과와 연관된 양쪽의 경우 모
두 부조화를 감소시키는 방향으로 미묘한 변화가 있을 것이다. 결론문장
에 진술된 사건이 발생할 확률에 대한 평가가 첫 번째 질문상황에서 '너
무 높게' 나타났을 경우, 두 번째 질문상황에서 전제에 대한 가능성이 평
균 1.6과 5.9 정도 증가했다. 결론의 가능성이 첫 번째 질문상황에서 '너
무 낮게' 나타났을 경우, 두 번째 상황하에서는 전제에 대한 가능성이 각
각 8.1과 5.0 정도 감소했다.

전제의 사건이 발생할 확률이 매우 높다고 주장하는 대화문을 읽은 피험자들에 해당하는 변화를 살펴보자. 그 글의 영향으로 인해 부조화가 감소되는 경우, 즉 결론에 대한 가능성이 첫 번째 질문 후에 '너무 높을' 때, 피험자는 설득력 있는 대화문의 영향을 실제로 받았다. 대화문을 읽은 후에 전제가 발생할 확률에 대한 변화의 평균은 바람직한 결론과 바람직하지 않은 결론과 관련된 전제들 각각의 경우 +12.4와 +20.0이다. 다시 말하자면, 대화문의 영향을 받는 것이 부조화를 감소시킬 때, 피험자들은 대화문의 영향을 강하게 받았다. 대화문의 영향을 받는 것이 부조화를 증가시킨 경우에 해당하는 변화의 평균은 각각 −5.0과 +1.3이었다. 즉, 비록 다른 사람들에게는 현저한 영향력을 미친 대화문이라 할지라도 그 영향을 받는 것이 어떤 이들에게는 부조화를 증가시킨다면, 이들은 그 대화문의 영향을 받지 않은 채로 남아 있을 것이다. 또한, 흥미로운 점은 결론의 정당성 여부는 대화문이 효과적이라는 측면과 거의 또는 아무 관계가 없다는 것이다. 오직 부조화를 감소시키는 점에서만 효과적일 뿐 다른 것에는 영향을 미치지 못하였다.

요컨대, 지금까지 살펴본 자료는 통제된 상황에서 수집한 것으로, 동일한 조건하에서는 영향을 미치려는 시도가 부조화를 감소시키는 사람에게 더 효과적임을 나타낸다. 이 자료들은 이전에 논의한 상대적으로 덜 통제된 영역의 연구결과와 함께 부조화 이론의 함의를 더욱 지지한다.

사회적 영향과정의 시작을 유도하는 부조화

이제 우리의 관심을 사회적 의사소통 과정에서 부조화의 존재가 미치는 영향에 대한 문제로 돌려 보자. 이제까지 이 과정의 결과를 다루었고, 부조화가 사회적 지지를 획득함으로써 감소됨을 확인했다. 부조화의 존재는 필연적으로 사회적 지지를 추구하고, 그래서 의사소통 과정에 미치는 영향들을 분명히 감지할 수 있게 한다. 명확한 영향 가운데 하나는 앞장에서 언급한 것처럼, 특정 주제에 관심을 둔 다른 사람들과 대화를 시작하는 것이다.

예를 들어, 새 차를 구매한 후 발생하는 부조화는 차주로 하여금 그가 구입한 차에 관한 광고를 보게 하고, 부조화로 인해 차, 특히 같은 종류의 차에 관심 있는 다른 사람들과 대화를 시작하게 한다. 이런 방식으로 그는 자신이 구입한 차가 멋있다는 것에 동의하는 다른 사람들을 찾아내거나, 이에 실패할 경우 다른 사람들이 그 차가 멋있다는 데 동의하도록 설득하려 할 것이다. 구체적으로 말하자면, 부조화가 생기면 자신의 부조화에 포함된 인지요소들과 관련된 내용에 대한 의사소통을 증가시킬 것이다. 또한, 부조화의 감소는 이 내용에 대한 논의나 의사소통을 감소시킬 것이다.

이러한 예측에 대한 자료들은 매우 드물다. 의사소통의 초기단계나 구체적 부조화의 존재 또는 부재를 분명하게, 또는 대략적으로나마 짐작할 수 있는 상황에 있는 사람들 사이에서 이루어진 일반적 수준의 대화라도 다루는 연구를 찾아보기 힘들다. 앞으로 제시할 연구들의 자료는 필연적으로 결론적이라기보다는 단순한 기술 또는 제안 수준이 될 것이다.

<표 9-3> 부조화와 대화 시작의 관계

	정치에 대한 대화를 한 응답자 비율 (%)
정당을 위한 어떤 활동도 하지 않는 응답자	
선거에 관심이 높은 응답자 (N=487)	38
선거에 관심이 낮은 응답자 (N=217)	14
정당을 위해 활동하는 응답자	
선거에 관심이 높은 응답자 (N=40)	65
선거에 관심이 낮은 응답자 (N=19)	68

몇 가지 적절한 자료를 1948년 선거운동 중에 정기적으로 다수의 사람들을 면접조사한 백스터(Baxter, 3)가 보고한 연구에서 찾아볼 수 있다. 특별히 주목할 점은 응답자들이 다른 사람들과 정치와 선거에 대하여 자율적이고 격식을 차리지 않은 토론에 대한 자료라는 것이다.

1948년 6월에 처음 응답자들에 대한 면접조사가 이루어졌다. 정치와 선거에 관한 응답자들의 토론범위를 정하는 것에 덧붙여, 각 응답자들에게 현재의 선거에 얼마나 관심이 있는지 그리고 이번 선거운동에서 자신의 정당을 위하여 어떻게 하고 있는지 물어 보았다.

<표 9-3>은 이 연구를 통해 얻은 자료를 보여 준다. 이 표의 첫 부분을 살펴보면, 정당을 위해서 아무것도 하지 않는 사람들 간에는 선거에 대한 관심과 선거에 관해 이야기하는 정도 사이에 '상식적' 수준의 관계('common sense' relationship)가 있었다. 선거에 관심이 더 많은 사람들은 선거에 대해 더 많이 이야기했다. 하지만 정당을 위해 무엇인가를 하고 있다고 대답한 사람들 사이에는 이와 같은 '상식적' 관계가 없었다. 즉, 선거에 관심이 적은 사람들도 관심이 많은 사람들만큼이나 빈번하게 선거에 대해 이야기했다.

이와 같은 결과는 대부분의 사람들에게는 선거에 관심이 없다는 것에

대응하는 인식과 이번 선거에서 특정 정당을 위해서 일한다는 사실에 대응하는 인지요소들이 서로 부조화를 이루며, 또한 선거에 높은 관심을 가지면 더 많이 이야기하는 경향과 반대되기는 하지만, 인지부조화를 겪는 사람들(선거에 대한 관심이 낮은 집단)이 자신의 부조화를 감소시키기 위해 다른 사람들과 선거에 대하여 이야기하려는 경향이 있다고 가정한다면, 어쩌면 이해할 수도 있을 것이다. 만일 그들이 선거가 사실 매우 중요하다고 말하는 사람을 만나고 스스로 그 중요성을 확신할 수 있다면, 그들이 정당을 위해 일하는 것과 선거에 대한 그들의 낮은 관심 사이에 발생한 부조화를 감소시키거나 아예 없앨 수도 있다.

이러한 해석을 지지하기 위해 이 자료에서 우리가 찾아낼 수 있는 또 다른 사실도 있다. 만일 정말로 정당을 위해서 무엇인가를 하는 사람들에게서 발견된 두 현상 사이의 무관한 관계, 즉 선거에 대한 관심과 정치에 대하여 이야기하는 것 사이에 상관성이 없는 것이 선거에 대한 관심이 낮은 사람들이 자신의 인지부조화를 감소시키려고 노력한 결과라고 한다면, 이와 같이 부조화가 감소되었다는 증거를 어디선가 발견할 수 있어야 한다. 구체적으로, 이 사람들이 부조화를 감소시키는 데 성공했다면 일정 기간 동안 선거에 대한 그들의 관심에 변화가 있었음을 찾아낼 수 있어야 한다.

〈표 9-4〉는 6월과 10월의 인터뷰 관련 자료이다. 이 표를 보면 6월에는 선거에 관심이 높은 사람들의 비율이 정당을 위해 일하는 사람들 집단에서나 그렇지 않은 집단에서 각각 68%와 69%로 거의 비슷하다. 정당을 위해 일하지 않는 사람들의 경우는 6월에서 10월까지의 기간 중에 눈에 띄는 변화를 보이지 않는다. 하지만 정당을 위해 무엇인가 일하는 사람들의 경우에는 기대했던 것처럼 부조화를 감소시키는 방향으로 변화했

<표 9-4> 선거에 높은 관심이 있는 응답자 비율(%)

	6월	10월
정당을 위해 어떤 활동도 하지 않는 피험자	69	73
정당을 위해 활동하는 피험자	68	88

다. 10월에는 선거에 관심이 많다고 응답한 사람들의 비율이 88%까지 증가한 것을 볼 수 있다. 그러나 앞에서 언급한 바와 같이 이 연구의 결과가 사회적 의사소통 과정의 시작을 유도한다고 하는 부조화 이론에서 도출된 함의와 관련이 있고 연구를 통해 얻은 결과와도 일치한다 해도, 데이터에 대한 사례수가 너무 적고 실험을 행할 때 너무 많은 요소들을 통제하지 못했기 때문에 실험의 결과를 단정적으로 말하기가 어렵다.

이제 블라우의 연구로 다시 돌아가서 그의 보고서에서 현재 논의와 관련 있는 데이터를 몇 가지 살펴보도록 하자. 2년에 걸친 의견의 변화가 주로 의견들 사이에 일관성을 증가시키는 방향으로, 우리가 쓰는 용어로는 부조화를 감소시키는 방향으로 일어남을 블라우가 밝힌 사실을 기억할 것이다. 그러한 의견의 변화의 한 가지 예는 독일인에 대한 태도의 변화이다. 이 태도변화와 관련해서, 블라우는 사회적 의사소통의 시작과 관련된 데이터를 제시한다. 인터뷰에서는 다음과 같은 질문을 했다.

"당신은 정치나 공공의 문제에서 발생한 어떤 일에 대해서 마치 자신의 개인 생활에서 일어난 일에서처럼 신경이 날카로워진 적이 있습니까?"

응답자가 이 질문에 대해 "예"라고 대답한다면 그가 이 같은 문제를 다른 사람과 논의하고 논쟁할 정도로 관심이 있다고 봐도 무방할 것이다. 만일 이 질문에 대한 대답이 응답자가 그 문제에 대해 어느 정도의 수준까지 의사소통을 시작할지를 반영한다고 한다면 이 이론의 함의는 명백해진다. 누군가는 정치와 공공의 문제와 관련된 인지부조화가 그런 문제

<표 9-5> 독일인에 대한 태도변화와
정치 및 공공 문제에 대한 대화 사이의 관계

질문에 대한 대답*		독일인에 대한 태도변화 비율	
1950년	1952년	태도가 변함 (N=192)	변하지 않음 (N=317)
아니오 예	예 아니오	8 29	14 18
두 시기 동일한 대답		63	68

* 실험에 사용된 정확한 질문 : "당신은 정치나 공공의 문제에서 발생한 어떤 일에 대해서 마치 자신의 개인적 생활에서 일어난 일에서처럼 신경이 날카로워진 적이 있습니까?"

에 대한 대화를 유도하기를 기대할 것이고, 그 결과 그러한 부조화가 있는 사람은 이 부분에 대한 질문에 부조화가 없거나 매우 적은 사람에 비해서 더 자주 "예"라고 대답할 것이다. 또한, 이 문제와 관련하여 일정 시간이 지나면서 관찰된 변화에는 명백한 함의가 있다.

내가 주장하듯이 정말 대부분의 변화가 부조화를 감소시키는 방향으로 일어났다면, 2년에 걸쳐 자신의 의견을 바꾼 사람들은 (평균적으로) 첫 번째 인터뷰에 비해 두 번째 인터뷰 때 더 적은 부조화를 보이기 때문에, 위의 질문에 대하여 "예"라고 대답하는 경향이 감소하는 추세를 보여야 한다. 2년 동안 어떤 특정한 주제에 대하여 자신의 의견을 바꾸지 않은 피면접자들은 (평균적으로) 두 번의 인터뷰에서 같은 정도의 부조화가 있기 때문에, "예"라고 대답하는 것에 증감을 보이지 않아야 한다.

<표 9-5>는 2년의 기간 동안 피면접자들이 정치와 공공의 문제에 대해 이야기하는 빈도에 대한 질문에 대답한 것과 독일인에 대한 의견 사이의 관계에 대한 자료이다. 주로 더 조화를 이루는 방향으로 독일인에 대한 의견을 바꾼 사람들은 관련 있는 내용에 대해서 신경을 쓰는 정도가 줄어들었고 이 문제에 대해 이야기하는 빈도도 낮아졌다. 1950년에 그 문제

에 대해서 신경 쓰지 않았다고 대답한 사람 중에서 1952년에는 이 문제가 신경 쓰인다고 대답한 사람은 8%뿐이었다. 그 반대로 대답이 변한 사람은 29%에 달했다. 독일인에 대한 의견의 변화를 보이지 않은 사람들은 관련된 문제에 대하여 신경을 쓰는 정도도 평균적으로 변화가 거의 없었다. 즉, "아니요"에서 "예"로의 변화와 "예"에서 "아니요"로의 변화가 거의 동일했다.

한 가지 더 말하자면 이 결과는 우리가 부조화 이론을 통해 기대했던 것과 아주 잘 일치한다는 것을 알 수 있다. 또한, 이렇게 자료를 해석하기 위해서 많은 가정을 해야 했고, 결과적으로 이 결론이 이론과 관련한 결정적 증거가 되기는 어렵다는 점도 밝혀 둘 필요가 있다.

이번에 살펴볼 통제된 실험으로 얻은 또 다른 연구자료를 통해 블라우의 연구에 대한 우리의 확신을 더할 수 있는데, 이는 사람들이 의견을 바꾼 후에 동일한 종류의 의사소통 감소 현상이 관찰되었기 때문이다. 페스팅거, 제랄드, 히모비치, 켈리, 그리고 라벤의 연구는(Festinger, Gerard, Hymovitch, Kelly and Ravenm, 18) 다음과 같은 방식으로 진행되었다. 실험실에서 이전에 서로를 잘 모르던 약 7명으로 이루어진 그룹들을 구성하였다. 각각의 피험자에게는 노사분쟁에 대한 실질 기록처럼 보이는 사례연구들을 나누어 주었다. 그리고 그 사례를 읽고 문제를 서로 의논하도록 하였다. 사례연구를 읽은 직후에 피험자들에게는 종이 한 장을 주고 향후 협상에서 조합대표들의 행동과 관련하여 자신의 의견을 표시하도록 하였다. 이 의견은 7점 척도로 나타내도록 하였고, 그 범위는 ①"그들은 … 제안을 타협하기 위해서 전적으로 반항적이어야 한다" 부터 ⑦"상대방의 제안을 받아들여 … 계약에 맺기 위해서 필요한 모든 동의를 즉시 해야 한다"까지였다.

적당한 시간(대충 의견을 조정할 만할 정도로)이 흐른 뒤에, 각 사람들에게 그룹 내 의견을 알리는 (거짓) 의견분포표를 보여 주었다. 이 실험의 목적을 위해서 연구자가 관심 있는 피험자들은 그룹 내의 모든 사람들이 자신과는 다른 — 척도에 보이는 대로 그들의 의견보다 2, 3점 정도 낮게 표시된 — 의견임을 알려 주는 표를 받았다. 그리고 피험자들에게 다시 한 번 7점 척도에 자신의 의견을 표시하도록 하였다. 두 번째 의견을 취합한 후에 그룹 내 피험자들은 서로 간에 글을 적는 방식으로 그 주제에 대하여 토론하도록 하였다.

결과적으로 피험자들이 토론하는 중에 어떤 시점에서 다른 사람과 의사소통을 시작하는가에 대한 자료를 구할 수 있었다. 이 자료는 처음 10분의 토론시간 동안 다른 사람에게 쓴 단어의 개수를 통해 적절하게 반영되는데, 이 짧은 시간 동안에 어떤 글도 다른 사람에게 전혀 전해지지 않았기 때문에 이 모든 의사소통은 스스로 시작된 것이다.

〈표 9-6〉은 다른 사람의 의견에 대한 가짜 표를 본 후에 즉시 자신의 의견을 바꾸지 않은 피험자들과 의견을 바꾼 피험자들이 의사소통을 위해 쓴 단어의 개수를 나타내는 자료이다. 피험자들을 그들이 매력도가 높은 그룹에 속하였는지 낮은 그룹에 속하였는지에 따라 다시 구분하였다. 이 연구에서 집단의 매력도는 실험적으로 조작되었다.

매력도가 높은 집단과 낮은 집단 모두에서 토론 전에 자신의 의견을 바꾼 피험자들은 여전히 자신의 원래 의견을 고수하는 사람들에 비해 의사소통을 시작하려는 시도가 덜 하다는 것을 이 데이터를 살펴봄으로써 명확히 알 수 있다. 조작된 표를 통해 피험자들이 얻은 정보는 그들의 원래 의견과는 확실히 부조화를 이룬다. 자신의 의견을 바꿈으로써 이 부조화

〈표 9-6〉 개인별 평균 단어 수

	집단에 대한 끌림	
	높음	낮음
변경하지 않은 피험자	95	75
변경한 피험자	75	58

를 감소시킨 사람들은 관련된 문제에 대하여 다른 사람과 이야기하고자 하는 충동을 덜 느꼈다. 다른 사람들이 자신의 의견에 동의하지 않는다는 사실로 인해 부조화가 더 크게 발생한 집단, 즉 매력도가 높은 집단에서는 당연히 의사소통을 시작하는 빈도가 더 컸다.

우리가 위에서 논의한 3개의 연구는 각각 따로 살펴보면 어느 것 하나도 의사소통을 시작하게 하는 부조화 이론의 함의를 강하게 확증하지 못한다. 그러나 이 세 연구를 같이 놓고 살펴보면 이 연구들이 이론을 지지한다는 것을 알 수 있다. 부조화의 존재는 사회적 의사소통을 시작하도록 유도하고, 부조화의 감소는 이러한 의사소통의 감소를 가져온다.

이제 우리는 부조화가 있는 덕분에 생긴 사회적 의사소통의 선택적 특성(selectivity of social communication)에 주목하고자 한다. 다른 말로 하자면, "사람들이 부조화를 감소시키기 위해 노력할 때 누구와 의사소통하려고 하는가?"라는 질문이다.

앞 장에서 이야기한 것처럼 부조화가 주로 자기 자신의 의견과 관련된 인식과 다른 사람들의 의견은 자신과 다르다는 인식 사이에 존재할 때, 의사소통의 방향은 명백하다. 이런 상황에서 부조화를 감소시키는 한 가지 방법은 반대하는 사람의 의견을 바꾸는 것이다. 하지만 위와 같은 부조화와 함께 자신의 의견과 관련된 인식과 그 의견과 딱 들어맞지 않는 다른 정보 사이에도 부조화가 존재하게 되면 상황은 더 복잡해진다. 뒤에 언급된 부조화는 이미 자신의 의견에 동의한 사람들과 이 문제에 대하여 논의함으로써 감소시킬 수 있다. 그러므로 이론에 근거하여 볼 때, 기존 의견에 관한 인지체계가 대체로 조화를 이루고 있을 때에 의견 불일치가 발생하면 주로 자신의 의견에 동의하지 않는 사람들과 의사소통할 것으로 예상할 수 있다. 그런데 의견에 관한 인식들 간에 이미 심각한 부조화가 존재하는 경우에 집단 내에서 의견 불일치가 발생하면 자신의 의견에 동의하지 않는 사람들뿐만 아니라 동의하는 사람들과도 이야기하는 경향이 나타난다. 그러므로 후자의 경우에는 일반적으로 이미 동의하는 사람과 대화를 시작하려는 시도가 더 많이 나타날 것으로 예상할 수 있다.

브로드백(Brodbeck, 8)은 이와 같이 파생된 예상을 검증하기 위해 특별히 고안된 실험을 하나 실시하였다. 이 실험의 첫 번째 단계에서는 서로 잘 알지 못하는 약 12명의 피험자로 구성된 집단을 활용하였다. 실험실에 도착하면 곧 피험자들에게 (가상의 단체인) '국가 성인교육위원회'가 실시하는 전국 규모의 연구에 참가한다고 알려 주었다. 이 연구는 몇 가지 중요한 사안에 대한 성인들의 태도에 관한 것이라고 설명하였다. 피험자들이 참여하는 실험과정에 주어진 주제는 사법요원들이 사용하는 전파감청(일명 도청)에 관한 것이었다(전파감청에 대한 학생들의 의견이 반반으로 나뉘어서 이 주제를 실험에 활용하였다).

피험자들에게 나중에 이 의견에 대해서 서로 토론할 기회가 주어지겠지만, 이에 대한 자신들의 의견을 먼저 표시하라고 하였다. 먼저, 한 장의 종이를 받은 후 전파감청에 찬성하는지 반대하는지를 표시한 후에, 6점 척도로 얼마나 자신이 생각하는 의견이 옳은지에 대해서도 표시하도록 하였다. 이 6점 척도의 범위는 "나는 내가 위에 표시한 의견을 전적으로 확신합니다"에서 "나는 내 의견이 옳은지 그른지에 대해 전혀 확신이 없습니다"로 이루어져 있었다.

의견과 확신수준에 대한 진술을 취합한 후에는 피험자들 간의 토론을 활성화하기 위해 가상의 단체인 '국가 성인교육위원회' 위원장의 연설이 녹음된 것을 들려주었다. 실험적 통제를 위해 각각 서로 다른 두 개의 위원장 연설을 준비하였는데 하나는 전파감청을 매우 강하게 옹호하는 주장의 연설이었고, 다른 하나는 매우 강하게 반대하는 주장의 연설이었다. 피험자의 반은 첫 번째 연설을, 나머지 반은 두 번째 연설을 들었다. 어느 집단이 어떤 연설을 들었는지는 연구의 목적에 중요하지 않다. 중요한 것은 각 집단에서 몇몇은 자신의 의견이 틀렸다고 주장하는 설득력 있는 연설을 들었고, 다른 몇몇은 자신의 의견이 옳다는 주장을 하는 연설을 들었다는 것이다. 연설을 듣고 난 후, 각 피험자들은 종이에 자신이 전파감청에 찬성하는지 반대하는지, 그리고 얼마나 확신하는지 한 번 더 표시를 하도록 하였다. 이것으로 이 실험의 첫 번째 단계가 끝났다.

첫 번째 단계에 바로 이어진 두 번째 실험단계를 설명하기 전에, 지금까지의 절차를 통해 피험자들에게 어떤 변화가 발생했는지 분석해 보자.

각 집단 안에는 그들이 들은 연설로 인해 전파감청에 대한 자신의 의견에 대응하는 인식에서 부조화가 (만일 그들에게 부조화가 있었다면) 감소한 사람들이 있게 된다. 이들은 이미 그들이 지닌 의견을 강하게 지지하는 연설을 들은 사람들이다. 이들을 **조화 상태의 피험자**(consonant subjects)라고 지칭하겠다. 또한, 각 집단 내에는 주어진 주제에 대한 자신의 의견에 대응하는 인식에 부조화가 생기거나 기존의 부조화가 증가한 사람들도 있다. 이들은 자신의 의견을 강하게 부정하는 '권위자'(authority)에 의한 연설을 들은 피험자들이다.

물론, 연설 때문에 모든 피험자들에게 똑같이 부조화가 생기거나 증가한 것은 아닐 것이다. 어떤 사람은 다른 사람들에 비해 이러한 설득력 있는 연설에 더 많은 영향을 받았을 것이다. 하지만 피험자들이 자신의 관점에 반대하는 연설을 들은 후에 자신의 의견에 대한 확신수준이 줄었다고 한다면 연설 때문에 상당한 부조화가 생겼다고 볼 수 있을 것이다. 그러므로 자신의 의견과 반대되는 연설을 듣고 동일한 의견을 견지한다 하더라도, 확신이 감소한 사람들을 **강한 부조화 상태의 피험자**(*the strongly dissonant subjects*)라고 지칭할 수 있다. 자신의 의견과 반대되는 연설을 들은 후에 확신이 그대로 유지되는 사람의 경우는 **약한 부조화 상태의 피험자**(*the weakly dissonant subjects*)라고 부를 수 있다.

바로 이어진 두 번째 실험단계에서는 8명의 피험자들로 작은 그룹을 만들어 전파감청에 찬성하는 4명과 반대하는 4명으로 구성하였다. 이 8명은 다음을 기준으로 최초의 12명에서 선발하였다.

(1) 처음 4명은 **조화 상태의 피험자들**(*consonant subjects*)이다. 만일 최초 집단의 12명 중에서 이에 해당하는 사람이 4명 이상 되면 무작위로 4명을 선정하였다. 조화 상태의 피험자가 3명밖에 없는 집단이 5개 있었는데, 이 집단들에는 연설을 듣고 의견을 바꾼 피험자를 포함시켜, 두 번째 실험단계에 참여하는 8명으로 구성된 집단에는 주제에 관해 상반되는 두 의견에 각각 4명씩 포함되도록 하였다. 물론, 이 과정에서 다른 피험자들은 그중 한 명이 의견을 바꾸었다는 것을 모르게 하였다.

(2) 다음 4명은 **부조화 상태의 피험자들**(*dissonant subject*)이다. 강한 부조화 상태, 즉 자신의 의견에 대한 확신이 감소한 사람들이 모두 포함되었다. 모자라는 수는 약한 부조화가 생긴 사람들 사이에서 무작위로

선발하여 균형을 맞추었다. 대부분의 그룹에는 강한 부조화 상태의 사람들이 한 명 또는 두 명만 포함되었다.

두 번째 과정에 참여하지 않는 피험자들은 실험실 밖으로 나가도록 하여 따로 자연스럽게 토론하도록 하였다. 실험자는 남아 있는 8명의 피험자들 각자 앞에 자신의 현재 입장, 즉 '전파감청에 찬성' 또는 '전파감청에 반대'하는 입장을 적은 카드를 놓았다. 모든 피험자들은 다른 사람들의 카드를 볼 수 있었고, 이 주제에 대한 각 그룹 구성원의 의견이 똑같이 나누어져 있음을 분명하게 알 수 있었다. 실험자는 피험자들에게 이 그룹을 두 사람씩 나누어서 토론할 경우 자신이 가장 선호하는 토론상대 두 명의 이름을 종이에 적도록 했다. 그리고 12분 동안 주제를 놓고 전체 그룹토의를 진행하였고, 전체 토의를 마친 후에는 피험자들에게 다시 한 번 자신의 입장과 의견에 대한 확신에 대해서 적도록 했다. 이것을 끝으로 실험이 끝났다.

〈표 9-7〉은 피험자들이 2명씩 짝을 지어 토론할 경우에 토론상대로 이미 자신의 의견에 동의하는 사람을 선택하였는지 여부에 대한 자료이다. 자료를 살펴보면, 결과가 이론의 예측과 일치한다는 것을 분명히 알 수 있다. 자신의 의견을 지지하는 연설을 듣고, 결과적으로 자신의 인지체계가 조화로운 관계가 된 후에 두 번째 실험단계에 참여한 피험자 중에서는 34%만이 자신의 의견에 동조하는 사람들의 의견을 듣고 싶어 하는 것으로 나타났다. 그중 대부분은 자신과 다른 의견을 피력하는 사람들과 따로 그 문제에 대하여 토론하고 싶어 했다. 약한 부조화 상태로 두 번째 과정에 참여한 사람들 중에서는 41%의 사람들이 이미 자신의 의견에 동의하는 사람의 의견을 듣고 싶어 했다. 강한 부조화 상태의 사람들은 경

<표 9-7> 부조화와 자신과 동일한 의견을 가진 사람의 의견을
청취하려는 욕구 사이의 관계

	피험자 비율(%)	
	동의하는 상대 선택 (한 명 또는 두 명 모두)	동의하지 않는 상대 선택
강한 부조화 상태의 피험자(N=27)	56	44
약한 부조화 상태의 피험자(N=51)	41	59
조화 상태의 피험자(N=75)	34	66

우에는 56%였다. 요약하자면, 어떤 사람이 그룹 내에 자신과 다른 의견
이 존재함을 알고 있을 때, 이미 존재하는 부조화의 정도가 커짐에 따라
이미 자신과 의견이 같은 사람들의 지지를 구하는 경향이 더 커진다는 것
이다.

그다음 절차로 8명의 피험자들이 얼굴을 맞대고 토론을 진행하였다는
것을 기억할 것이다. 토론에 참가하여 다른 사람들의 의견을 듣는 것이
토론 전에 들은 연설로 인해 자신의 의견에 확신이 약해진 사람들, 즉 토
론 전에 이미 강한 부조화를 겪은 사람들에게 어떤 영향을 미쳤는지에 대
한 질문이 생길 수 있을 것이다. 만일 바로 앞에 제시된 자료가 정말 이
사람들이 연설로 인해 발생한 부조화를 감소시키기 위하여 이미 자신의
의견에 동의하는 사람들로부터 지지받기를 원함을 보여 주는 것이라면,
그들이 토론하는 중에 자신의 의견을 지지하지 않는 사람들의 진술보다
는 자신의 의견을 지지하는 사람들의 진술에 선택적으로 귀를 기울이고,
더 집중하고, 또 많은 신뢰를 보일 것이라고 예상할 수 있다. 만약 이것
이 사실이라면, 토론 후에 이들의 부조화가 감소되고, 그래서 자신의 의
견에 대한 확신수준도 올라갈 것으로 예상할 수 있다. 물론 이러한 사실
은 자신의 의견에 이미 동의한 사람들의 의견을 듣고 싶다고 표시한 사람

들에게서 더 잘 드러나야 할 것이다.

이러한 예측이 자료에 실제로 구현되었다. 자신의 의견에 동의하는 사람들의 의견을 듣겠다고 의사를 밝힌 15명의 강한 부조화 상태의 피험자들(연설을 듣고 자신의 의견에 대한 확신이 줄어든 사람들) 중에서 오직 4명만이 연설을 들은 직후에 밝힌 자신의 의견에 대한 확신수준과 동일한 정도의 확신을 보였다. 15명 중 6명은 토론 후에 자신의 의견에 대한 처음의 확신수준을 회복하였다. 즉, 연설을 듣기 전에 지닌 자신의 의견에 대한 확신과 동일한 수준으로 되돌아왔다. 나머지 5명은 토론 중에 오히려 확신의 수준이 더 높아졌다. 즉, 반대되는 연설을 듣기 전의 확신수준보다 토론 후에 자신의 의견에 대한 확신수준이 사실 더 높아졌다.

연설에 의해 확신이 떨어졌지만 자신과 같은 의견을 가진 사람과 같이 토론하겠다고 표시하지 않은 12명의 피험자 중에서는 오직 3명만이 자신의 의견에 대한 확신을 완전히 회복하였다. 나머지 9명은 부분적으로 회복되거나 연설 후에 표시한 것과 동일한 확신수준을 보여 주었다. 따라서 자신의 의견과 반대되는 연설을 듣고 확신이 줄어든 모든 피험자 중에서 절반이 넘는 사람들이 주제에 대한 토론 참가자들의 의견분포가 동일함에도 집단토론이 완전히 끝난 후에는 자신의 확신수준을 회복하였다. 이 사람들에게 집단토론은 연설의 효과를 완전히 없앴다고 할 수 있다. 연설을 듣고 확신이 떨어진 사람들 중에서 집단토론 후까지 계속해서 확신수준이 낮아진 사례가 하나도 없다는 것은 흥미로운 사실이다.

여기에 개인의 태도와 의견에 대중매체가 미치는 영향이라는 문제와 관련해서 몇 가지 흥미로운 함의를 발견할 수 있다. 대중매체를 통한 설득력 있는 의사소통이 개인에게 미치는 직접적 영향은 어쩌면 개인의 의견을 180도로 바꿀 만큼 강한 경우는 좀처럼 없을 것이다. 더 많은 경우

이와 같은 직접적 영향은 개인의 마음에 약간의 의문을 불러일으킬 것이다. 대중매체에 노출된 후에 자신이 선택한 사람들과 얼마나 그 문제에 대해서 이야기를 나누느냐에 따라 그만큼 그의 의심이 사라질 것이다. 대중매체에 노출됨으로써 만들어진 부조화가 쉽게 감소되는 것을 막는 무언가가 있을 때 대중매체의 효과가 가장 클 것으로 예상된다.

그래서 예를 들어 대중매체는 빈번하게 화제가 되는 주제보다 아직 회자되지 않은 내용을 다룰 때 더 효과적일 것이라고 예상할 수 있다. 이와 비슷하게 대중매체가 사회적으로 활발한 접촉을 하는 사람보다는 사회적으로 고립된 사람들에게 더 큰 효과를 보일 것이라고 예상할 수도 있다.

제 10장

사회적 지지의 역할:
집단적 인지부조화 현상에 관한 자료

집단적 인지부조화 현상(*mass phenomenon*)은 질적으로 너무 놀랍고 극적인 경우가 많아서 이것을 별개의 현상으로 따로 떼어 놓고 보는 경향이 있다. 또한, 사람들은 이와 같이 독특한 집단적 인지부조화 현상의 극적인 특성을 설명하려고 시도하는데, 즉 이 특별한 결과를 잘 설명하는 특별한 어떤 것을 찾으려 한다. 하지만 이 현상은 전혀 특별한 것이 아니고 다만 일상적인 몇 가지 상황들이 특별한 조합을 이루어서 비교적 드물게 발생하는 것일 뿐이다.

나는 이 장에서 집단적 인지부조화 현상을 다루면서 이 현상에 관한 모든 사례를 설명하려 하거나 너무 많은 사례를 다루려 하지는 않는 편이 좋다고 생각한다. 앞서 제 8장에서 이미 밝힌 것처럼 이 장에서의 관심은 함께 교제하는 많은 사람들이 이런저런 이유로 동일한 인지부조화를 경험하는 사례들을 찾아서 분석하는 것이다. 이러한 상황에서 집단적 인지부조화 현상이 다른 것에 비해 두드러지고 극적으로 보이는 이유는 이 현상이 무언가 이상하고 특이하기 때문이 아니라 부조화 감소를 위해 필요한 사회적 지지를 다른 상황에 비해 특별히 쉽게 획득할 수 있기 때문이다.

이론적으로 보면, 인지부조화가 아주 널리 퍼져 있고 많은 사람들에게 집단적 인지부조화 현상이 발생한 상황이든, 비교적 소수의 사람들만이 인지부조화를 공유하여 이들이 사회적 지지를 비교적 쉽게 획득할 수 있는 상황이든 차이가 거의 없어야 한다. 그러므로 이 장에서는 최종 현상보다는 많은 사람들이 동일한 부조화를 경험하는 상황에 초점을 둘 것이다. 그래서 이 논의는 비교적 적은 사람에 영향을 미치는 인지부조화를 다루기도 한다. 최종 현상은 극적일 수도 있고, 아주 재미없을 수도 있다.

우리가 이 장에서 다룰 자료의 특성과 이 자료에서 기대하는 것과 관련해서 한 가지 더 말할 것이 있다. 앞서 제9장에 이르기까지 자료를 제시하고 논의할 때, 나는 항상 가설에 대한 자료의 타당성을 걱정했다. 즉, 이 자료에 대해 동일한 타당성과 간결성을 갖춘 다른 설명이 있을 수 있는지의 여부를 신경 썼다. 통제된 상황에서 수집된 비교적 정밀한 자료가 있을 때면 언제나 이 문제가 중요한 문제로 논의되었다. 내가 아는 한에는 집단적 운동(mass movements)에 대한 자료 중에서 통제된 조건에서 수집된 것은 없다. 어떤 영리한 독자는 이 장에서 제시되는 연구를 보고 이 자료가 반박하기 어려운 다른 설명을 생각해 낼 수도 있다. 그래서 여기에서는 자료가 인지부조화 이론과 정말 일치하는지에 훨씬 더 주의를 기울일 것이다. 즉, 인지부조화 이론이 그 결과를 적절하게 도출하는가? 만약 실제로 그렇다면, 다른 설명이 나타나더라도 같은 이론으로 앞의 장들에서 논의한 결과들과 현재 논의하는 더 복잡한 현상을 모두 다룰 수 있을 것이 분명하다.

소문을 통한 인지부조화 감소

누군가에게 강한 공포반응이 일어나고 이 공포가 지속되는 경우, 이 공포반응에 대한 인지는 "무서워할 것이 아무것도 없다"라는 인지와 부조화를 이룰 것이다. 이와 같이 인지부조화가 발생하면 이것을 감소시키려는 압력이 발생한다. 이러한 현상은 공포반응과 조화를 이루는 인지요소를 획득하려는 시도를 통해 자주 그리고 분명하게 드러날 것이다. 물론 이것은 공포반응을 마음대로 없앨 수 없을 경우에 특히 더 그럴 것이다.

예를 들어, 어떤 어린아이가 이런저런 이유로 두려움에 떨고 있을 때 이 아이는 부모님에게 집안에서 삐걱거리는 소리가 나는 것이 도둑이 있는 것 같다고 말할지도 모른다. 이 소리가 전혀 위험하지 않다거나 두려워할 것이 전혀 없다고 확실하게 말하는 것은 이 아이가 만족거나 안정되는 데 도움이 되지 않는다. 오히려 이 아이를 화나게 할 것이고, 결과적으로 더 깊은 확신이 필요할 것이다. 어쩌면 이 아이가 자신의 공포반응과 조화를 이루는 인지요소를 찾으려는 것을 돕는 것이 이 아이를 안심시킬지도 모른다.

물론 다른 저술가들도 이러한 유형의 문제를 알고 있었다. 예를 들어 프로이트(Freud, 22)는 다음과 같이 말했다.

> 우리는 관념화할 내용 없이 강한 감정을 느끼는 데 익숙하지 않다. 그렇기 때문에 이런 내용이 없으면 이런저런 이유로 적합하다고 여겨지는 다른 내용을 대용물로 찾는다. … (314쪽).

머레이(Murray, 40)도 자신의 실험결과를 논의하면서 같은 점을 여러 번 지적했다. 7살짜리 소녀 5명에게 30장의 인물사진을 보여 주고 사진에 있는 인물이 얼마나 착해 보이는지 또는 얼마나 악해 보이는지 평가하도록 했다. 각 사진은 유쾌한 경험을 한 후에 한 번, 그리고 두려운 경험을 한 후에 각각 한 번씩 평점되었다. 피험자의 수가 너무 작았고 실험 조건이 그렇게 잘 통제되지 않아 그 결과를 그대로 결정적으로 받아들이기 어렵기는 하지만, 아이들이 두려운 경험을 한 후에 본 사진의 인물이 더 '악해' 보인다고 평가하는 경향을 분명히 알 수 있었다. 다시 말해, 두려움을 느끼는 것(being afraid)과 자신이 두려워함을 아는 것(knowing one is afraid)은 이 두려움과 일치하는 인지를 획득하려는 경향성과 연결된다. 이 실험의 경우에는 타인을 두려운 존재로 보는 경향으로 나타났다. 이에 대해 머레이는 다음과 같이 설명했다.

> 그것은 마치 정확한 자극의 근원을 모르는 정서를 경험한 피험자가 이를 정당화하기 위해 외부세계에서 어떤 것을 찾으려는 것과 같았다. 마치 "바로 여기 악한 사람이 있어야 하는데" 하는 생각이 마음속에 들어온 것과 같았다. 그 결과 사진들이 자극과 일치하는 방향으로 변하는 듯이 보였다 (324쪽).

다양한 종류의 자연재해는 사람들에게 공포반응을 일으키는 자연적 사건이라 할 수 있다. 또한, 지진처럼 눈에 보이는 재해를 동반하지 않으면서도 비슷한 공포반응을 일으키는 사건들도 있다. 캘리포니아와 같이 지진이 많이 발생하는 지역에 살고, 지진에 대해 잘 아는 사람들조차도 지진으로 땅이 진동하면 두려움을 느낀다. 하지만 대부분의 경우에는 지진이 끝난 후 이 공포반응과 일치하는 인지를 야기할 가시적 피해나 건물붕괴 등이 뒤따르지 않는다. 순전히 억측이지만 어떤 사람은 매스미디어에서 지진으로 인해 발생하는 피해사례를 소개하고 과거에 발생한 최악의 지진과 현재 발생한 지진의 강도를 비교하기 때문에 매스미디어가 개인의 인지부조화를 감소시키는 중요한 기능을 한다고 생각할 수도 있다.

지진을 사례로 들어 설명한 것은 지진 후에 발생한 소문에 대한 관련 연구가 있기 때문이다. 이 연구는 프라새드(Prasad, 44)가 발표했는데, 그는 1934년 1월 15일에 인도의 비하(Bihar) 지역에서 아주 심각한 지진이 발생한 직후 그 지역에 널리 퍼진 소문을 체계적으로 기록하였다. 강력하고 길었던 이 지진은 광범위한 지역에서 느껴졌다. 그런데 실제 피해는 좁은 지역에만 발생했고, 며칠 동안 그 피해지역과는 연락이 잘 안 되었다. 이 소문들은 지진의 충격은 있었지만 어떤 피해도 입지 않은 지역에 사는 사람들에게서 수집되었다. 그래서 이처럼 지진의 충격은 느꼈지만 피해상황이나 건물붕괴 같은 것을 본 적이 없는 사람들 사이에 소문이 어떻게 전달되고 전파되었는지를 다룬다.

프라새드는 사람들이 지진에 대해 정서적으로 어떻게 반응하느냐에 대해서는 거의 보고하지 않았지만 지진을 잘 모르던 사람들이 파괴적 지진이 계속되는 것에 강한 두려움을 느꼈으리라 추측할 수 있다. 이러한 강한 두려움은 즉시 없어지는 것이 아니라 아마도 실제 지진의 충격이 종료된 후에도 한참 동안 계속되었을 것이다. 잠시 이 사람들이 인식하는 내용을 한 번 살펴보자. 지진이 끝났을 때 그들 주위에 아무런 변화도 없더라도, 즉 건물이 파괴되지도 않았고 위협요소도 없더라도 이 강한 공포반응은 지속되었다.

짧게 말해서 수많은 사람들에게 동일한 인지부조화, 즉 자신이 느끼는 두려움에 일치하는 인지요소와 주위를 둘러보았을 때 두려워할 것이 전혀 없다는 인지 또는 지식 사이에 부조화가 생겼다.

만약 이와 같이 동일한 인지부조화가 모든 사람들 사이에 널리 퍼졌다면, 이 사람들은 자신이 느낀 두려움과 일치하는 인지요소에 대한 사회적 지지를 쉽게 얻었을 것이라는 예상이 가능하다. 실제로 이 같은 현상은 프라새드의 자료에 분명하게 나타났다. 사람들 사이에 널리 회자되고 사람들이 사실이라고 믿은 소문의 대다수는 그것을 믿으면 자신들이 두려워하는 현재 모습과 조화를 이루는 인지요소를 제공하는 것들이었다. 이 소문들은 우리의 해석이 정확하다면 '공포 정당화' 소문(*fear justifying rumor*)이라고 불리는 게 더 적절하겠지만, 한편으로는 '공포 유발' 소문(*fear provoking rumor*)이라고도 불릴 수도 있다. 아래에는 프라새드가 수집한 소문의 사례 몇 가지를 제시했다.

- 지진이 발생했을 때 갠지스 강의 물이 모두 사라져서 거기서 수영하던 사람들이 모래에 파묻혔다(130쪽).
- 1월 18일과 19일 사이에 파트나 지역에 맹렬한 사이클론이 불어닥칠 것이다(30쪽). (지진은 1월 15일에 발생했다.)
- 월식이 있는 날에 강력한 지진이 발생할 것이다(131쪽).
- 네팔 국경지역에서부터 마호바니(Madhubani) 방향으로 홍수가 밀려오고 있다(131쪽).
- 1월 23일은 운명의 날이 될 것이다. 상상할 수도 없는 큰 재난이 일어날 것이다(132쪽).
- 2월 26일에 프랄라야(Pralaya), 즉 엄청난 대홍수와 파멸이 발생할 것이다(132쪽).

당시에 널리 퍼진 상당수의 소문들은 앞으로 닥칠 참혹한 재난을 예측하는 것이 분명하다. 이 소문들은 그것이 무엇이든 그것을 사람들이 인정하고 믿는 만큼, 그만큼 그들의 두려움과 조화를 이루는 인지요소를 제공했다. 아주 많은 사람들에게 똑같은 인지부조화가 있었고, 이 부조화는 이 소문들을 믿음으로써 감소될 수 있었기 때문에 이 소문들이 널리 퍼질 수 있었다.

이와 같은 재난에 대한 소문이 창궐한 것을 동일한 부조화의 확산과 부조화 감소의 압력에 입각하여 설명하는 것이 옳다면 한 가지 분명한 함의가 있는데, 이는 만약 지진피해를 입은 지역에 사는 사람들 사이에서 소문을 수집했다면, 그중에는 이와 같은 '공포 정당화' 소문이 몇 개 있긴 하겠지만 많지 않을 것이라는 사실이다. 직접 지진피해를 입은 지역 사람들도 두려움에 떨었을 것은 의심의 여지가 없다. 사실 그들의 공포반응은 지진의 진동만 느낀 사람들의 반응보다 훨씬 더 심했을 것이 분명하다. 하지만 피해지역의 주민들에게는 어떤 인지부조화도 생기지 않았을 것이다. 그들이 주위에서 볼 수 있었던 광경, 즉 파괴된 건물이나 다치거나 죽은 사람들의 모습은 그들이 지금 두려움에 떠는 것과 조화로운 인지요소를 형성했다. 두려움이라는 상태와 일치하는 추가 인지요소를 획득할 필요가 전혀 없었을 것이다. 피해지역 바깥에서 창궐한 대재앙에 관한 소문들은 결국 피해지역 안에는 없었음이 분명하다.

불행히도 프라새드는 지진 후에 지진피해를 입은 지역 안에서 나돌았던 소문에 대한 자료는 제시하지 않았다. 그런데 신하(Sinha, 49)의 연구는 아주 만족스럽지는 않지만 부분적으로나마 이 질문에 대한 답을 제공한다. 이 연구에서는 인도의 다즐링 지역에 발생한 재난 후에 나돌았던 소문들을 잘 수집하였다. 다즐링 지역의 재난은 건물파괴나 인명손실 등의 면에서 지진사례에 필적했지만, 지진이 아니라 산사태에 의한 것이었기 때문에 완전히 동일하게 비교할 수는 없다. 그러나 이 재난은 사람들에게 상당한 두려움을 일으켰다. 신하는 이에 대해 다음처럼 기술했다.

> 이전에도 산사태가 발생했지만 이번 산사태와 같은 것은 결코 없었다. 인명손실과 재산피해가 심각하고 규모가 컸다. … 그 마을에서는 수백 채의 집이 무너졌고 사람들은 무너진 건물더미에 매몰되었다. … 그 지역 전체에서 150명이 넘게 목숨을 잃었고, 그 마을에서만 30명 정도 죽었다. 부상자는 100명이 넘었다. 200채가 넘는 가옥이 파괴되었고, 2천 명이 넘는 사람이 집 없는 신세가 되었다(200쪽).

또한, 신하는 두 재난을 직접 비교하면서 "1934년의 인도 대지진 시기와 비슷하게 사람들은 불안에 떨고 동요했다"(200쪽)고 말했다. 이는 신하의 연구가 프라새드의 연구에 비교자료를 제공한다는 점에서 볼 때 매우 중요한 의미가 있다.

하지만 프라새드와 신하의 연구 사이에 한 가지 중요한 차이가 있었다. 지진 발생 후에 떠돈 소문들은 직접 피해지역 바깥에 있는 사람들에게서 채집된 것이었지만, 신하의 보고서에 담긴 소문들은 실제로 피해지역에 있으면서 피해상황을 목격한 다즐링 주민에게서 채집된 것이었다. 이 사람들에게는 인지부조화가 발생하지 않았을 것이기 때문에(그들이 보고 아는 것은 자신들이 두려움에 떤다는 사실과 아주 잘 들어맞았다) '공포 정당화' 소문이 발생하여 사람들 사이에 퍼질 것이라 예상하기 어려웠다.

실제로 신하의 보고서에는 어떤 종류든 추가 재난을 예상하는 소문이나 현재의 두려움과 조화를 이루는 인지요소를 제공할 것으로 기대되는 소문이 전혀 포함되지 않았다. 소문 중에는 실제 피해를 약간 과장하는 것이 있었고, 희망적 내용을 담은 것들도 있었다. 당시 다즐링 지역에서 나돌던 소문들의 예를 아래에 제시한다.

- A라는 도로변에 있는 수많은 집들이 붕괴되었다(실제로는 이 길에 있는 집들 중에서 한 채만 붕괴되었다)(201쪽).
- 식수공급은 일주일 후에 복구될 것이라는 공고가 있었다(203쪽).
- 한 달 정도는 지나서야 식수공급이 재개될 것이다(203쪽).
- 평야에 광범위한 홍수가 있다. … 많은 교량들이 유실되었다(204쪽).
- 약한 지진이 발생하여 피해를 심화시켰다고 사람들이 널리 믿었다(실제로는 지진은 없었다).

놀랍게도 이 소문들에 심각한 과장은 없었고 약간의 희망을 담은 것들이 있었다. 또한, '공포 유발' 또는 '공포 정당화' 소문은 전혀 없었다는 점이 놀랍다.

신하가 보고한 소문과 프라새드가 보고한 소문을 비교하면, 그 차이가 뚜렷하다. 만약 이 두 연구자가 소문을 수집한 상황이 피해지역 안이었느냐 바깥이었느냐 하는 점 이외에는 모두 동일하다면 두 연구에 나타난 소문들의 특성에 존재하는 차이점은 나의 논의에서 예상하는 것과 일치한다.

나는 프라새드와 신하의 소문 연구를 좀더 자세히 논의하기로 했다. 이는 이 자료가 인지부조화 이론과 일치하기 때문만이 아니라 이른바 상식에 완전히 부합되지는 않기 때문이기도 하다. 도대체 왜 지진발생은 사람들로 하여금 무서운 소문을 퍼뜨리고 그것을 믿게 하는 것일까?

소문에 관한 다른 많은 연구들은 인지부조화 이론에 부합하고 상식과도 일치하는 자료를 제시한다. 예를 들어, 사디(Sady, 45)는 제 2차 세계대전 중에 일본인 강제수용소 한 곳에서 떠돌던 소문들에 대해 보고했다. 강제수용소에 보내진 일본인들은 이러한 처사를 미국이 그들에게 적대적 행위를 취하는 것으로 여겼음이 분명했다. 또한, 분명히 이 수용소에서 근무하는 미국인 직원이 베푸는 호의나 친절은 미국이 자신들에게 적대적이라는 인식과 일치하지 않았을 것이다. 따라서 그들이 지각하는 적대감에 부합하는 인지요소를 제공하는 소문이 끊이지 않았다.

이 소문들은 수용소 직원들이 그들의 주거환경을 개선해 주려는 노력에도 불구하고, 아니 어쩌면 더 정확하게는 그러한 노력들 때문에 끊이지 않고 계속되었다. 당시 널리 퍼진 소문에는 많은 사람들이 더위로 죽어가며 이들의 시체가 밤에 몰래 옮겨진다는 것과 강제수용소 장소가 이주민들이 가능한 한 많이 죽을 수 있는 곳으로 주도면밀하게 선택되었다는 것도 포함되었다.

강제수용소의 환경 개선을 위한 구체적 시도에 어떤 반응을 보였는지는, 즉 소문이 어디까지 이르렀는지는 다음의 예에서 잘 묘사된다. 포스턴 강제수용소에서의 첫 여름 동안에는 정규병원이 완공되지 않아서 임시진료소가 운영되었다. 병원이 문을 열었을 때 이 임시진료소는 폐쇄되었고 24시간 응급 왕진서비스가 시작되었다. 수용소 직원들은 이 사실을 이주민들에게 널리 알렸다. 이것은 수용소 내의 의료서비스가 향상되었음을 분명히 보여 준다.

미국 당국자들이 의료서비스를 개선했음을 아는 것은 그들이 자신들에게 적대적이라고 아는 것과 부조화를 이룬다. 이때 소문은 의사들이 전혀 왕진을 하지 않을 것이라는 식으로 나타났고, 많은 사람들이 그것을 믿었다. 환자의 상태가 얼마나 위중하든지 진료받기 위해서는 환자를 병원으로 데리고 가야만 했을 것이다. 그래서 결국 사람들이 믿은 것은 미국 정부가 적대적이라는 것과 일치하는 '사실'뿐이었다.

또 다른 명백한 예는 색터와 버딕(Schachter and Burdick, 47)의 실험에서 찾아볼 수 있다. 이 연구자들은 조그마한 학교에서 소문을 만들어내고, 이 소문이 어느 정도로 퍼지는지를 연구하려 했다. 이 실험에서는 실험을 실시한 학교의 교장에게 전에 없던 행동을 하게 했다. 즉, 교장에게 한 여학생을 교실에서 어떤 설명도 하지 않고 불러내고는 나머지 학생들에게 이 학생이 그날은 교실로 다시 돌아오지 않을 것이라고 말하도록 했다. 예상대로 이 여학생이 교실에서 불려 나간 이유와 관련한 몇 가지 소문이 저절로 생겨났다.

이 연구의 자료에 따르면 이 여학생을 좋아하는 급우들은 긍정적 내용의 소문을 만드는 경향이 있었다. 예를 들면, 이 여학생이 어떤 좋은 일로 불려 나갔을 것이라거나 또는 그런 종류의 소문을 만들었다. 하지만 이 학생을 싫어하는 아이들은 그녀가 부정행위를 하다가 걸렸을 것이라는 등의 비호의적 내용의 소문을 내는 경향이 있었다. 분명히 이 학생들에게서 시작된 소문의 내용은 이 학생에 대한 급우 각자의 전반적 평가와 일치한다.

여기서 다시 한 번 강조하건대 나는 모든 소문이 인지부조화를 감소시키려는 시도가 드러난 것이라고 말하려는 것은 아니다. 제8장에서 언급한 것처럼 소문들이 생기고 퍼져나가는 데에는 수많은 다른 상황들이 개입한다. 많은 사람들이 동일한 인지부조화를 겪는다는 것은 이 수많은 상황적 조건 중에 하나일 뿐이다.

위에서 예시로 소개한 몇몇 소문들의 명백하고 상식적인 특성과 관련하여 한 가지 생각을 덧붙이자면, 많은 경우에, 사실은 거의 모든 경우에 명백하고 상식에 부합하는 것이 정말로 옳을 것 같다. 이론과 그 파생이론을 검증하기 위해서는 보통 분명하지 않은 것을 공격하여 대안적 설명을 제거한다. 그런데 만약 이 이론이 타당하다면 확실하게 드러난 자료의 대부분과 부합해야 한다. 어떤 이론이 인간 행동의 몇몇 불분명한 측면은 솜씨 있게 다루지만 우리가 분명히 알고 있는 많은 부분과 일치하지 않는다면 그다지 만족스러운 이론이라고 할 수 없는 것이 분명하다.

타당하지 않은 신념 유지하기

현실에 일반적 수준으로 반응하는 사람이 명백히 타당하지 않은 것에 대한 신념을 유지하기는 매우 어렵다. 여기서 '타당하지 않다'(*invalid*)는 말은 **어쩌면** 틀릴 수도 있는 신념이 아니라, 이 신념을 붙든 사람을 흔드는 실제 사건과 같은 확실한 증거에 의해 계속해서 직접적이고 분명하게 틀렸다고 확인된 신념에 사용한다. 물론 맨 마지막 문장에 기술된 것은 인지부조화에 해당된다. 그 같이 분명하고 명백하게 부정적 증거가 한 개인에게 영향을 미칠 때 이 지식에 대응하는 인지요소는 그가 가진 신념과 부조화를 이룬다. 이러한 사태가 발생하면 이 부조화를 없애는 보편적 방법은 자신이 본 증거를 부정하기보다는 신념을 버리는 것이다. 예를 들면, 만약 어떤 사람이 공기보다 무거운 물체가 날아다니는 것은 불가능하다고 믿는다고 할 때, 그는 분명히 하늘을 나는 비행기를 보자마자, 또는 비행기를 한 번 타보고는 자신의 신념을 버릴 것이다.

하지만 이와 같은 일이 일어나지 않는 경우가 있다. 즉, 신념에 반하는 명백한 증거를 보더라도 이 신념을 버리지 않는 경우가 있다. 예를 들어, 도박하는 사람들 중에는 룰렛 게임에서 조금씩 돈을 잃으면서도 여전히 이 '시스템'은 타당하며 자신은 분명히 돈을 딸 것이라고 믿는 사람이 있다는 말을 들은 적이 있을 것이다. 또한, 어떤 과학자들은 어떤 이론이 실험에 의해 부정된 후에도 오랫동안 그 이론의 타당성을 믿는다는 말을 들은 적도 있을 것이다.

그런데 어떤 환경에서 이러한 일들이 일어나는 것일까? 어떤 조건에서 사람들은 인지부조화를 감소시키려는 노력으로 자신의 신념을 버리기보다는 실제 증거를 부정하는 데 초점을 두는 것일까? 앞서 제8장에서 논의한 것처럼 다음과 같은 환경에서 이와 같은 현상이 발생할 것으로 예상할 수 있다. 즉, 신념을 바꾸기가 너무 어렵고, 아주 많은 주위 사람들에게 똑같은 부조화가 있어서 사회적 지지를 얻기 쉬운 경우이다.

이 문제를 사디(Sady, 45)가 보고한 예를 통하여 구체적으로 살펴보자. 제2차 세계대전 중 미국에 있던 일본인들에게 물어 보았을 때, 그중 일부는 전쟁을 마친 후에 자신을 일본으로 송환할 것을 요구했다. 미국 국적이 있으면서 본국 송환을 요구한 일본인들은 그 당시 미국 국적을 포기했다. 미국 국적이든 아니든 그들에게 송환 요구는 절대 철회할 수 없는 것이었다. 전쟁이 끝나면 그들은 일본으로 보내지도록 예정되었다. 송환을 요구하지 않은 많은 일본인과 송환을 요구한 소수 일본인 사이에는 분명 하나의 커다란 차이가 있었는데, 이는 전쟁 결과에 관한 그들의 신념이었다. 강제수용소에 있던 일본인의 대다수가 이 전쟁이 평화협정을 맺고 끝날 것으로 믿고 또 그렇게 소망한 반면에, 본국 송환을 요구한 일본인의 대다수는 일본이 전쟁에 승리할 것으로 굳게 믿었다.

달리 말하면, 당시 일부 일본인들은 일본이 전쟁에 이길 것이라고 굳게 믿고, 이 믿음에 기반을 두고 돌이킬 수 없는 행동을 취했다. 이들 각자에게 본국 송환을 요구하고 종전시에 일본으로 돌아간다는 인식은 일본이 전쟁에서 승리할 것이라는 믿음과 조화로웠다. 게다가 본국 송환을 요구한 사람들은 송환과 관련하여 자신의 마음을 바꿀 수 없었기 때문에 자신의 신념을 더욱 강하게 붙잡았다.

그런데 이 신념과 부조화를 이루는 인지요소가 생긴 사건이 발생했다. 이 부조화는 이 신념을 가진 모든 사람에게 동일하게 일어났다. 전쟁에서 일본이 패배했다는 뉴스보도가 나타난 것이다. 마침내 이러한 뉴스와 일본군이 항복하는 사진이 강제수용소 내에도 전파되고 수용소 내의 대다수 일본인들은 이 뉴스를 받아들이고 믿었다. 하지만 본국 송환을 요구한 사람들은 이 정보로 인해 발생한 부조화를 제거하기 위해 자기들끼리 의지하면서 일본군이 항복했다는 증거를 거부했다. 송환을 요구한 사람들은 이 뉴스를 미국 정부의 선전에 지나지 않는 것으로 치부했고, 계속해서 일본이 이기고 있다고 믿었다. 만약 동일한 인지부조화를 지닌 사람들 사이에서 아주 쉽게 사회적 지지를 얻을 수 없었다면, 그 모든 반대되는 증거 앞에서도 그러한 신념을 계속 유지하기는 어려웠을 것이다.

미국 선박에 올라 일본으로 가는 도중에도 이 사람들은 여전히 일본이 전쟁에서 승리했으며, 일본이 미국에 압력을 가하여 자신들을 송환하는 것이라고 믿었다는 사실은 참 흥미롭다. 이들은 일본에 도착하여 실제로 파괴된 국토와 미국 점령군의 모습을 보고 나서야 이 신념을 버렸다. 불행히도 이에 대한 유일한 증거는 AP(Associated Press, 55)에서 보낸 다음과 같은 신문 송고문에서만 찾을 수 있다.

> **미국에서 살고 싶어 했던 니세이(Nisei)[17]의 비통한 실망을 안은 귀향**
> 기자와 함께 일본으로 오는 배를 탄 일본인의 95%는 왜 이 전쟁에서 일본이 승리했다고 생각했을까? 그들은 일본의 항복은 단지 미국 정부의 선전일 뿐이라고 생각했고, 그들이 일본으로 돌아가는 것은 일본이 이겨 미국 정부를 압박해서 그들에게 교통편을 제공하도록 했기 때문이라고 믿었다.

상당한 시간 동안 이들은 서로를 격려함으로써 계속 간직하고자 했던 신념에 반대되는 증거들의 타당성을 거부할 수 있었음이 분명하다.

---

17) 〔옮긴이 주〕 재미 일본인 1세를 지칭한다.

집단적 개종활동

지금부터는 사회적 지지를 쉽게 획득할 수 있을 때 발생하는 사회적 과정에 관한 증거가 되는 자료를 조사해 보자. 다시 한 번 말하지만, 우리는 버리기 아주 힘든 신념을 붙잡고 있을 때 너무나도 명백한 증거가 나타나 이 신념과 인지부조화가 발생한 상황을 살펴볼 것이다. 특히, 이 신념을 버리기가 아주 어렵고 이 신념과 이루는 인지부조화 역시 버리기 어렵다면, 사회적 지지 획득은 부조화의 크기를 줄이는 주요한 방법이 될 것이다. 이러한 상황에서 많은 사람들에게 동일한 인지부조화가 있으면, 사회적 지지를 획득함으로써 부조화를 감소시키려는 압력이 관찰 가능한 두 가지 현상으로 나타난다. 첫째, 동일한 부조화를 겪는 사람들 사이에 서로에 대한 지지를 주고받는 빈도가 늘어날 것이다. 둘째, 새로운 사람들에게 이 신념이 결국에는 옳다고 설득하려는 시도가 증가할 것이다.

여기서 다룬 현상은 새 차를 구입했는데 이 차에서 자기 마음에 들지 않는 점을 몇 가지 발견하고는 주위 사람들에게 자신이 구입한 차종이 자동차 시장에서 가장 좋은 것이라고 설득하려는 사람을 관찰할 때 얻는 것과 원론적으로는 전혀 차이가 없다. 유일한 차이점이라면 이 현상이 훨씬 더 극적이고, 또한 다른 경우 같으면 영향력이 컸을 증거에도 견딜 수 있을 정도로 수많은 사람들이 동일한 인지부조화를 경험한다는 점이다. 이것은 사람들이 어떤 신념체계가 잘못되었다는 분명한 증거에 노출된 후에도 그 신념체계에 더 열렬히 빠져드는 명백한 모순을 낳는다.

최근의 역사 속에서 상당히 자주 발생한 일종의 운동(movement)이 있는데, 이 운동은 지금까지 구체적으로 밝힌 조건과 잘 들어맞는다. 그래서 어떤 신념체계를 부정하는 명백한 증거를 본 후에 이 신념에 대한 추종과 사회적 지지에 대한 추구가 증가하는 것을 이 운동에서 관찰할 수 있다. 예전에 존재한 몇몇 천년왕국 운동(Millenial Movement)이나 메시아 운동(Messianic Movement)이 이러한 운동의 예가 된다. 이 운동에 개종한 정도에 대한 자료는 아주 드물지만 그중에서 몇 개는 짧게 설명할 필요가 있다. 일반적으로 여기서 우리의 목적에 부합하는 이 운동들은 다음과 같은 특징이 있다.

(1) 많은 사람들이 하나의 신념 또는 신념체계를 확신을 갖고 지지한다.

(2) 적어도 부분적으로 이 신념은 일상적 문제들에 충분한 의미를 갖고 있어서 이를 믿는 사람들은 이 신념에 일치하게 행동한다.

(3) 이 행동은 충분히 중요하고 이 행동을 하지 않기가 매우 어렵기 때문에 신봉자들은 말 그대로 이 신념에 완전히 빠졌다.

(4) 적어도 이 신념의 일부는 매우 구체적이고 실생활과 관련되어서 명백한 반증이나 반박이 가능하다.

(5) 이 신념을 반박하는 것은 보통 주어진 시간 제약 내에서 예상된 사건이 일어나지 않았다는 형태를 띤다.

(6) 그래서 어떤 신념과 예상된 사건이 일어나지 않은 것에 관한 정보 사이에서 발생한 부조화가 모든 신봉자들의 인지 속에 존재하고, 이 부조화를 감소시키려는 시도로 사회적 지지가 쉽게 획득된다.

이 조건들이 어떻게 들어맞는지, 그리고 증거가 존재하는 정도에 따라 신봉자들이 부조화에 어떻게 반응하는지를 알아보기 위해 이와 관련된 역사적 운동 하나를 간단히 살펴보자. 문서자료가 많이 남아 있는 19세기 밀러주의 운동(Millerite movement)이 우리의 목적에 가장 적합하다.

　19세기 초에 뉴잉글랜드 지역 농부인 윌리엄 밀러는 천년왕국(千年王
國)의 도래를 알리는 예수 그리스도의 재림(再臨)이 1843년에 있을 것이
라는 결론에 도달했다. 이 결론은 구약성경 내용에 대한 문자적 해석과
함께 여러 가지 가정으로 시간을 계산한 것에 기초를 두었다. 밀러가 몇
해 동안 이 임박한 사건에 대해 전파했지만 그의 결론에 대한 믿음이 퍼
지는 것은 다소 느렸다. 하지만 차츰 많은 사람들에게 확신을 심기에 성
공했고, 특히 조수아 하임스(Joshua Himes)는 이 운동을 조직화하여 이
신념에 엄청난 힘을 불어넣었다. 신문에도 나기 시작하고 목회자들의 집
회가 소집되었으며, 책과 팸플릿이 배포되고 지역별 모임이 생겨났고,
1843년 초에는 아주 많은 사람들이 그해에 세상의 종말이 올 것이라고 믿
었다.

　이 사례에는 지금까지 우리가 논의한 모든 특성들이 나타난다. 수많은
사람들이 1843년에 예수 재림이 있을 것이라고 확신했다. 사람들이 밀러
의 예언을 믿는 행동에는 분명히 여러 가지 의미가 있다. 이 행동에는 최
소한 이 신념을 전파하는 것과 믿음에 동조하지 않는 적대적 외부세계의
조롱을 참는 것이 포함된다. 가장 크게는 자신들의 세속적 일은 완전히
무시하고 자신의 돈을 그 운동에 기부하여 그야말로 스스로 가난하게 만
드는 것을 말한다. 예언된 시기에 예언과 같이 예수의 재림이 실제로 일
어나기만 하면 이러한 것들은 분명 전혀 중요하지 않았다.

　간단히 말해서, 그 예언을 믿은 사람들 대부분은 그 신념에 모든 것을
걸기까지 한 것이다. 이렇게까지 된 상황에서 신념을 버리는 것은 쉽지
않을 것이다. 이 신념은 매우 구체적이어서 신념이 맞는지 또는 그른지
를 명확하게 판정할 수 있다. 즉, 예수의 재림이 예언이 말하는 구체적

시기에 실제로 일어나는지 일어나지 않는지를 확인할 수 있다.

그렇다면 예수의 재림이 일어나지 않은 채 1843년이 거의 끝나갈 때 이 사람들이 어떤 반응을 보였는지를 질문할 수 있다. 이 반응은 다음과 같이 간단히 요약된다.

(1) 초기 당혹감

이는 분명히 인지부조화가 발생했다는 증거이다. 이 사람들은 여전히 그 신념을 유지하면서, 동시에 그 신념의 예언이 틀렸음을 알게 되어 이 두 인지묶음 사이에 부조화가 발생한 상태이다.

(2) 예언 실패의 이유 설명 시도

이 설명을 다른 모든 신봉자들이 받아들이면서 어느 정도 부조화가 감소되었다. 이 경우에는 예수 재림 직전에 날짜가 바뀌었기 때문이라고 설명했다.

(3) 신념에 대한 신앙심의 증가

부조화를 더 감소시키기 위해서 그들은 그 신념이 옳을 것이라고 사람들을 더욱 더 설득하려고 노력했다.

시어스(Sears, 48)는 이 같은 사태를 다음과 기술했다.

> 어떤 공동체에서는 분명히 의심하고 주저하는 등의 동요가 일어났다. 하지만 그들이 그때까지 완전히 잊고 있던 1839년에 예언자 밀러가 어떤 모임에서 한 말을 다시 떠올리면서 이러한 동요는 곧 사라졌다. 그때 밀러는 예수 재림 사건이 기독교력으로 1843년에서 1844년 사이에 일어나는 것이 아니라 전체 유태인력으로 해서 일어날 것이라고 했다는 것이다. 그렇게 되면 그가 예언한 날이 1844년 3월 21일이 된다.

이렇게 예언된 날짜가 옮겨졌다고 믿고서 자신들에게 이 세상에 경고할 사명이 있다고 생각한 신도들은 새로운 에너지로 다시 자신의 일과로 돌아갔다. 그리고 그들은 자신들의 믿음을 불신하는 무리들이 앞으로 닥칠 두려운 일을 깨닫도록 경고하고, 이미 믿는 이들은 그 믿음을 굳게 하는 노력에 더 열심이었다(140~141쪽).

이와 같은 새롭고 더 강한 열정이 계속 유지되다가 1844년 3월 21일이 되었고, 이 날이 예수의 재림 없이 지나가자 처음의 반응이 반복되었다. 아주 짧은 기간 동안 아주 심한 실망감이 있었지만 곧 에너지와 열정을 회복했는데, 그전보다 더 크게 되기까지 했다. 니콜(Nichol, 42)과 시어스(Sears, 48)는 그들의 반응을 다음과 같이 기술한다.

세계의 종말이 온다고 하던 해가 끝이 났지만 밀러주의는 끝나지 않았다. 밀러교도들의 예언이 빗나갔다. 하지만 밀러교도 반대파들의 예상도 빗나갔는데, 그들은 1843년이 아무 일 없이 지나면 밀러교도들이 실망해서 밀러주의를 버리고, 그들의 성서도 불태우고 또 다른 수많은 불경한 일들을 할 것이라고 예상했지만 그렇게 되지 않았다. 밀러교도들은 이러한 일을 전혀 하지 않았다. 이 운동에 소극적이었던 몇몇 사람들이 떨어져 나가긴 했지만, 많은 사람들의 신앙과 열정은 여전했다. 그들은 곧 이 실망감을 시간 계산에서의 작은 실수에 귀인(歸因)하려 했다(니콜, 206쪽).

예언의 실패에도 불구하고 광신의 불길은 오히려 늘었다. 이와 같은 감정의 불꽃은 마음대로 끌 수 없다. 모든 큰 화재에서처럼 모두 다 불살라야 하는 것이다. 1844년에도 그랬다. 줄어들기보다는 이 실패가 임박한 대심판의 날에 대한 충성심을 더 잘 드러내도록 자극하는 것 같았다(시어스, 147쪽).

1844년 7월 중순경에는 이 운동에 대한 새로운 열정이 최고조에 달했고, 이 신앙을 확산시키기 위해 사용된 에너지는 그 어느 때보다 많았다. 그들은 서쪽으로 오하이오까지 가는 등 새로운 지역으로까지 가서 사람들을 자신들의 신앙으로 개종시키려고 했다. 또한, 이 시기에는 새로운 날짜가 예언되었는데, 1844년 10월 22일이 그날이라는 믿음이 점점 퍼졌다. 8월 중순에서 새로운 예언의 날 사이의 시기에 그들의 열정과 열심, 확신은 믿기 어려울 정도에까지 다다랐다.

두 번 연속으로 예언이 실패한 결과가 정말 예수의 재림이 임박했다는 확신을 증가시키고 예언이 사실임을 다른 사람에게 설득하는 데에 더 많은 시간과 에너지를 쓰게 했다는 것을 생각해 보면 참 이상하다. 하지만 신념체계의 변화에 대한 저항이 아무리 크다고 하더라도 인지부조화는 그것을 버릴 지점까지 오를 수 있다. 이 지점에 이르면 부조화는 더 이상 견딜 수 있는 수준으로 낮추어지지 않는다. 세 번의 연속된 예언의 실패는 결국 밀러교도들이 이러한 상태에 놓이게 하는 데 충분했다. 1844년 10월이 오고 예수 재림 없이 지나갔을 때, 결국 그들의 신앙은 버려졌고, 이 운동은 급하고 갑작스럽게 끝을 맞았다.

확인할 수 있는 사실에서 비슷한 특성을 지닌 다른 운동들도 유사한 방식으로 진행되었다. 즉, 굳게 믿고 신봉하던 신념이 사실이 아님이 밝혀지면 개종활동(*proselyting activity*)이 더 증가한다. 하지만 이와 같은 다른 운동에 관한 자료가 너무 부족하여 여기서는 다루지 않겠다. 대신 이와 유사한 운동을 직접 관찰한 페스팅거, 릭켄, 그리고 색터(Festinger, Riecken, and Schachter, 19)의 연구를 소개하겠다.

이 연구의 대상자들이 모두 마음을 다해 믿었던 어떤 신념의 예상이 명백하게 실패로 돌아간 어떤 사건을 두고, 연구자들은 이 사건이 발생하기 두 달 전부터 발생 한 달 후까지 연구대상자들 속에 들어가 이들을 관찰했다. 이 관찰기간 동안 개종활동에 관한 자료를 수집하여 예언의 실패 전후를 적절히 비교할 수 있도록 했다. 하지만 먼저 이 연구의 대상이 되는 운동의 일반적 특성을 간단히 설명하겠다.

이 집단에 참여한 사람의 수는 상대적으로 작지만 하나의 운동이라고 부를 수 있다면, 이 운동의 중심에는 외계에 사는 수많은 가디언들 (*guardians*) 에게서 문서로 된 메시지를 받았다고 하는 한 여인이 있다. 이 여인을 추종하는 25명에서 30명 정도 되는 사람들은 이 메시지의 효력과 메시지에 적힌 내용을 완전히 믿었다. 대부분의 메시지는 '가르침들' (*lessons*) 이었는데, 이 신념체계의 다양한 측면들을 보여 주었다. 이 메시지에는 다른 행성에 있는 신들의 생활, 다른 세계의 다른 영적 진동주파수, 그리고 환생 등과 같은 것에 대한 설명이 있었다. 이 운동의 추종자들이 알고 믿는 이 신념은 완전히 새로운 것이 아니다. 'I Am' 운동('I Am' movement)[18]이나 신지학자들(*theosophists*), 또는 그와 비슷한 집단이나 변형종파의 다양한 가르침을 절충해서 모아 놓은 것에 지나지 않는다.

이 메시지를 받았다는 여인 주위에 모인 사람들은 대부분 좋은 교육을 받은 중상위 계층의 사람들이었다. 이 사람들처럼 정상적 생활을 영위하고 사회에서도 적절한 역할을 수행하던 사람들이 이와 같은 신념체계를 받아들이고 이 메시지가 옳다고 믿는 이유는 알려지지 않았고, 또한 현

---

18) 이 운동은 1930년대 초에 시카고의 광산 기술자인 볼라드(Guy W. Ballard)와 그의 아내에 의해 시작된 일종의 신지학 운동(*theosophical movement*)이다. 이 운동의 이름은 구약성경에서 하나님이 모세를 만나서 자신을 가리켜 지칭할 때 '스스로 있는 자'(*I am who I am*)라고 한 데서 따왔다.

재 연구자의 관심 밖에 있는 주제이다. 이 집단에 대한 관심이 생긴 이유는 가디언으로부터 받은 메시지가 이 사람들에게 놀라운 소식, 즉 특정 날짜에 해가 뜨기 바로 전에 대격동의 홍수가 일어나 이 대륙을 삼켜 버릴 것이라는 소식을 전했기 때문이다. 여기에는 가디언의 메시지의 타당성을 믿는다고 할 때, 명백하게 진위를 확인할 수 있을 정도로 구체적인 예언이 있다.

그러면 이제, 현재의 연구와 관련 있는 이 집단의 추종자들의 행동을 여러 측면에서 살펴보자. 즉, 이 신념에 대한 확신, 신념에 헌신하는 수준, 예언된 대격동의 날 전후에 나타나는 신념전파 행동의 수준, 그리고 서로서로 나누는 사회적 지지 정도 등에 대해 살펴볼 것이다.

세상에 대격동이 있을 것으로 예언된 날짜 전에는 이 신념체계로 개종시키려는 활동의 수준이 상대적으로 낮았다. 개종활동 수준은 때에 따라 차이가 있었는데 한편으로는 적극적이고 공개적으로 추구하는 경우가 있던 반면, 다른 한편으로는 극단적으로 비밀리에 진행되는 경우도 있었다. 가디언으로부터 받은 메시지에서 세계변혁에 대한 예언을 받은 직후에는 그 메시지를 퍼뜨리고 추종자를 모으려는 활동이 잠깐 동안 분출되기도 했다. 이러한 일은 그 운명의 날이 있기까지 3개월 반 정도 남았을 때 일어났다.

이 메시지를 받은 여인은 일단의 사람들에게 두세 번 정도 강연을 했고, 다른 신봉자들 중에 한 명은 전국의 각종 신문에 임박한 사건을 홍보하는 광고를 두 번 내보냈다. 이와 같은 적극적 개종활동의 광풍(狂風)은 곧 사그라졌고, 그 이후로 대변혁의 날 전까지 대부분의 시기 동안에는 가디언의 '가르침'을 연구하며 필요한 준비를 하는 것에 만족했다. 새로운 신자들을 끌어들이는 데에는 전혀 관심이 없는 듯 보였다. 구원받기로 선택된 이들은 분명 스스로 이 무리에 들어올 것이고 지금 들어오지 않더라도 때가 되면 개인적으로 구원받을 것이다. 선택받지 못한 이들은 홍수에 빠져 멸망한다. 하지만 이것도 전혀 문제되지 않는데, 그것은 단지 그들의 물질적 육체를 잃는 것이기 때문이다. 그들의 영혼은 적절한 진동주파수의 다른 행성으로 옮겨질 것이다.

만약 어떤 사람이 이 단체에 속한 사람에게 와서 그들의 신념체계에 대해 질문하면, 이들은 정성껏 질문에 대답했지만 이 방문자를 확신시키거나 개종시키려고 애쓰지 않았다. 만약 어떤 사람이 이들을 다시 찾아온다면 그것은 그의 자발적 행동이었다. 또한, 이 단체에서 그들의 신념과 세계변혁의 날 준비에 대한 다양한 측면을 비밀로 할 것을 명령한 시기도 있었다. 예를 들면, 외부인은 이들이 홍수를 대비해서 어떤 준비를 하는지 알 수 없었고, 이 단체의 회원들은 선택되지 못한 사람들과 말하지 말라는 경고를 자주 들었다. 또한 회원들은 가디언의 메시지 내용을 외부인들에게 알리지 말라는 경고를 받았다.

이와 같이 새로운 신자를 끌어들이는 데 관심이 없어지는 현상은 때로는 대중에게 알려지는 것을 아주 싫어하기는 것으로까지 나아갔는데, 그들이 정한 심판의 때를 며칠 앞둔 시기에 일어난 일련의 사건들을 보면 더 극적으로 알 수 있다.

이 추종자들 중 한 명은 어느 대학의 학생 보건진료소에서 일하는 내과의사였다. 이 학교 당국에서는 그의 신념과 관련된 이유로 그에게 사직을 요구했다. 신문기자들에게 이 사건은 분명 매우 흥미로운 기삿거리였다. 이 내과의사가 사직했다는 사실과 종말(終末) 예언에 대한 기사가 전국 신문의 헤드라인을 장식했다.

이 일은 종말이 예언된 날로부터 불과 닷새 전에 일어났고, 이 단체는 인터뷰를 요구하는 신문기자들에게 둘러싸였다. 어쩌면 그들의 신념을 전파하고 새 신자를 끌어들이는 데 하늘이 준 기회일 수도 있었지만, 이는 이 사람들을 고통스럽게 하고 괴롭히고 당황하게 만들었다. 그들은 가능한 한 끈질긴 기자들을 피해 다녔고, 보통은 "할 말이 없습니다"라며 인터뷰를 거부했다. 또한, 이 모든 사건들로 인해 어려움을 크게 겪었다.

하지만 언론에서는 계속해서 이 단체에 대해 기사를 썼다. 특히 이 단체가 있는 도시의 지역신문에서 많은 기사를 내보냈다. 신문에서 이 단체에 대한 기사를 읽은 많은 사람들이 전화를 했고, 더 자세히 알아보기 위해 직접 찾아오는 사람들도 있었다. 하지만 이 단체의 신도들은 이렇게 찾아온 방문자들에게 크게 관심을 기울이지 않았다. 그들이 거주하는 집에 들어오는 것을 많은 사람들에게 허락하지 않았고, 포교하려는 노력도 크게 하지 않았다. 그것은 선택된 이는 어쨌든 구원받을 것이기 때문이었다. 간단히 말해서, 다가오는 종말을 앞둔 며칠 동안 개종 노력의 수준은 그 정도였다.

이제 우리의 관심을 돌려 이 사람들의 확신과 이들이 자신의 신념에 얼마나 열중했는지, 그래서 신념에 따라 어떤 행동을 했는지에 관한 증거를 살펴보자. 이 행동은 취소하기 매우 어렵고 그래서 그들의 신념체계를 버리기 어렵게 만들었다. 사실 이들의 신념에 대한 확신수준은 사람에 따라 차이가 있었다. 확신수준은 드물기는 하지만, 약간 회의적인 수준에서부터 대부분의 사람들에게 해당하는 극단적이고 전적인 확신 상태까지 있었다. 회의적 시각이 있는 사람들은 매우 적었는데 이들은 자신의 의사에 반하여 단체에 끌려온 이들이거나 적어도 자신의 의지가 없는 상태에서 온 사람들이었다. 그래서 예를 들면, 이 단체의 지도자 중 한 명의 딸인 17세의 어떤 여신도는 상황 때문에 이 단체에 속했지만 가끔 자신의 회의적 시각을 드러냈다. 하지만 이 단체의 전반적 신념수준을 대략 평가하자면 그들은 자신들의 믿음과 가디언 메시지의 정당성에 완전한 확신이 있었다고 볼 수 있다.

이와 유사한 다른 운동들에서처럼 확신수준과 신념에 일치하는 행동에 헌신하는 수준 사이에는 밀접한 관련이 있었다. 만약 어떤 사람이 특정 날짜의 특정 시간에 세상의 종말이 도래한다는 예언을 정말로 받아들였다면, 그는 당연히 평소에 자신이 하던 일을 하러 가지 않는다. 그와 같은 사람은 앞으로 일어날 것에 비추어 볼 때 전혀 중요하지 않은 일은 무시하고, 이 세상과 세상에 관한 일들을 경멸한다. 이 단체에 속한 사람들은 모두 이와 같이 행동했다.

많은 사람들이 자신의 직장을 그만두었고, 예전에 아끼던 소유물을 버렸으며 재산에 대한 관심이 없어졌다. 운명의 날이 지나면 이런 것들은 모두 필요 없어질 것이기 때문이었다. 그래서 이 단체에 속한 대부분의 사람에게는 자신의 신념을 버리는 것이 절대 쉬운 일이 아니었으리라고 주장할 수 있다. 이리하여 그들은 실업자가 되고 가난해졌으며 조롱받았다. 또한, 자신의 삶을 완전히 다시 시작해야만 하는 상황에 놓였다.

물론 그 예언은 거짓임이 드러났다. 이 상황에 대한 약간의 설명을 해보겠다. 얼마간 이 단체에 속한 사람들은 선택된 사람들은 비행접시에 태워져 세상의 심판이 일어나기 전에 지구에서 다른 행성으로 옮겨질 것이라고 분명히 믿었다. 이 신자들 중 몇몇, 주로 대학생들은 각자의 집으로 돌아가서 비행접시가 도착하기를 개별적으로 기다리라는 말을 들었다. 이것은 그럴 듯했다. 왜냐하면 지구 종말의 날이 우연히 방학 중의 어느 날로 잡혔기 때문이다. 가장 핵심적이고 열성적인 신도를 포함하여 이 단체에 속한 대부분의 사람들은 메시지를 받은 여인의 집에 함께 모여서 비행접시가 도착하기를 기다렸다. 후자에 속한 사람들에게는 그 예언이 거짓이라는 것, 즉 그들의 메시지가 잘못되었다는 증거가 예언된 사건이 발생하기 나흘 전부터 드러나기 시작했다.

그때 그들은 비행접시가 오후 4시에 신자들을 태우러 그들이 기다리는 집 뒤뜰에 착륙할 것이라는 메시지를 들었다. 그들은 코트를 손에 들고 기다렸지만 비행접시는 오지 않았다. 비행접시의 도착이 연기되어 밤 12시에 온다는 새로운 메시지가 전달되었다. 이들은 이를 절대 비밀에 부쳐서 이웃 사람들과 언론이 모르게 하고, 춥고 눈 오는 날 밤에 밖에서 한 시간이 넘게 기다렸으나 비행접시는 오지 않았다. 계속 기다리라는 또 다른 메시지가 도착했지만 여전히 비행접시는 오지 않았다. 새벽 3시쯤이 되어서야 그들을 포기했는데, 그들은 이 밤의 사건을 곧 있을 실제 승천(昇天)을 위한 시험이나 훈련, 또는 예행연습으로 해석했다.

긴장된 상태로 그들은 자신들이 수행할 마지막 명령, 즉 실제 승천의 절차와 시간, 장소 등에 관한 메시지를 기다렸다. 마침내 종말의 날 전날에 메시지가 도착했다. 자정에 한 남자가 그들이 모인 집 문 앞에 도착하여 비행접시가 착륙하는 장소로 그들을 인도한다는 것이었다. 그날 계속해서 다른 메시지들이 차례로 전달되었다. 이 메시지에는 비행접시 탑승 시에 필요한 암호와 탑승을 위한 구체적 준비 절차, 예를 들면 옷에서 금속물질을 제거하고 개인 신분증도 없애는 것, 그리고 정숙이 요구되는 시간 등과 같은 내용이 담겼다.

그날 사람들은 다 같이 비행접시 탑승준비를 하고 필요한 절차 예행연습을 하면서 보냈다. 자정이 되자 그 사람들은 모두 준비하고 앉아 기다렸다. 하지만 아무도 문을 두드리지 않았고, 아무도 그들을 비행접시가 있는 곳으로 데려다 주지 않았다.

    자정부터 새벽 5시까지 이 사람들은 앉아서 도대체 무슨 일이 일어났
는지 이해하려고 애썼다. 그들은 비행접시가 그들을 데려가지 않을 것이
고 결국 종말도 예언된 대로 일어나지 않을 것이라는 충격적 자각(自覺)
에서 조금이나마 도움이 될 어떤 설명을 찾으려고 몸부림쳤다. 예언이
성취되지 않은 것에 의한 충격을 다른 사람의 지지 없이 혼자서 이겨 낼
수 있다고는 믿기 어렵다.

    실제로 각자의 집으로 가서 혼자서 기다린 사람들, 즉 기다릴 때 옆에
다른 신자가 없던 사람들은 이 충격을 극복하지 못했다. 나중에 그들 중
대부분은 신앙에 회의주의자가 되었다. 달리 말해서 인지부조화를 줄이
기 위해 사회적 지지를 쉽게 획득하기 어려운 상황에서는 이 부조화가 사
람들이 한때 헌신했던 신념을 버리도록 하기에 충분한 수준이 된다.

    메시지를 받는 여성의 집에 함께 모여 있었던 사람들은 서로 사회적 지
지를 제공할 수 있었고 실제로 그렇게 했다. 그들은 계속해서 그 메시지
가 옳고 그 사태를 설명할 적절한 이유를 발견할 수 있을 것이라면서 서
로를 안심시켰다. 그날 아침 5시가 되기 15분 전에 적어도 잠정적으로는
만족스러운 설명을 찾았다. 신으로부터 하나의 메시지가 도착했는데,
신이 이 사람들이 그날 밤에 전 세계에 비춘 빛과 능력으로 인해 세상을
구하고 심판의 홍수를 연기했다는 내용이었다.

    그 순간 이후로 이 사람들의 행동은 예언이 거짓으로 확인되기 전에 취
하던 행동(prediscomfirmation behavior)과 대비되는 면을 보이기 시작했다.
전에는 대중화에 관심이 없었고 심지어 꺼려하기까지 했던 이 사람들은
이제 적극적으로 대중화를 추구했다. 그날 이후 나흘 동안 매일매일 새
로운 이유를 찾으면서 언론을 초대해서 길게 인터뷰하고, 또한 그들의
사상에 대중의 관심을 끌고자 했다. 첫날에 그들은 모든 신문과 뉴스 매

체를 불러 세상이 구원받은 사실을 알렸고, 그들이 인터뷰하러 오도록 초대했다. 둘째 날에는 사진촬영 금지조치를 해제하고 신문기자를 불러 이러한 사실을 알리고, 자기들이 머무는 집으로 초대하여 사진을 찍도록 했다. 셋째 날에는 신문기자들을 다시 불러서는 다음날 오후에 그들이 집 앞 잔디밭에 모여 노래할 것이고, 이때 우주인 한 명이 그들을 방문할 것이라고 알렸다. 게다가 그들은 특히 일반인들에게 와서 구경하라고 초대했다. 넷째 날에 신문기자와 약 200명의 일반인이 와서 그들이 집 앞 잔디밭에서 노래하는 것을 지켜봤다. 첫 예언이 실패하기 전에 고수했던 비밀주의는 완전히 사라졌다. 이 사람들은 이제 자신들의 신념을 홍보하고, 그들이 받은 메시지가 진실임을 믿는 새로운 사람들을 끌어들이기 위해 거의 모든 노력을 기울였다. 더 많은 사람들이 개종하는 것을 보면, 즉 메시지와 메시지가 전하는 것을 믿는 사람들이 더 많아진다면, 그들의 신념과 그 메시지가 사실이 아니었다는 것을 아는 지식 사이의 부조화는 줄어들 수 있었을 것이다.

다른 신도들과 함께 있으면서 예언이 성취되지 않은 것을 경험한 이 사람들의 확신은 전혀 흔들리지 않은 것 같았다. 적어도 겉으로 보기에는 그랬다. 사실 예언이 성취되지 않음으로 인해 발생한 부조화를 감소시키기 위해서는 사회적 지지가 매우 절실하게 필요했다. 그리고 이 사회적 지지는 함께 있던 사람들 서로서로에게서 아주 쉽게 발생했다. 그래서 이들 중에 적어도 두 명은 이전에는 신념의 어떤 측면에 대해 때때로 약간의 의심을 보였지만, 이제는 그 신념 전체를 완전히 확신하는 것처럼 보였다.

연구자들이 접촉하던 시기에 이들은 계속 자신의 신념을 믿고 있었다. 이들이 거의 광적으로 대중에게 알리려고 나서게 된 갑작스러운 변화는 예언이 성취되지 않은 것에 대한 설명이나 사회적 지지에도 불구하고 서로에게 상당한 부조화를 일으킬 수 있다는 징후를 보여 주었다. 이들은 현재 충분한 사회적 지지를 통해 그동안 전심을 다해 믿은 신념을 겨우 유지하는 상황이었다. 이와 같은 상황에서 추가적으로 부조화를 감소할 수 있는 거의 유일한 방안은 더 많은 사람들이 계속해서 그들의 신념과 메시지를 옳다고 인정한다는 것을 앎으로써 그들의 신념과 일치하는 인지요소를 더 많이 획득하는 것이었다.

제11장

요약과 제언

부조화 이론을 구성하는 다양한 정의와 가정, 그리고 가설을 이론적 논의가 중심이었던 이 책의 5개의 장에서 소개하였다. 이 장에서는 이 이론을 간략히 요약하기 위해서 이 정의와 가정, 가설 중에서 몇 개를 가능한 한 잘 조직된 방식으로 다시 설명하고자 한다.

이 이론의 기본 배경은 인간 유기체가 자신의 의견과 태도, 지식, 가치관들 사이의 내적 조화나 일관성, 또는 정합성을 이루기 위해 노력한다는 견해이다. 즉, 인지요소들 사이의 조화를 지향하는 욕구가 있다는 말이다. 이 견해를 좀더 정확하게 다루기 위해서 인지를 더 작은 요소 또는 작은 요소의 묶음 정도로 쪼갤 수 있는 것으로 상정했다. 아래의 이론적 진술은 이 인지요소들 간의 관계에 대한 것이다.

(1) 한 쌍의 인지요소들은 서로 무관하거나, 조화를 이루거나 또는 부조화를 이루는 관계로 존재할 수 있다.

(2) 두 인지요소들이 서로 아무런 관련성이 없으면 무관한 관계다.

(3) 특정한 두 인지요소만 고려했을 때, 한 요소에 반대되는 명제가 다른 요소에서 도출되는 경우에 이 둘은 서로 부조화관계에 있다.

(4) 특정한 두 인지요소만 고려했을 때 한 요소가 다른 요소에서 도출되는 경우에 이 둘은 서로 조화관계에 있다.

이러한 정의에서 출발함으로써 수많은 상황들을 부조화가 존재하는 상황으로 설명할 수 있다.

(1) 둘 혹은 여러 개의 선택지 중에서 어떤 결론을 내리고 나면 거의 항상 부조화가 발생한다. 선택되지 못한 선택지의 긍정적 특성에 관한 인지요소들과 선택된 선택지의 부정적 특성에 관한 인지요소들은 자신이 취한 행동에 대한 인식과 **부조화를 이룬다.** 선택된 선택지의 긍정적 특성에 관한 인지요소들과 선택되지 않은 선택지의 부정적 면에 대한 인지요소들은 자신이 취한 행동에 관한 인지요소들과 **조화를 이룬다.**

(2) 보상이나 무서운 처벌을 제공하여 개인적 의견과 다른 외적 행동을 일으키기 위해 어떤 시도를 하고 나면 거의 항상 부조화가 발생한다. 이 외적 행동이 성공적으로 발생하면, 이 사람의 의견은 그의 행동에 대한 지식과 부조화를 이룬다. 보상을 받았다거나 처벌을 피했다는 것에 대한 인지는 그의 행동에 대한 인지와 조화를 이룬다. 만약 이 외적 행동이 성공적으로 도출되지 않았을 경우에 그의 개인적 의견은 그가 한 행동에 대한 인식과 조화를 이루지만, 보상을 받지 못했다거나 처벌을 받았다는 것에 대한 인식은 그의 행동에 대한 인식과 부조화를 이룬다.

(3) 새로운 정보에 강제로 노출되거나 우연히 노출되는 것도 기존의

인지와 부조화를 이루는 인지요소를 발생시킬 수 있다.

(4) 집단 속에서 공개적으로 반대의견을 표현하는 것은 구성원들 사이에 인지부조화를 발생시킨다. 자신과 비슷한 지위나 처지에 있는 어떤 다른 사람에게 특정 의견이 있음을 아는 것은 자신에게 이와 상반되는 의견이 있는 것과 부조화를 이룬다.

(5) 많은 사람들에게 동시에 동일한 종류의 부조화가 발생하는 것은 어떤 사건의 영향력이 너무 강력해서 모든 사람이 동일하게 반응하도록 하는 경우에 일어난다. 예를 들면, 어느 정도 널리 퍼진 신념이 거짓임을 명백하게 드러내는 사건이 발생하기도 한다.

지금까지, 부조화와 조화의 관계를 '전부가 아니면 아무것도 아닌' 관계('all or none' relation)로 정의하였다. 즉, 두 인지요소가 서로 관련이 있으면 이 둘의 관계는 부조화관계이거나 아니면 조화관계였다. 최근에 부조화와 조화의 크기에 관한 두 개의 가설이 등장했다.

(1) 두 인지요소 사이에 존재하는 부조화 또는 조화의 크기는 이 두 요소의 중요도와 직접적 함수관계에 있을 것이다.

(2) 두 묶음의 인지요소 사이에 존재하는 부조화의 전체 크기는 서로 부조화를 이루는 두 묶음의 인지요소 사이에 존재하는 모든 관계들의 가중비율 함수이다. 각각의 부조화 또는 조화 관계는 각 관계에 포함된 인지요소의 중요성에 따라 가중치가 부여된다.

부조화의 크기에 대한 이 가설에서 시작하여 수많은 함수 조작에 따른 함의들이 분명히 드러난다.

(1) 의사결정 후 부조화의 크기는 그 결정의 일반적 중요성과 선택되지 않은 선택지의 상대적 매력도의 증가함수이다.

(2) 선택된 선택지와 선택되지 않은 선택지의 특성과 일치하는 인지요소의 수가 **증가함에** 따라 의사결정 후 부조화의 크기는 **감소한다.**

(3) 강요에 의한 순응을 일으키려 함으로써 발생하는 부조화의 크기는 약속된 보상이나 처벌위협의 수준이 **가까스로 외적 행동을 끌어낼 수 있을 정도**이거나 **아깝게 그 행동을 끌어내지 못하는 정도**일 때 가장 크다.

(4) 강요된 순응이 유도되었다면 이 부조화의 크기는 보상이나 처벌의 크기가 **증가함에** 따라 **감소한다.**

(5) 강요된 순응을 유도하는 데 실패했다면 부조화의 크기는 보상이나 처벌의 크기가 **증가함에** 따라 같이 **증가한다.**

(6) 다른 사람이 자신의 의견에 동의하지 않아서 발생한 부조화의 크기는 그 의견과 조화를 이루는 기존의 인지요소의 수가 **증가함에** 따라 **감소한다.** 이 기존의 인지요소는 객관적이고 비사회적인 정보에 대한 것이거나 다른 몇몇 사람들도 의견이 같다는 사실에 대응하는 것일 수 있다.

(7) 다른 사람과의 의견차이로 발생한 부조화의 크기는 그 사람에게 그 의견의 중요성, 다른 목소리를 내는 사람 자체에 대한 의견의 타당성, 그리고 의견이 다른 사람의 매력도가 **증가하면** 같이 **증가한다.**

(8) 두 사람 사이의 의견차이가 더 커지고 그래서 두 의견에 해당하는 인지묶음들 사이에 부조화를 이루는 인지요소가 더 많아질수록 인지부조화의 크기는 더 커진다.

이제 이 이론의 핵심 가설을 언급할 시점에 다다랐다. 이는 다음과 같다.

(1) 부조화가 발생하면 이 부조화를 감소시키려는 압력이 발생한다.

(2) 부조화를 감소시키려는 압력의 강도는 기존 부조화의 크기와 함수 관계이다.

이 가설은 자연스럽게 어떻게 부조화가 감소되는지에 대한 논의로 연결된다. 부조화의 감소는 주로 다음과 같이 3가지 방식으로 이루어진다.

(1) 부조화관계에 속한 하나 또는 여러 개의 인지요소 바꾸기.

(2) 기존의 인지와 조화를 이루는 새로운 인지요소 추가하기.

(3) 부조화관계에 속한 인지요소의 중요도 낮추기.

이 방법들을 실제 상황에 적용하면 다음과 같이 연결된다.

(1) 의사결정 후에 발생한 부조화는 선택된 선택지의 매력도를 증가시키거나, 선택되지 않은 선택지의 매력도를 감소시켜서 또는 두 가지 방법을 모두 사용함으로써 감소할 수 있다.

(2) 의사결정 후에 발생한 부조화는 선택된 선택지와 선택되지 않은 선택지의 몇몇 특성들을 동일한 것으로 간주함으로써 감소할 수 있다.

(3) 의사결정 후에 발생한 부조화는 다양한 면에서 그 결정의 중요성을 떨어뜨림으로써 감소할 수 있다.

(4) 강요된 순응 후에 발생한 부조화는 외적 행동과 일치하게 개인의 의견을 바꾸거나, 보상이나 처벌의 크기를 증가시킴으로써 감소할 수 있다.

(5) 강요된 순응을 야기하지 못했을 경우 발생한 부조화는 처음의 개인적 의견을 강화하거나, 보상이나 처벌을 최소화함으로써 감소할 수 있다.

(6) 부조화의 발생은 기존 인지요소와 조화를 이루는 인지를 제공하는 새로운 정보는 탐색하도록 하고, 기존의 부조화를 증가시킬 가능성이 있는 새로운 정보원은 회피하게 한다.

(7) 어떤 부조화에 연관된 인지요소가 자신의 행동에 관한 것일 때는 이 행동을 바꾸어 직접 인지요소를 바꿈으로써 부조화를 줄일 수 있다.

(8) 강요에 의하거나 우연히 부조화를 증가시키는 새로운 정보에 노출되면 부조화의 증가를 막으려고 노력하는 사람은 종종 이 새로운 정보를 잘못 해석하거나 잘못 이해한다.

(9) 다른 사람과의 의견차이로 발생한 부조화는 자신의 의견을 바꾸거나 상대방이 의견을 바꾸도록 영향을 행사하거나, 또는 의견이 다른 사람을 부정함으로써 감소할 수 있다.

(10) 부조화가 발생하면 자신이 유지하고자 하는 인지에 이미 동의하는 사람을 찾으려 하고, 또한 사회적 지지를 획득하려는 노력의 일환으로 의사소통과 사회적 영향과정을 시작한다.

(11) 개인에게 행사된 영향력은 당사자의 부조화를 줄이는 만큼의 의견변화를 일으키는 데 효과적일 것이다.

(12) 관련된 많은 사람들이 모두 같은 부조화를 경험하는 상황에서는 사회적 지지 획득을 통한 부조화 감소가 매우 쉽게 이뤄진다.

이 이론에 대한 간략한 요약을 마치면서, 부조화 감소를 위한 노력의 효과성과 관련하여 언급할 것이 몇 가지 있다.

(1) 부조화 감소 노력의 효과는 부조화와 관련된 인지요소의 변화에 대한 저항의 영향을 받으며, 기존의 인지와 조화를 이룰 새로운 인지요

소를 제공할 정보나 사람을 구할 수 있느냐에 달렸다.

  (2) 인지요소의 변화에 대한 저항의 주요 근원은 이 인지요소가 '현실'에 얼마나 민감하게 반응하는지와 이 인지요소가 다른 여러 인지요소들과 어느 정도로 조화로운 관계를 맺고 있는지의 문제이다.

  (3) 두 인지요소 사이에 발생할 수 있는 부조화의 최대 크기는 이 두 인지요소 중에서 저항력이 더 작은 것의 변화에 대한 저항력과 동일하다. 만약 부조화가 이 값을 초과하면 저항력이 더 작은 인지요소가 바뀌고 결국 부조화가 줄어든다.

  이와 같은 짧은 요약이 이 이론에 대한 적절한 그림을 제공할 것으로 기대하기는 어렵지만, 독자들이 이 이론의 특성을 좀더 분명히 이해하고 이 이론이 지향하는 바를 이해하는 데 도움이 될 수는 있을 것이다. 그리고 앞에서 제시한 경험적 증거는 요약하지 않겠다.

  이 이론을 고찰하고 이론의 함의를 검증하기 위한 연구를 수행하고 자료수집을 위해 문헌을 찾는 과정에서 수많은 아이디어가 떠올랐다. 이 아이디어들은 아주 명백하게 보였지만, 구체적 증거를 찾기는 어려웠다. 하지만 자료가 확보된 영역에서 부조화 이론의 타당성이 충분해 보이기 때문에 증거가 확보되지 않은 영역에 대한 이 이론의 함의와 이론에 대한 아이디어를 여기에 하나하나 제시하고자 한다. 이 장의 남은 뒷부분에서는 이 이론에서 파생된 것에서부터 부조화 감소 과정에 영향을 주는 변인들에 대한 직감에 이르기까지 갖가지 다양한 제안을 다룰 것이다.

개인차에 관한 몇 가지 견해

부조화 발생에 반응하는 정도나 방식에서 사람들 사이의 개인차가 분명히 존재한다. 어떤 사람에게는 부조화가 극단적으로 고통스럽고 참기 어려울 수 있는 반면, 상당히 큰 부조화도 견딜 수 있는 것처럼 보이는 사람도 있다. 이와 같은 '부조화에 대한 내성(耐性)'의 편차를 거친 방법으로나마 측정할 수 있을 것이다. 부조화에 내성이 작은 사람은 내성이 큰 사람보다 부조화가 발생했을 때 불편해하는 모습을 더 많이 보이고, 부조화를 줄이려고 노력하는 모습도 더 많이 보일 것이 틀림없다.

이와 같은 노력에서의 차이 때문에 실제로 부조화에 내성이 작은 사람이 내성이 큰 사람보다 항상 더 적은 부조화 상태에 있을 것이라고 예상할 수 있다. 또한, 부조화에 내성이 작은 사람이 내성이 크며 어떤 사안에 대한 자신의 인식을 '회색'으로 놓아둘 수 있는 사람보다 '흑백논리'로 문제를 바라보는 빈도가 더 높을 것이다.

예를 들어, 민주당원인 어떤 사람을 한 번 생각해 보자. 만약 이 사람이 부조화에 대한 내성이 크다면 민주당이 잘못한 일이 있음을 인정하면서도 계속해서 민주당을 지지하는 것이 가능할 것이다. 기본적으로 이 사람은 서로 부조화관계에 있는 두 세트의 인지를 계속 유지할 것이다. 왜냐하면 그 순간 자신이 어떤 문제에 대해 민주당의 잘못을 인정한다는 사실만 고려하고 관련된 다른 모든 인지요소를 무시하면, '민주당원 신분을 유지하는 것'에 반대되는 인지가 따라오기 때문이다.

부조화에 내성이 작은 사람은 아마도 그러한 부조화를 유지할 수 없고 그것을 없애려고 노력할 것이다. 그래서 부조화에 대한 내성이 작은 어떤 사람이 민주당 지지자라면 그는 민주당 소속 정치인이 주장하는 것이라면 무엇이든 받아들이는 경향을 보일 것이라고 예상할 수 있다. 이와 같은 사람에게는 이제 관련된 일단의 인지요소들이 대체로 조화를 이룰 것이다. 그리고 어떤 사안에 대해서 그는 극단적이거나 흑백논리에 따른 의견을 보일 것이다. 이와 같은 생각에 기반을 두고 '부조화에 대한 내성'을 측정하는 검사도구를 만들 수 있겠다.

이때, 많은 독자들은 바로 위에서 다룬 내용이 '권위주의적 성격'에 대한 설명[19] 이나 '모호성을 못 참는' 지수가 높은 사람에 대한 설명과 유사함을 발견하고 이와 같은 측정도구가 이미 개발되었을지도 모른다고 말하고 싶을 것이다. 예를 들어, F척도[20] 같은 기존의 측정도구는 사람들이 어느 정도까지 극단적 의견, 즉 부조화가 효과적으로 제거되는 의견을 유지하는지를 얼마간 측정할 수 있다. 이와 같은 측정도구들은 다른 많은 것도 측정할 수 있지만 현재 우리의 목적에는 그다지 부합하지 않는다. 어쩌면 '모호함을 못 참는 것'만을 간단히 측정하는 도구들이 현재 우리의 목적에 좀더 가까울 수 있다.

여기에 몇 가지 실제 연구상의 문제가 있다. 먼저, 부조화 내성 척도로 사용될 검사도구에 대한 타당화 절차와 관련된 문제가 분명히 있다. 이

---

19) 〔옮긴이 주〕권위적주의적 성격이론(*authoritarian personality*)은 아도르노(Theodor Adorno) 등의 버클리대학 심리학자들이 1950년 같은 이름의 저서에서 소개한 이론이다. 이 이론은 유럽에서 나치주의가 성장하도록 용인한 이유와 조건을 설명하기 위해 고안되었는데, 성격유형을 9가지의 성격특성으로 정의한다.

20) 〔옮긴이 주〕F척도는 아도르노 등이 권위주의적 성격이론에 따른 성격유형을 측정하고자 고안한 척도이다. 특히, 이 척도를 통해 파시스트의 경향성을 측정한다고 하여 'Fascist'의 첫 글자를 따서 F척도라고 이름 붙였다.

것은 피험자가 부조화가 발생하는 통제된 실험상황에서 부조화 감소 압력의 증거를 보여 주는 수준과 관련이 있다.

일단 이와 같은 부조화 내성 척도가 있으면 수많은 흥미로운 가설들을 경험적으로 검증할 수 있을 것이다. 먼저, 부조화가 특별히 고통스러운 사람, 즉 부조화에 대한 내성이 한쪽 방향으로 극단적 상태에 있는 사람을 한 번 살펴보자. 이와 같이 극단적 경우에 있는 사람들은 부조화가 발생하지 않도록 행동할 것이라고 예상할 수 있다. 살면서 자신이 부조화 상태를 불편해한다는 것을 학습했기 때문에 분명 그는 부조화를 일으키는 것으로 알려진 상황을 회피하려고 할 것이다. 예를 들면, 그는 어떤 결정 후에 항상 부조화가 생겨 마음이 불편해지는 것을 분명히 경험했을 것이다. 만약 부조화가 극단적으로 고통스러운 사람이 부조화가 발생하는 것을 피하려고 하는 경우라면 우리는 그가 어떤 결정을 내리지 않으려 하거나 결정을 내리지 못하는 것을 관찰할 수 있다. 물론 이와 같은 극단의 상황은 병리적 문제가 될 수도 있다.

부조화에 대한 두려움과 부조화로 인한 불편함 때문에 갈등상황에 머무르기를 더 선호하고 어떤 결정을 내리지 못하는 사람에게서 어떤 모습을 볼 수 있을지 더 살펴보자.

만약 그와 같은 사람이 실제로 자신에게 아주 불편함을 야기하는 부조화를 예상하고 반응한다면, 이러한 예측에 따른 부조화 회피반응을 학습하기 전까지 부조화를 자주 겪었음이 분명하다. 그 결과, 그가 부조화를 감소시키는 나름의 메커니즘을 개발했으리라고 예상할 수 있다. 이 메커니즘은 그렇게 효과적이지는 않더라도 왜 부조화를 회피하게 되었는지를 설명하거나 장기적으로 나름의 역할을 했을 것이다.

부조화가 발생했을 때 이를 감소시키려는 강한 압력과 함께 부조화 감소 메커니즘을 작동시킴으로써 오랜 기간 동안 형성된 인지묶음들 속에 있었을 부조화를 어떻게든 제거할 가능성이 아주 높아졌을 것이다. 이러한 사람은 많은 사안에 대한 의견이 매우 확정적이고 일방적이어서 '어떤 문제의 두 측면'을 효과적으로 보기가 매우 어려우리라고 예상할 수 있다. 만약 이 예상이 정확하다면 우리는 어떤 의견과 문제 및 가치관에 매우 단호한 입장을 보이는 사람도 역시 의사결정을 내리지 못하는 모순된 상황을 보게 된다.

그러한 사람은 또한 부조화가 자기 인지에 들어오려는 것에 매우 격하게 반응할 것으로 예상된다. 만약 결정을 못하는 것이 정말 부조화에 대한 두려움 때문이라면 이러한 일이 반드시 수반된다. 만약 그가 자신을 완전히 고립시키지 않는 한 그가 부조화를 피할 수 없는 상황이 적어도 하나는 있기 마련이다.

즉, 때때로 사람들은 어떤 문제에 대해 토론하고 자신과 다른 의견을 만나기도 하고 자신의 의견이 다름을 주장하기도 한다. 자신에게 어떤 의견이 있음을 아는 것이 반대되는 의견이 있는 것과 부조화를 이루기 때문에, 부조화에 극단적으로 불편함을 느끼는 사람은 다른 사람이 자신과 다른 의견을 내는 것에 아주 격렬하게 반응할 것이라고 예상할 수 있다. 그는 어쩌면 격렬하게 논쟁할 수도 있고, 독단적이거나 완고해지거나 이와 비슷하게 될지도 모른다. 의사결정을 내리지 못하고, 어떤 문제에 완고하나 편향된 모습을 보이고, 다른 사람이 자신과 다른 의견을 표시할 때 격렬하게 반응하는 것 등의 현상은 부조화에 대한 내성이 작아서 부조화가 발생할 것이라는 예감이 들 때 반응하도록 학습된 행동과 일치하는 것이다.

지금까지 우리는 하나의 극단적 사례만을 논의했다. 부조화가 예상될 때 그것을 회피하기 위한 반응 중에는 좀 덜 극단적인 방법들도 있다. 의사결정 후에 뒤따르는 부조화를 피하기 위해 자신이 결정을 내리지 않고 어떤 결정이 이루어지게 하는 사람도 있다. 이와 같은 경우는 때때로 환경의 적극적 역할을 인정할 때 일어나는데, 말하자면 발은 가만히 있고 땅이 움직여서 어떤 결정이 내려지는 경우라고 할 수 있다. 그래서 이 결정에 대해 개인은 책임을 면하게 되는 것이다.

또한, 의사결정 후의 부조화를 피하기 위해서 그 결정이 내려지자마자 그것을 심리적으로 철회함으로써 어느 정도 효과를 얻을 수 있다. 그래서 예를 들어, 만약 어떤 사람이 실제로는 다르지만 철회할 수 없다고 생각하는 어떤 의사결정을 내린 직후 그 결정이 완전히 잘못된 것이라는 확신이 들면, 그는 다시 부조화의 영향에 대비하여 준비하고 그 영향을 회피할 것이다. 이와 같은 부조화 회피 행동은 부조화에 대한 내성이 매우 낮음과 동시에 부조화 감소 메커니즘이 비교적 비효과적인 사람에게만 존재할 것이다.

이것은 당연히 사람에 따라 부조화를 감소시키는 데 사용하는 기술의 효과가 다르고 기술이나 메커니즘에 대한 선호가 다르다는 문제로 연결된다. 하지만 현재 시점에서 나는 사람들 사이에 그러한 차이가 분명히 존재함을 인정하는 것 이상으로 말할 것이 거의 없다. 분명히 몇몇 사람은 전형적으로 현재 문제가 되는 부조화관계와 연관된 인지요소들에 초점을 맞추어 그 인지요소들 중에서 몇몇을 바꾸거나 버림으로써 부조화를 감소시키려는 시도를 한다. 또 다른 사람들은 습관적으로 조화관계와 연관된 인지요소에 주로 초점을 맞추어 다른 요소들과 조화를 이루는 새로운 인지요소를 추가하는 방법으로 부조화를 처리한다.

부조화관계에 있는 인지요소에 대한 선택적 망각이 부조화 감소를 위한 방법으로 어느 정도로 효과적인지에 대해서도 역시 충분히 연구되지 않았다. 이론적으로는 가능하지만 그 효과에 대한 증거는 많지 않은 다른 부조화 감소 방법으로, 부조화가 존재하는 인지내용 전체의 중요도를 낮추고 서로 다른 인지묶음들을 작게 쪼개어 결국 서로 연관이 없게 만드는 방법도 있다. 이 문제를 언급한 것은 부조화와 관련하여 어떻게 이와 같은 개인차의 측면을 다룰 것인지에 대해 해결책이 있어서라기보다는 단지 이와 관련하여 어떤 문제가 있고 어느 범위까지 질문이 가능한지를 드러내 보이기 위함이다.

지위와 역할 변화의 영향

인지부조화 이론으로부터 일반현상에 대한 함의를 이끌어 내는 작업은 부조화를 상습적으로 일으키는 상황이나 환경을 따로 구별해 내는 것이라 할 수 있다. 매우 일반적인 수준에서 볼 때, 만약 어떤 사람이 자신의 인생에서 갑작스런 변화의 상황에 놓인다면 어느 정도의 인지부조화가 발생하는 것은 당연하다. 변화된 환경으로 인해 앞으로 그의 많은 행동은 그때까지 그의 의견이나 가치관과 부조화를 이룰 가능성이 매우 높다. 만약 이와 같은 일이 실제로 적용되는 상황을 구체적으로 알 수 있다면, 발생한 변화에 기인하여 자신의 이념이나 의견에 구체적으로 어떤 변화가 생길 것인지 예측할 수 있게 된다. 물론 그와 같은 의견변화는 기존의 의견과 지금 문제가 되는 행동에 대한 인식 사이에 발생한 부조화를 감소시키는 한 가지 방법이 될 수 있다.

나는 앞으로 부조화와 부조화 감소 압력을 고찰하여 얻는 함의를 설명하기 위해서 이와 같은 상황 중에서 구체적으로 밝힐 수 있는 몇 가지를 살펴보겠다.

어떤 조직이나 사회 속에서 개인의 '역할'이나 '지위'가 변하는 일이 자주 발생한다. 예를 들어, 어떤 대학원생이 시험을 통과하고 박사학위를 받고 나중에는 대학에서 강의한다고 하자. 그의 지위나 해야 할 일이 갑자기 아주 많이 변했다. 그는 이제 더 이상 학생이 아니라 다른 사람을 가르치는 누군가가 되었다. 학점을 받는 사람이 아니라 다른 사람에게 학점을 주는 사람이 된 것이다. 그가 하는 많은 일들이 그의 인지에 부조화를 일으킬 것이다.

예를 들면, 학생이었을 때 그는 수업시간에 준비 없이 들어와 형편없이 강의하는 교수를 부정적으로 생각했을 수도 있다. 이제는 때때로 그와 같은 행동을 하는 자신을 발견할 것이다. 학생이었을 때 그는 학점체계와 학점의 가치에 대해 어떤 의견이 있었을 것이다. 이제 교수로서 그는 학생들에게 서로 다른 학점을 줄 만한 충분한 근거가 없을 때에도 학점을 줘야 하는 자신을 자주 발견할 수도 있다. 또한, 이와 유사한 다른 많은 사례들이 생길 것이다. 이와 같은 부조화는 자신의 이전 의견을 바꿈으로써 감소시킬 수 있다. 그는 다른 교수들과 함께 있을 때에는 그다지 어렵지 않게 자신의 행동과 조화를 이루는 일련의 의견체계를 획득할 수 있을 것이다. 다시 말해서, 그는 자신이 옮겨 간 자리에 맞는 의견과 가치관을 받아들인다.

이와 종류는 다르지만 갑작스런 변화가 어떤 사람의 직장에서 발생했을 때에도 이와 완전히 동일한 분석을 적용할 수 있다. 예를 들어, 어느 공장의 평사원이 작업반장으로 승진되었다고 하자. 갑자기 그는 지시를 받는 대신 다른 사람에게 지시하고, 감독을 받는 대신 다른 사람의 작업상태를 감독하는 자신을 발견한다. 이와 같은 그의 새로운 행동은 많은 경우 평사원일 때, 또는 지금까지도 품은 의견이나 가치관과 부조화를 이룰 것이다. 부조화를 감소시키려는 노력으로 이 사람은 다른 작업반장들의 의견과 가치관, 즉 현재 자신이 하는 일과 조화를 이루는 의견과 가치관을 상당히 신속하게 받아들일 것으로 예상할 수 있다. 또한, 이 사람의 부조화를 감소시키는 의견변화를 다른 평사원들은 지지하지 않을 것이기 때문에, 그가 전에 어울려 지내던 평사원들을 점점 덜 만나게 되는 것은 놀라운 일이 아니다.

이것이 완전히 갑작스럽게 일어나는 의견변화라든가 '한꺼번에 모두

뒤바뀌는' 식이라는 뜻은 아니다. 사실은 시간이 좀 걸리고, 어떤 의견은 변화에 대한 저항이 매우 커서 어떤 부조화는 전혀 제거되지 않기도 한다. 하지만 부조화 감소에 대한 압력이 존재하고 새로운 지위에 적합한 가치관과 의견을 받아들이는 수준이 매우 크다는 것은 명백하다.

'직업'에서의 변화 외에도 같은 종류의 부조화를 발생시키는 또 다른 종류의 변화가 상황의 변화로 인해 받아들이는 새로운 행동과 기존의 의견 사이에 존재한다. 예를 들면, 미국에서는 지난 10년간 많은 사람의 생활 기준이 급격하게 상승했고, 새로운 '도시 교외 거주자'(suburbia)가 증가했다. 이 몇 년에 걸친 변화를 갑작스런 것이라고 할 수 있다면, 이 사람들의 생활방식은 많은 면에서 갑자기 변했다. 이 변화를 점진적 변화라고 불러야 한다고 하더라도 이러한 변화가 발생한 것과 이로 인해 많은 면에서 기존의 의견과 분명히 부조화를 이루는 행동과 활동이 야기되었다는 사실은 여전히 유효하다.

그동안 도시 한가운데에서 계속 살았고, 그래서 사람이 어떻게 살아야 하는지 그리고 자신의 시간을 어떻게 보내야 하는지에 대해 나름의 의견이 있던 사람이 이제는 정원에 계속 관심을 가지고 관리하고 잔디도 깎아 주는 자신을 발견한다. 지금까지는 계속 월세만을 내고 살던 사람이 이제 구입한 집에 부과된 세금을 내고, 또한 자신의 의견과 일치하지 않는 세금정책에 불편한 반응을 보이는 자신을 발견할 것이다.

다시 한 번 우리는 이와 같은 부조화도 의견을 바꿈으로써 감소할 수 있으며, 이와 같은 이념상의 변화가 일어날 것으로 기대한다. 이러한 현상이 어느 정도는 정치적 의견의 변화에 반영되고, 어느 정도는 사회적 의견이나 가치관의 변화에 반영될 것이다. 짧게 말해서, 이 사람들이 옮겨 간 사회계층의 의견과 가치관을 수용하고 채택하는 것을 볼 수 있을 것이다.

물론 역할이나 지위의 변화가 개인의 의견이나 신념에 영향을 준다는 사실을 이미 많은 저술가들이 알고 있었고 이에 대해 많은 글을 남겼다. 그들은 두 요인을 강조했는데, 하나는 어떤 역할이나 지위에 있는 사람은 그 역할이나 지위에 대한 다른 사람의 기대에 반응한다는 것이고, 다른 하나는 사람들은 주어진 역할을 수행하면서 알게 된 사람들의 영향을 받는다는 것이다.

내가 지금까지 인지부조화 이론에 입각하여 제시한 설명은 이와 같은 요인들의 영향을 훼손하지 않고 오히려 새로운 측면에서 조망할 수 있도록 한다. 비슷한 자리에 있는 다른 사람들이 새로 이 역할을 맡은 사람에게 미치는 영향력이 중요하다는 것은 의심의 여지가 없다. 하지만 만약 나의 해석이 정확하다면 새로운 역할을 맡은 사람은 이 영향력의 희생자가 되는 것이 아니라 오히려 이러한 영향을 찾아 나선다. 제 9장에서 맥과이어의 연구를 다루면서 이미 살펴본 것처럼, 부조화를 감소시키는 영향력은 부조화를 증가시키는 영향력보다 훨씬 더 효과적이다. 새로운 지위에 오름으로써 생긴 부조화를 감소시키는 방향으로 영향력을 행사할 의향과 능력을 갖춘 사람을 확보할 가능성이 없다면, 의견변화의 방법으로 부조화를 감소시키는 일은 그렇게 쉽게 일어나지 않을 것이다.

무엇보다 먼저 어떤 역할에 대한 타인의 기대나 그 역할의 요구사항과 같은 요인들은 분명 부조화를 일으키는 데 중요하다. 예를 들면, 어떤 큰 공장에서 작업반장으로 승진한 사람은 과거에 알던 작업반장과는 다르게 행동하려고 노력할지 모른다. 달리 말해서, 처음에는 자신이 자신의 의견과 일치하는 방식으로 행동한다고 생각한다. 하지만 그가 감독하는 평사원의 기대나 작업반장의 역할에 대한 그들의 생각은 이를 그렇게 간단히 허락하지 않는다. 그는 싫든 좋든 다른 보통의 작업반장들처럼 행동하는 자신을 발견할 것이다.

분명히 이와 같은 역할의 변화는 많은 요인들이 개인의 행동과 의견에 영향을 미친다는 점에서 매우 복잡하다. 새로운 역할에서 그는 지금까지 전혀 경험하지 못했던 것을 겪는다. 하지만 내가 지적하고 싶은 것은 '부조화 감소'라는 용어를 사용함으로써 이처럼 새로운 자리로 옮긴 사람이 그 자리에 요구되는 역할과 관련된 가치관을 받아들이는 현상을 잘 이해할 수 있다는 점이다.

인지부조화 이론의 범위

나는 이 책의 여러 부분에서 인지부조화 이론과 관련된 다양하고 폭넓은 맥락에서 모은 자료를 제시하였다. 나는 순전히 심리학적 문제로서 개인이 어떤 결정을 내리고 나서 자신에 대해 생각하는 상황에서부터 시작해서, 어쩌면 심리학자보다는 사회학자들의 관심을 더 끌지도 모르는 특정한 유형의 집단운동에서의 개종활동 수준 문제에 이르기까지 다양한 내용을 다루었다. 그리고 실제로 부조화 이론의 영역이 매우 넓은 것처럼 보인다. 어쩌면 부조화가 너무 보편적이고 부조화를 일으키는 다양한 상황이 너무 자주 발생하기 때문에 부조화와 그것을 감소시키려는 압력에 대한 증거가 거의 모든 맥락에서 발견될 수 있을 것 같다.

사실 나는 지금까지 인지부조화 이론에서 파생된 몇 가지 분명한 사실을 거의 완전히 무시했다. 예를 들면, 정보나 의견에 해당하는 일단의 인지내용과 행동에 해당하는 일단의 다른 인지내용 사이에 부조화가 발생할 때면, 언제나 그 행동을 바꿈으로써 이 부조화를 감소시킬 수 있다는 것은 분명하다. 실제로 자기 행동에 대한 지식을 표상하는 인지는 단순히 관련된 행동을 바꾸기만 하면 되기 때문에 어떤 면에서 바꾸기 가장 쉬운 인지요소라고 할 수 있다. 이것은 바꾸기 가장 어렵다고 할 수 있는, 개인이 감각적으로 직접 부닥치는 환경에 대한 지식에 대응하는 인지요소와 대비될 수 있다. 따라서 부조화에 대한 반응으로 적절한 행동의 변화가 빈번하게 나타난다는 것은 분명해 보인다.

하지만 이 이론의 범위가 너무 넓기 때문에 이 이론이 어디까지 관련되고 그렇지 않은지에 대해 정확하게 한계를 정하려고 노력하는 것이 중요하다. 인지부조화 이론이 어떤 언급도 하지 않는 개인의 행동과 태도, 그리고 의견에 영향을 미치는 다양한 요인들이 있다. 예를 들어, 동기화 (動機化) 에 대해서는 이 책의 어느 곳에서도 언급하지 않았다. 물론 부조화 자체로서는 하나의 동기화 요인이 될 수 있지만 인간에게 영향을 미치는 다른 동기들이 수없이 많으며, 우리는 이 다른 동기들과 부조화 감소 압력의 관계에 관한 문제는 다루지 않고 지나갔다.

하지만 동기와 부조화 감소 압력 사이에 명백한 관계가 존재하는 상황이 있다. 동기에 따라 두 인지요소 사이의 관계가 부조화를 이루는지 아니면 조화를 이루는지가 결정되는 경우도 있다. 예를 들면, 제 7장에서 다룬 도박에서 자발적으로 정보를 탐색하는 것에 대한 실험을 떠올려 보자. 그때 나는 아주 조금씩 천천히 돈을 잃은 사람이 경험적으로 획득한 지식이 맨 처음에 그가 선택한 편에서 계속 게임을 진행한다는 사실에 대한 인지와 부조화를 이룰 것이라고 가정했다. 하지만 이 두 세트의 인지 사이의 관계가 부조화를 이룬다고 말하는 것은 게임의 당사자에게 이기려는 동기가 있다고 가정하기 때문이다. 만약 어떤 경우에 이 실험에 참여한 사람이 지기를 원했다면 이 두 인지묶음은 조화로운 관계였을 것이다.

혹시 있을 다른 동기들도 변화에 저항하는 특정한 인지요소를 생성하고 그래서 부조화 감소를 방해할 수도 있기 때문에 이 그림에 포함될 수 있다. 부조화 발생을 예측하기 위해서는 이와 같은 기타 동기들에 대한 고려도 분명 필요하다. 하지만 내가 지금 강조하고자 하는 것은 지금까지 내가 동기에 관한 문제는 다루지 않았고, 또한 이 문제들은 대체로 부조화 이론이 다루는 문제와 차이가 있다는 것이다.

그런데 누군가가 부조화의 개념을 부정확하게 사용하기 시작하면 이 차이는 쉽게 사라지고 보이지 않게 된다. 예를 들어, 어떤 사람이 아주 당황스러운 상황에 있을 때, 즉 성취하고자 하는 어떤 목표를 향해 열심히 나아가는 과정이 방해를 받을 때에도 인지부조화가 발생하는가? 이에 대한 대답은 간단히 "아니오"이다. 하지만 부조화 이론의 한계를 분명히 하는 데 도움이 될 것이라 생각되기 때문에 이 대답을 좀더 자세히 설명할 필요가 있다.

만약 어떤 사람이 한적한 밤길을 운전하다가 자동차 바퀴에 펑크가 났는데 자동차 바퀴 교환에 쓰는 잭이 없음을 알게 됐다고 한다면, 우리는 분명 이 사람이 지금 당황스러운 상황에 빠졌다고 말할 것이다. 하지만 정말 이 사람의 인지요소들 사이에 부조화관계가 발생했는지를 알아보기 위해서 그의 인지를 살펴볼 필요가 있다. 이 운전자는 지금 자동차에 펑크가 났다는 것을 알고, 또한 바퀴를 교체하는 데 필요한 잭이 없다는 것도 안다. 또한, 자신이 현재 한밤중에 인적이 드문 도로에 있으며 정해진 시간에 어떤 장소에 도착해야 한다는 사실도 안다. 하지만 이러한 인지요소들 중 어느 것도 서로 부조화를 이루지 않는다. 하나씩 살펴봐도 어느 것 하나 다른 인지요소와 상충하는 사실과 연결되지 않는다.

이와 같은 당황스러운 상황에도 인지부조화가 개입할 수 있다. 만약 위와 같은 상황에 있는 사람이 자동차 바퀴에 있는 볼트를 모두 푸는 데 렌치를 사용하려고 한다면, 이 행동에 대한 인지는 잭이 없어서 자동차 바퀴를 교체할 수 없다는 인식과 부조화를 이룰 것이다. 이 운전자는 한밤중에 인적이 드문 도로에 있지만, 분명 다른 차가 와서 도와줄 것이라고 자신을 확신시키면서 부조화를 줄이려고 노력할 것이다. 하지만 분명히 이 부조화에 대한 그의 반응은 그가 지금 느끼는 당황한 상태에 대한 반응과 상당히 차이가 있다.

만약 부조화 개념이 너무 느슨하게 사용되어 모든 것을 포함하고 어떤 특별한 의미도 없어진다면 이것은 정말 불행한 일일 것이다. 물론 부조화를 정의할 때 우발적으로 발생하는 모호성 때문에, 특히 사전에 두 인지요소들이 부조화를 이루는 관계인지 아닌지를 표시하는 방법이 모호한 것 때문에 이와 같이 부조화 개념을 느슨하게 사용할 가능성이 있다.

부조화의 개념적 정의, 즉 두 요소만 따로 고려할 때 한 요소와 상충되는 것이 다른 요소로부터 도출될 때 두 요소가 부조화에 있다는 정의 에서 나타나는 모호함은 '도출되는'이라든가 '두 인지요소만을 고려하는'과 같은 표현 때문이다. 하나의 인지요소는 논리나 사회적 관습, 경험하거나 학습한 것, 그리고 어쩌면 다른 의미 때문에 다른 인지요소에서 도출될 수 있다. 따라서 '도출되는'이라는 표현을 구체화하는 것은 한 개인 안에서 A요소가 B요소에서 도출된다고 말할 수 있는 작용과정의 구체화를 포함한다. '두 인지요소만을 고려한다'는 표현의 의미를 구체화하는 것은 부조화가 발생했는지를 결정할 때 사용하는 절차를 구체화하는 것과 관련이 있다.

따라서 이 정도의 모호성은 이와 같이 관련된 경험적 연구가 비교적 많이 이루어지지 않았다는 점에서 새로운 이론의 주장에는 항상 내재된 것이다. 따라서 예를 들면, 나는 의사결정 결과로 부조화가 발생하였을 때, 이 부조화를 사전에 판단할 때 이미 모호성이 들어 있다고 믿지 않는다. 이는 이미 경험적 연구로 분명히 밝혀졌다. 다른 맥락에서 수행된 연구에서도 부조화가 발생되었는지를 판단하는 절차를 다 분명히 밝힐 것이다.

하지만 어쩌면 부조화 개념을 부정확하게 사용하는 것을 막는 가장 좋은 방법은 모호성보다는 명확성을 강조하는 것일 수 있다. 부조화는 완전히 혼자서 존재하는 것이 아니다. 이는 인지요소들 간에 존재하는 하나의 관계에 있는 하나의 속성을 나타낸다. 따라서 부조화가 발생했는지 아닌지를 판단하는 것은 먼저 현재 논의되는 인지요소나 인지묶음을 구체화하고, 그 후에 각각 하나씩 살펴서 다른 하나의 인지요소에서 다른 요소에 상반되는 것이 도출되는지를 검토하는 형식으로 이루어져야 한다.

이 관계가 부조화를 이룬다고 말하는 것이 타당해 보이면, 이 사례의 경우에 이 '도출된 것'이 효력을 미치는 근거가 무엇인지, 예를 들면 논리적 근거인지 경험적 근거인지 문화적 근거인지 아니면 다른 어떤 것인지 구체적으로 밝히는 것 또한 도움이 될 것이다. 그리고 인지에 무슨 변화가 구체적으로 일어났는지, 또는 어떤 새로운 인지요소가 추가되어 부조화의 크기가 감소했는지를 구체적으로 밝힐 수 있어야 한다.

나는 만약 최대한 정확하고 구체적으로 다룰 수 있기만 하다면, 인지 부조화 이론은 매우 유용한 설명도구이자 예측도구임이 분명히 확인될 것이라고 확신한다.

옮긴이
· · ·
해   제

　인지부조화 이론은 심리적으로 불일치하는 두 개의 인지요소(아이디
어, 생각, 믿음 등)가 사람들에게 있을 때 부조화가 발생하며, 사람들은
행동이나 인지를 수정하거나 새로운 인지요소를 추가함으로써 부조화를
감소시키려고 한다는 이론이다(Festinger, 1957). 이 이론은 사람은 일
관성을 유지하려고 한다는 생각에 기초한다. 페스팅거는 일관성을 지칭
하기 위해 '조화'라는 용어를, 비일관성을 지칭하기 위해 '부조화'라는 용
어를 사용했는데, 그는 부조화가 있을 때 사람은 부조화를 줄이거나 그
것을 증가시키는 상황을 피하는 방향으로 동기화된다고 보았다.
　물론 페스팅거의 인지부조화 이론이 등장하기 전에도 이와 유사한 생
각을 한 연구자들이 있었다. 그중 한 사람인 하이더(Heider, 1925)는 균
형(*balance*)이라는 용어를 사용하면서, 균형상태가 아닐 때 긴장(*tension*)
이 야기되며 행동을 바꾸거나 인지를 재구성함으로써 균형상태에 도달하
려는 힘이 발생한다고 했다. 이전에 하이더와 같은 학자들이 이미 있었

음에도 페스팅거를 이들 중에서 선구자로 꼽는 이유는 아마 유사한 생각을 매우 정밀하게 검토하고 실험을 통해 검증하며, 다양한 상황에 적용 가능한 형태로 만들어 많은 시사점을 제공한 사람으로 인정되기 때문일 것이다(Metin & Camgoz, 2011).

이후 인지부조화 이론은 1950년대 이후 약 20년간 경제학, 법학, 철학, 정치학, 인류학과 같은 다양한 학문영역의 연구에도 시사점을 제공했으며, 흡연행동이나 물과 에너지 절약에 대한 태도와 같은 주제의 연구에도 적용되었다. 뿐만 아니라 이 이론은 동기와 인지를 연결시킴으로써 사회심리학이 발전하는 과정에서 큰 영향을 끼치고 사회심리학에 활력을 주었다(Aronson, 1992).

특히 이 이론은 인간의 행동과 태도의 변화를 단순히 보상과 강화에 따른 것으로 설명하기보다는 인지부조화를 줄이려는 노력이라는 점에 기초하여 설명한다. 즉, 인간이 생각하고 정당화한다는 것을 제시함으로써 당시까지 오랫동안 심리학계를 지배한 강화이론에 도전했다(Aronson, 1992). 예를 들면, 자신의 생각이나 태도가 고통을 야기하는데도 이를 유지하는 사람들의 행동과 내적 기제는 강화와 보상에 기초해서 인간행동을 설명하는 행동주의로는 설명할 수 없었다. 하지만 인지부조화 이론에서는 이런 현상을 자신의 생각과 태도를 유지함으로써 자신의 기존 인지와의 부조화를 감소시키고 일관성을 유지할 수 있기 때문이라고 설명할 수 있었다.

이와 같이 인지부조화 이론은 심리학의 행동 지향적 설명체계를 인지 지향적 설명체계로 전환하는 데 크게 기여했다. 나아가 인지부조화 이론은 정신분석, 특히 화의 표출과 카타르시스에 대해서도 대안적 관점을 제시했다(Aronson, 1992). 당시 대부분의 심리학자들은 인간이 자신의 분노를 풀어내면 그들의 기분이 좋아진다고 믿었다. 그러나 인지부조화 이론은 그것이 분노를 감소시키지 않으며, 정신분석적 관점과는 반대로 사람들은 그들의 분노에서 정당성(예: 피해자를 폄하)을 발견하려고 시도할 것이며 그 결과 더 많은 분노를 초래할 것이라고 했다.

이처럼 인지부조화 이론은 다양한 영역에서 많은 연구를 생산하고 기존의 관점에 도전하는 새로운 설명체계를 제시했지만, 1970년 중반에 이르면서 동기로 작용하는 인지과정에 대한 관심이 감소하고 정보처리와 같은 순수한 인지과정에 대한 흥미가 증가하면서 그 인기가 하향세로 돌아섰다. 이러한 하향세의 이유는 여러 가지 방면에서 찾을 수 있겠지만 아론슨(Aronson, 1992)은 이렇게 부조화 이론에 근거한 연구가 위축된 이유로 4가지를 제시했다.

첫째, 사람들은 부조화 실험에서 자주 사용되는 피험자를 속이는 절차를 수용할 만하다고 생각하지 않았다. 둘째, 사람들은 부조화가 불편한 느낌을 일으키며 그 과정이 사람들에게 해롭다고 생각했다. 셋째, 부조화 실험은 많은 시간이 소요되었다. 넷째, 당시 사회인지(社會認知)가 유행하기 시작했고, 연구자들은 순수한 사회인지 연구가 더 수월하고 시간도 덜 걸리며 더 윤리적이라고 생각했다. 즉, 연구자들은 쉽고 더 빠르며 시간도 덜 걸리고 윤리적인 연구방법을 선호했다. 순수한 인지에 기초한 사회인지의 도래로 연구자들은 동기적 과정을 잠시 버리고 순수한 인지적 과정을 검토하기 시작했다.

그러나 이러한 인지적 과정에 대한 흥미, 그리고 인지부조화 이론의 위축은 그리 오래가지 않았다. 1980년대에 연구자들은 행동과 태도에 대한 순수한 인지적 설명이 사회적 행동을 이해하기에 불충분함을 알게 되고, 순수한 인지에 기초한 새로운 연구들도 결국 인지부조화에 대한 이

전의 연구들과 무관하지 않다는 점 또한 확인되면서 인지부조화 이론에 대한 관심이 다시 증가했다.

하지만 이제는 그 형태를 달리했다. 연구자들은 다시 인지를 동기와 결합시켰는데, 이것은 소규모 이론 시대(*the era of mini-theory*)라는 새로운 장을 열었다(Aronson, 1992; 1997). 여기에 속하는 것으로는 자기확인(*self-affirmation*) 이론(Steele, 1988), 상징적 자기완성(*symbolic self-completion*) 이론(Wicklund & Gollwitzer, 1982), 자기평가 유지(*self-evaluation maintenance*) 이론(Tesser, 1988), 자기불일치(*self-discrepancy*) 이론(Higgins, 1989), 자기확증(*self-verification*) 이론(Swann, 1984), 행동 동일시(*action identification*) 이론(Vallacher & Wegner, 1985) 등이 포함된다(Metin & Camgoz, 2011에서 재인용).

아론슨(Aronson, 1992; 1997)에 따르면 이 모든 소규모 이론들은 자기 개념에 위협이 느껴질 때 사람들이 어떻게 대처하는지를 포함하며, 그렇기 때문에 인지부조화 이론의 틀 아래에서 통합될 수 있다. 사회심리학자들은 이 이론들을 변별하기보다는 그들이 공유하는 공통점을 찾아 통합할 수 있다고 본다. 아이디어와 접근을 잘 통합함으로써 인지부조화 이론과 그로부터 파생된 이론들의 맥락을 좀더 잘 이해할 수 있을 것이다(Metin & Camgoz, 2011).

인지부조화 이론은 3가지 이유에서 우리들, 특히 옮긴이에게 아름답다는 느낌을 준다.

첫째, 단순성이다. 인지부조화 이론의 핵심 아이디어는 매우 단순하다. 많은 가정과 변수 대신 단순한 변수로 많은 것을 설명하는 이론, 일명 '오컴의 면도날'(Occam's Razor)이라고 불리는 '경제성의 원리'에 충실한 이론을 접할 때 체험하는 단순성 때문에 이 이론은 아름답다.

둘째, 확장성이다. 최근 인지부조화 이론은 소규모 이론이라는 이름으로 형태를 달리하여 다시 살아나서 다양한 영역에 적용된다. 특히 옮긴이의 전공영역과 관련해서는 기존의 강화-보상 계열 이론이나 정신분석 계열 이론에 도전하고 새로운 시각을 제공함으로써 지적 세계의 지평선을 확장하고, 기존 상담이론의 통합적 이해에 큰 도움이 되었다.

셋째, 성장성이다. 인지부조화 이론의 핵심은 단순하지만 그 적용영역은 계속 확장되고 구체화되며 진화하고 성장한다. 이러한 확장성 및 진화와 성장을 기대할 때 체험하는 성장성 역시 이 이론을 아름답게 한다.

참고문헌

Aronson, E. (1992) "The return of repressed: Dissonance theory makes a comeback". *Psychological Inquiry 3*, 303~311.

_____ (1997) "The theory of cognitive dissonance: The evolution and vicissitudes of an idea". In C. McGarty & S. A. Haslam (Eds.), *The message of social psychology* (pp. 20~36). Blackwell Publishers: Oxford.

Festinger, L. (1957) *A theory of cognitive dissonance.* Evanstone, IL: Row, Peterson.

Metin, I. & Camgoz, S. M. (2011) *The advances in the history of cognitive dissonance theory 1*, 131~136.

참고문헌

1. Adams, D. K. (1954) "Conflict and integration". *Personality 22*, 548~ 556.
2. Back, K. (1951) "The exertion of influence through social communication". *Abnormal and Social Psychology 46*, 9~24.
3. Baxter, D. (1951) "Interpersonal contract and exposure to mass media during a presidential campaign". Unpublished doctor's dissertation, Columbia University.
4. Bennett, E. B. (1955) "Discussion, decision, commitment, and consensus in 'group decision'". *Human Relations 8*, 251~273.
5. Bettelheim, B. (1943) "Individual and mass behavior in extreme situations". *Abnormal and Social Psychology 38*, 417~452.
6. Blau, P. (1953) "Orientation of college students toward international relations". *American Sociology 59*, 205~214.
7. Brehm, J. (1956) "Post-decision changes in the desirability of alternatives". *Abnormal and Social Psychology 52*, 384~389.
8. Brodbeck, M. (1956) "The role of small groups in mediating the effects of propaganda". *Abnormal and Social Psychology 52*, 166~170.
9. Burkdick, H. (1995) "The compliant behavior of deviates under conditions of threat". Unpublished doctor's dissertation, University of Minnesota.
10. Coch, L., and French, J. R. P. (1948) "Overcoming resistance to change". *Human Relations 1*, 512~532.
11. Cooper, E., and Jahoda, M. (1947) "The evasion of propaganda: How prejudiced people respond to anti-prejudice propaganda". *Psychology 23*, 15~25.

12. Deutsch, M., and Collins, M. M. (1951) *Interracial Housing: A Psychological Evaluation of a Social Experiment*. Minneapolis: Univ. of Minnesota Press.

13. Ehrlich, D., Guttman, I., Schonbach, P., and Mills, J. (1957) "Postdecision exposure to relevant information". *Abnormal and Social Psychology 54*, 98~102.

14. Ewing, T. (1942) "A study of certain factors involved in changes of opinion". *Social Psychology 16*, 63~68.

15. Festinger, L. (1950) "Informal social communication". *Psychological Review 57*, 271~282.

16. _____ (1953) "An analysis of compliant behavior". In M. Sherif and M. Wilson (eds.) *Group Behavior at the Crossroads*. New York: Harper.

17. _____ (1954) "A theory of social comparison processes". *Human Relations 7*, 117~140.

18. Festinger, L., Gerard, H. B., Hymovitch, B., Kelley, H. H., and Raven, B. (1952) "The influence process in the presence of extreme deviates". *Human Relations 5*, 327~346.

19. Festinger, L., Riecken, H., and Schachter, S. (1956) *When prophecy fails*. Minneapolis: Univ. of Minnesota Press, 1956.

20. Festinger, L., and Thibaut, J. (1951) "Interpersonal communication in small groups". *Abnormal and Social Psychology 46*, 92~100.

21. Filer, R. (1952) "Frustration, satisfaction, and other factors affecting the attractiveness of goal objects". *Abnormal and Social Psychology 47*, 203~212.

22. Freud, S. (1946) *Collected Papers*, Vol. III. London: Hogarth Press.

23. Gerard, H. B. (1953) "The effect of different dimensions of disagreement on the communication process in small groups". *Human Relations 6*, 249~272.

24. Hastorf, A., and Cantril, H. (1954) "They saw a game: A case study". *Abnormal and Social Psychology 49*, 129~134.

25. Heider, F. "The psychology of interpersonal relations". Unpublished

manuscript.

26. Hochbaum, G. (1954) "Self-confidence and reactions to group pressures". *American Sociological Review* **19**, 678~687.

27. Hovland, C., and Sears, R. R. (1938) "Experiments on motor conflict I: Types of conflict and modes of resolution". *Experimental Psychology* **23**, 477~493.

28. Irwin, F., and Gebhard, M. (1943) "Studies of object preferences: The effect of ownership and other social influences". *Experimental Psychology* **33**, 64~72.

29. Janis, O., and King, B. (1954) "The influence of role-playing on opinion change". *Abnormal and Social Psychology* **49**, 211~218.

30. Kelman, H. (1953) "Attitude change as a function of response restriction". *Human Relations* **6**, 185~214.

31. King, B., and Janis, I. (1956) "Comparison of the effectiveness of improvised versus non-improvised role-playing in producing opinion changes". *Human Relations* **9**, 177~186.

32. Klapper, J. (1949) *Effects of the Mass Media.* New York: Bureau of Applied Social Research, Columbia University, August. (A report to the director of the Public Library Inquiry.)

33. Lazarsfeld, P. (1942) "Effects of radio on public opinion". In D. Waples (ed.) *Print, Radio, and Film in a Democracy.* Chicago: Univ. of Chicago Press.

34. Lewin, K. (1935) *A Dynamic Theory of Personality.* New York: McCraw-Hill.

35. _____ (1951) *Field Theory in Social Science.* New York: Harper.

36. _____ (1952) "Group decision and social change". In G. Swanson, T. Newcomb, and E. Hartley (eds.) *Readings in Social Psychology.* New York: Henry Holt.

37. Lipset, S. M., Lazarsfeld, P., Barton, A., and Linz, J. (1954) "The psychology of voting: An analysis of political behavior". In G. Lindzey (ed.) *Handbook of Social Psychology*, Vol. II. Cambridge,

Mass. : Addison-Wesley.

38. Martin, A. H. (1922) "An experimental study of the factors and types of voluntary choice". *Archives of Psychology 51.*

39. McBride, D. (1954) "The effects of public and private changes of opinion on intragroup communication". Unpublished doctor's dissertation, University of Minnesota.

40. Murray, D. (1933) "The effects of fear upon estimates of the maliciousness of other personalities". *Social Psychology 4,* 310~329.

41. Myrdal, G. (1944) *An American Dilemma.* New York: Harper.

42. Nichol, F. D. (1945) *The Midnight Cry: A Defense of William Miller and the Millerites.* Washington, D. C. : Review and Herald Publishing Co.

43. Osgood, C. E. , and Tannenbaum, P. (1955) "The principle of congruity and the prediction of attitude change". *Psychological Review 62,* 42~55.

44. Prasad, J. (1950) "A comparative study of rumours and reports in earthquakes". *British Psychology 41,* 129~144.

45. Sady, R. R. (1948) "The function of rumors in relocation centers. Unpublished doctor's dissertation", University of Chicago.

46. Schachter, S. (1951) "Deviation, rejection, and communication". *Abnormal and Social Psychology 46,* 190~208.

47. Schachter, S. , and Burdick, H. (1955) "A field experiment on rumor transmission and distortion". *Abnormal and Social Psychology 50,* 363 ~371.

48. Sears, C. E. (1924) *Days of Delusion: A Strange Bit of History.* Boston: Houghton Mifflin.

49. Sinha, D. (1952) "Behavior in a catastrophic situation: A psychological study of reports and rumours". *British Psychology 43,* 200~209.

50. Smock, C. D. (1955) "The influence of stress on the perception of incongruity". *Abnormal and Social Psychology 50,* 354~362.

51. Spiro, M. (1953) "Ghosts: An anthropological inquiry into learning and

perception". *Abnormal and Social Psychology 48*, 376~382.

52. Wallen, R. (1942) "Ego-involvement as a determinant of selective forgetting". *Abnormal and Social Psychology 37*, 20~39.

신문자료와 팸플릿

53. The American public discuss cancer and the American cancer society campaign: A national survey. Ann Arbor: Survey Research Center, University of Michigan, December, 1948.

54. *Minneapolis Sunday Tribune*, March 21, 1954.

55. *Nippon Times*, December 2, 1945.

56. A personal message: A test of its effectiveness and distribution. Washington, D.C.: Surveys Division, Bureau of Special Services, Office of War Information, July, 1943.

57. The security campaign in Jacksonville, Florida. Special Memorandum No. 98. Washington, D.C.: Surveys Division, Bureau of Special Services, Office of War Information, January, 1944.

찾아보기

레온 페스팅거 (Leon Festinger, 1919~1989)

1919년 5월 8일 뉴욕시에서 출생. 뉴욕 시립대에서 학사, 아이오와대에서 석사와 박사 학위를 취득했다. 1955년 스탠퍼드대 정교수로 자리 잡은 이후 사회비교 이론에 대한 논문과 《인지부조화 이론》을 저술하는 등 중요한 연구업적을 쌓았다. 사회심리학 영역에서 두각을 나타냈으나 1964년에는 지각심리학에, 1979년부터 1989년 사망하기 전까지는 고고학과 역사학에도 관심을 보였다. 스키너, 피아제, 프로이트, 반듀라 등과 함께 20세기 가장 많이 인용되는 심리학자로 손꼽힌다.

김창대

서울대 교육학과에서 석사 학위를 받고, 미국 컬럼비아대 상담심리학과에서 석사와 박사 학위를 받았다. 서울대 대학생활문화원 원장을 역임하였으며, 현재 한국상담학회 회장이자 서울대 교육학과 교수이다. 주요 저서로는 《대가에게 배우는 집단상담》, 《학교상담과 생활지도》, 《상담학개론》, 《상호작용 중심의 집단상담》(역), 《상담 및 심리치료의 기본기법》(역), 《대상관계 이론과 실제: 자기와 타자》(역), 《심리치료에서 대상관계와 자아기능》(역), 《대상관계 이론 입문》(역), 《애착: 인간애착행동에 대한 과학적 탐구》(역) 등이 있다.